AltriTempi

FAMIGLIE STORICHE

Aldo Boraschi

I FIESCHI

Storia di una famiglia

AltreVoci edizioni

ISBN: 9791280100214
Prima edizione: dicembre 2021
Realizzazione grafica: Creativita Agency
Logo in copertina: Alessio Fadda

All'inizio era Tegulata

Correva l'anno 109 a.C. quando il censore Marco Emilio Scauro venne incaricato di organizzare un efficiente tracciato vario da Pisa a Tortona attraversando Luni-Genova-Acqui. In tal modo fu completata la rete stradale con le *viae Aemilia, Flaminia* e *Postumia* in modo che da Roma si potesse giungere al Nord sia lungo il versante tirreno sia lungo il versante adriatico come per l'interno. In seguito, praticamente al tempo di Caracalla (186-217), la nostra *Aemilia Scauri* venne chiamata nel suo globale *via Aurelia.* Di capitale importanza per la penetrazione romana in Liguria e quindi in Gallia, questa via fu concepita con quei criteri avanzati che caratterizzano la tecnica delle costruzioni in epoca romana. Si dimostrò infatti una strada scorrevole, di fondovalle ma ugualmente efficiente nei tratti pedemontani. Inoltre, corrispondeva al principio di raggiungere le località interessate nel minor tragitto possibile. Queste vie, denominate *consulares,* erano essenzialmente artificiali: furono perciò oggetto di un'organizzazione tecnico-amministrativa di ampie proporzioni. Infatti, quando con la caduta di Roma venne meno anche l'organizzazione tecnico-amministrativa, le *consulares* si guastarono rimanendo dei semplici tronconi a livello locale, come succederebbe oggi per l'*Autostrada del Sole* se non fosse oggetto di una costosa e continua manutenzione che può essere retta solo da una tecnologia avanzata.

Ritornando alla via *Aemilia Scauri*, essa fu una via prettamente militare e soltanto secondariamente commerciale. Lungo tale via, come in ogni altra consolare, esistevano delle stazioni, *mansiones*, dove corrieri imperiali e funzionari statali potevano cambiare i cavalli e sostare per il necessario riposo. Di conseguenza, la distanza fra una stazione e l'altra era calcolata in base all'orografia e idrografia tenendo conto sia della resistenza dei cavalli che dei viaggiatori. Altra preoccupazione fu quella di ubicare queste stazioni tenendo conto dell'importanza fisica e antropica in località funzionali, e furono così bene ubicate che esse non solo non si esaurirono con gli eventi storici, ma nella maggioranza dei casi progredirono al punto da essere oggi prosperi paesi o città.

Tegulata è una di queste stazioni. Infatti, più a sud-ovest sul piano arenoso formato dalle alluvioni del fiume Lavagna, nacque fin dal X secolo un borgo, Lavagna, che prese appunto il nome dallo stesso fiume.

I toponimi *Tegulata*, *Entella*, *Lavagna* hanno creato negli studiosi seri problemi di interpretazione, tanto da trasmetterci una letteratura confusa e contraddittoria. Mario Lopes Pegna con acume critico e storico ha risolto il problema dandoci un'esatta interpretazione, convalidata da studi condotti da Alfonso Casini.

Riassumendo in breve gli studi condotti da questi studiosi possiamo dire che al fiume che divide Chiavari da Lavagna Tolomeo dà il nome di Entella, forse perché formato da *entos* (= dentro) e *elòa* (= oliva): l'ardesia, infatti, che si trova lungo la valle è quella pietra che al suo interno è di colore verde oliva. L'indronimo *Entella*, voce dotta, fu introdotto nell'uso alla fine del XVIII secolo. Certamente la zona della valle del fiume Lavagna dove si estraeva l'ardesia dai Liguri doveva essere chiamata *Clapania* (da *clapa*), tradotta dai Romani in *Tegulia* (da cui Tegulata).

Questo è chiaro perché i romani chiamavano generalmente l'ardesia *lapis* (= pietra), senza usarla per le loro costruzioni. E non è neppure un nome greco perché i Greci la denominavano *scistòs lìzos*. Quindi il passaggio da *Clapania* a *Lavania* e *Lavagna* fu breve e avvenne nell'alto medioevo. Di conseguenza il toponimo *Lavagna* designa indifferentemente la città, il fiume, l'ardesia.

Quindi *Tegulata*, mansione della via Emilia Scauro, è da porsi dove fu fondata l'antica Pieve di Santo Stefano "al ponte di Sigestro" (Santo Stefano al Ponte).

L'importanza della Pieve di Lavagna ci viene dimostrata nel secolo XIII quando aveva giurisdizione sopra diciotto chiese e quattro ospedali.

La Liguria orientale dal XII al XIV secolo

Inevitabile, prima di addentrarci nella storia di questa famiglia, fare un breve *excursus* sulle vicende di governo cui andò soggetta la Liguria orientale dal XII al XIV secolo. Esisteva la Curia di Lavagna, che nel secolo XII apparteneva all'arcivescovo di Genova e si estendeva fino a Sestri Levante, addentrandosi nelle tre valli: Graveglia, Sturla, Fontanabuona. Durò, il regime feudale, circa un secolo, dal 1095 al 1190, cui seguirono – con i Comuni – i Consoli.

Ai Consoli succedono, nel 1190, i Podestà, e durano fino al 1270. Ai Podestà succedono, nel 1270, i Capitani, i quali durano fino al sorgere dei Dogi: nel 1339.

Il feudalesimo di Lavagna si chiama Fieschi.

Si ritiene che il capostipite dei Conti di Lavagna sia Oberto, padre di Tedisio (che chiameremo I). È valida l'ipotesi che vivessero due Tedisi e un unico Ansaldo. A questa ipotesi conduce la battaglia di Mezzanego, della quale è precisata la data: il 1015.

Tedisio, di cui si apprende quasi di sfuggita la paternità (Oberto), fu il centro del sistema ereditario da cui derivano poi tutti gli altri che costituiranno la base di una diversificazione territoriale e familiare.

Il documento del 994 testimonia l'esistenza di un *Theodosius filius quondam Oberti*. Su domanda di Madelberto, abate del monastero di San Fruttuoso di Capodimonte, presso Rapallo, e di Stabile, suo giudice, il marchese Oberto commina la pena di *duo milia moncos auri* a chi taglierà la selva detta *Dema*. Questa sentenza viene solennemente proclamata da Oberto, assistito da Tedisio (il documento fu rinvenuto da Federico Federici il quale afferma: "la qual cosa ho io letto in detta antichissima cartina di quell'abbadia"). Il Federici dà, comunque, solo un sunto del documento e in esso accomuna Tedisio e personaggi *ivi* citati definendoli *Comites in Lavania*.

Tedisio è Conte? Non pare: era, certo, un personaggio importante, operante nella realtà politica dell'epoca, un possidente. Figlio suo era Ansaldo, che partecipò alla battaglia di Mezzanego del 1015, dove perse la vita sostenendo i diritti del vescovo contro i ribelli aspiranti ad autonomia. A

Mezzanego, caposaldo tra più percorsi – uno che discende da Varese Ligure in Valditaro; un altro che prosegue, dall'incontro dello Sturla e dell'Entella, fino alla foce di questo – sorgeva, nel secolo X un castello che secondo la tradizione apparteneva ai Conti di Lavagna. Ansaldo, morto giovane in battaglia, lascia un figlio, Tedisio (che, per distinguerlo dal precedente, chiameremo II). Egli vien nutrito e allevato in Vezzano Ligure da suo zio ed eredita la zona originaria, quella di Lavagna.

Il primo Conte di Lavagna, figlio del caduto a Mezzanego, vive, dunque, dai primi del secolo X. Scrive Giannetto Bonicelli, in *Lavagna del Duecento*: "I discendenti di Tedisio (II, ovviamente, *ndr*) nel secolo XII si trovano divisi in numerose famiglie con i nomi che ora mutano leggermente, ora diventano cognomi o cambiano completamente. Da Ugo *Fricus* originano i Fieschi; dai fratelli Gerardo Scorza e Oberto Bianco derivano, con i soprannomi perpetuati in cognomi, gli Scorza e i Bianchi. Analogo processo avviene per i casati Ravaschieri e Della Torre e per altre famiglie poi divenute illustri". Il desiderio dei Conti di mantenere la propria indipendenza e il controllo territoriale porta a un primo scontro militare con Genova, nel 1100 circa, che, benché sfavorevole ai Lavagnesi, non ne causa tuttavia una completa sottomissione: Genova concede particolari esenzioni che vengono annullate nel 1128 per il mancato mantenimento, da parte dei Conti, della promessa obbedienza alla vincitrice. Nel 1132 Genova costruisce un castello sulla collina di Rivarola, fronteggiante le fortificazioni dei Conti che sorgono sulle colline della sponda orientale del fiume Entella. La tensione che ne nasce sfocia in ripetuti scontri, fino alla distruzione dei castelli dei Conti, avvenuta l'anno dopo, e ai relativi atti di sottomissione: è imposto a questi l'obbligo di soggiornare ogni anno in Genova per un tempo determinato e in seguito di costruire in città – su terreno di ventotto tavole assegnato loro dalle autorità cittadine – le loro abitazioni. Nel 1145, poi, un'ordinanza impone loro la partecipazione, a loro spese, alle spedizioni militari di Genova per un tempo determinato.

L'anno stesso i Signori di Cogorno, anch'essi Conti di Lavagna, si sottomettono spontaneamente all'autorità dei Consoli genovesi e cedono al Comune di Genova il Castello Caloso, che dall'alto della collina di Rezza domina il borgo di Lavagna. Nel 1157 i Conti accondiscendono ad avere dei Consoli nel borgo e a formare una Compagnia, *ad mandatum communis Ianuae*. Nuovo ardore e nuova vitalità porta ai Conti, nel 1158, il riconoscimento del titolo nobiliare e la conferma del dominio territoriale da parte dell'imperatore Federico I, al quale una loro rappresentanza si reca a rendere omaggio a Milano. A controbilanciare questo, nel 1166 Genova impone – *salvo imperii iure* – ai Conti un nuovo giuramento di fedeltà al Comune. Viene poi stipulata una nuova convenzione per la quale Genova rafforza il suo controllo sui territori rivieraschi dei Conti, aggiungendo, ai due Consoli nominati dai Conti, due altri del Comune genovese; e il castellano di Rivarola diventa un funzionario dipendente direttamente da Genova. Infine, nel 1167 Genova costruisce il castello di Chiavari, ulteriore controllo su Lavagna.

Interferenza anche nel campo economico è il trattato con cui i Consoli fissano il tributo che i mercanti lucchesi devono pagare ai Signori di Cogorno, ai Della Torre e ad altri valvassori di Lavagna per la sicurezza del loro transito tra Sestri Levante e Rovereto. Avendo, nel 1170, i Conti di Lavagna conquistato il castello di Frascati appartenente ai Signori Da Passano, Genova se lo fa consegnare, poi, invece di renderlo ai Da Passano, l'occupa con le sue truppe. Per tutto ciò, nel 1172 vi fu un tentativo di ribellione: i Conti di Lavagna, assieme a Opizzo e Morello Malaspina e ai Da Passano, fanno lega e, sostenuti da Pisa, assalgono il castello di Rivarola e quello di Chiavari. Ma ecco la vendetta: Genova amplia il borgo di Chiavari e accorda agli abitanti la facoltà di costruire anche nel suolo vicino al castello. Il 23 giugno 1198 tra Genova e Lavagna si stipula la conversione che pone fine alle guerre durate tutto un secolo tra le due e suggella la definitiva sudditanza dell'una all'altra: "I Procuratori e Conversori di Genova confermano i patti e le conversioni precedenti, stipulati con i Fieschi e i Conti di Lavagna, e, in seguito alla concessione del contado di Lavagna, e dei castelli, li dichiarano in perpetuo cittadini nobili di Genova e come tali ammessi agli uffici, onori e benefici della comunità, essenti da collette. Confermano loro tutti i diritti e concedono ai loro sudditi il privilegio di non poter essere costretti a comparire davanti ai magistrati genovesi, ed eleggono due dei loro Conti per governare e custodire i luoghi di Lavagna, Sestri e Rivarola a nome del Comune".

CAPITOLO 1

Alle origini della Contea di Lavagna

Siamo nel 1097. Il lettore dovrebbe immaginarsi un plastico e porsi da un punto di osservazione sopra il Mare Ligure. Supponiamo di essere su di una torre altissima. Focalizziamo la Riviera di Levante.

Questo è grosso modo quello che possiamo vedere.

Si scorge a ovest la città di Genova, con il *castrum* e la *civitas* cinti dalle vecchie mura, su cui si appoggiano le case del borgo; nel porto, intorno alle galere crociate, pronte a salpare per riprendere Gerusalemme, c'è fermento con l'andirivieni di soldati, marinai, mercanti. A est, oltre Zoagli e il promontorio delle Grazie – dove si trova la località di *Roboretum*, che delimita il distretto del Comune genovese –, subito dopo aver allontanato lo sguardo dai sobborghi cittadini, gli insediamenti diventano assai meno consistenti e lasciano il posto a piccoli agglomerati, spesso poche cascine raggruppate intorno a una cappella. Lungo la costa, solo qualche *scarius*, un attracco provvisorio per chiatte o piccole imbarcazioni. La costa è disseminata di casupole isolate di pescatori, perché il timore di scorrerie saracene o pisane è sempre vivo. L'isola di Sestri è pressoché disabitata. Nell'interno, sulla parte pianeggiante formata dal terreno alluvionale, che nel corso dei secoli è stato accumulato dalla confluenza di tre torrenti (lo Sturla, il Graveglia e il Lavagna), sono presenti appezzamenti ben coltivati, con stalle per piccoli animali, vigne e oliveti: sono le terre che appartengono a enti ecclesiastici un tempo potenti, ma ormai in profonda crisi (in primo luogo, il venerando monastero di San Colombano di Bobbio) o non più in grado di esercitarvi il controllo per la loro lontananza.

Ecco poi le curie legate, almeno formalmente, al vescovo di Genova; qui i filari di viti e gli alberi di olivo coltivati nella terra "donnicata" (i cui prodotti, cioè, spettano tutti al *dominus*, al proprietario) sono oggetto di cure sempre più svogliate da parte dei contadini.

Accanto a ciò che rimane dei centri agricoli signorili si vedono i mansi – piccoli appezzamenti di terra affidati a privati –, formalmente appartenenti alle curie, che vengono coltivati con maggiore cura, nella speranza non troppo segreta che nessuno rivendichi più diritti su di essi. Vi vivono i "famuli" – uomini e donne che si occupavano del buon andamento della famiglia –, le ancelle e i manenti – coltivatori che, legati da un contratto, dovevano risiedere per sempre nella terra che coltivavano mantenendo oneri di prestazioni verso il proprietario, che spesso viveva molto lontano. Si tratta di povera gente che strappa tutti i giorni il necessario per sopravvivere e per far sopravvivere, attraverso le decime, una folla anch'essa numerosa di chierici, frati, vassalli, signorotti – questi ultimi ben presenti. I mezzi di sostentamento sono le galline da cortile, un maiale, qualche pecora o qualche capra, un pezzetto di vigna, il fico, un po' di grano. Questi cascinali si arrampicano anche nelle prime colline, dove appaiono i campanili di cappelle e di chiese.

Intorno a queste costruzioni si agglomerano piccoli nuclei abitativi, le "ville", poste sul fianco delle colline in leggero pendio ed esposte a oriente, talora vicino a un corso d'acqua o a un sentiero. Nella conca tra la collina delle Grazie e l'isola di Sestri si può scorgere la cappella di Maxena dedicata a San Martino (1066) col suo gruppetto di case, al centro di un "fondo" appartenente al vescovato genovese. Nella valle sottostante, un altro fondo, quello di Chiavari, situato più all'interno rispetto all'attuale città, e aggrappato alla chiesa dedicata a San Pietro. Su un'altra altura, la chiesa di San Michele di Ri, situata al centro di una vasta proprietà vescovile digradante verso il mare. Scendendo verso il torrente Lavagna, superato da una passerella di legno, ecco la pieve omonima, il centro religioso più antico della zona e il nucleo demico più consistente, tanto da vantare una piazza su cui si affaccia l'ospedale. Più in alto, la chiesa di Santa Giulia, che domina la collina coltivata a olivi e a vigne. Sulla cresta delle colline la terra è divisa in mansi o in pastini (terreni fertili coltivati ad alberi da frutto), esposti al sole e segnalati da casupole, circondate da olivi, fichi, viti; procedendo con lo sguardo verso est, accanto alla cappella dedicata a San Lorenzo si trova il piccolo castello di Cogorno; è un edificio semplice, più massiccio delle casupole dei contadini e più solido, perché costruito in pietra e non in legno.

Superata Sestri, dove si può scorgere il piccolo cenobio benedettino di Santa Vittoria di Libiola, la costa si innalza e rende difficili le comunicazioni. Qui è il regno della macchia e, sulle rocce e nelle insenature delle Cinque Terre, il regno dei pirati. Qualche cascinale isolato si può scorgere là dove c'è terra per sopravvivere.

All'estremo Levante si scorge il golfo di La Spezia.

All'interno, dove il torrente Lavagna accoglie i suoi affluenti minori, si può vedere la *domoculta* di Graveglia, legata alla chiesa genovese di San Siro, coltivata pazientemente da poche famiglie di *famuli*; poco lontano, favorito dalla ricchezza di acque, ecco un altro edificio, il monastero di Santo Eufemiano, che dipende dai monaci di Bobbio. Spostando lo sguardo verso Ponente, possiamo vedere la villa di Carasco, presso la quale si può scorgere un ponte, che permette di guadare il torrente, e, accanto, un piccolo edificio, il monastero dedicato a San Marziano. Da qui partono le valli che attraversano l'aspro paesaggio appenninico: la valle del torrente Lavagna (al cui interno si erge il castello di Montemoggio); la Val Fontanabuona, dove si inerpica una strada mulattiera (controllata dal castello malaspiniano di Monleone), che permette di raggiungere Genova, la valle Sturla, la Val Graveglia.

Le valli si inoltrano subito in forre cespugliose, da cui spuntano piccoli edifici ecclesiastici (le cappelle di Levaggi, la chiesa di Sant'Andrea di Borzone) e, nelle zone più inaccessibili, alcuni castelli (Nasci, Zerli), dove si protegge qualche signore che sorveglia l'attività dei suoi servi in un terreno spesso ostile, dominato dal castagno. Sui crinali delle valli e nei pochi tratti pianeggianti ecco gruppi di case, un tempo corti o ville legate a Bobbio. Si tratta di piccoli insediamenti (Vignale, Romaggi, Bembeggi, Borzone) nati dove le condizioni ambientali sono meno dure, da sempre abitati da montanari destinati a una terribile lotta per la propria sopravvivenza. Altre mulattiere si inerpicano verso l'entroterra del golfo della Spezia, seguendo il corso dei torrenti, come il Magra e il Vara; sentieri importanti, come quello che faticosamente si dirige verso il passo di Centocroci (la *Croce Lambe* di tanti diplomi imperiali), segnato da piccole cappelle (quella di Cavizzano, quella di Cesena) e in cima da un edificio destinato a proteggere i coraggiosi viandanti. Qui passa il traffico di merci tra la costa e il retroterra padano, controllato da altri castelli; le ville si fanno più rare (Temossi, Sopralacroce, Comuneglia, Varese) e le casupole si raggruppano senza ordine apparente. È la zona delle foreste (la più fitta si estende dalla *Croce Lambe* sino al Thomar, scendendo al fiume Vara), dell'alpeggio, dei pascoli, delle mandrie di pecore. Dopo aver scollinato, si scende verso le più ampie piane emiliane, dove il terreno comincia a dare risultati più soddisfacenti per chi lo lavora.

I Conti di Lavagna

Proprio nel periodo in cui la flotta crociata si accingeva a partire per liberare il Santo Sepolcro e per porre le basi del decollo economico di Genova, durante il corso del secolo XII, sui contrafforti appenninici tra la Riviera di Levante e la pianura emiliana avevano le loro magre proprietà i Conti di Lavagna. A dire il vero, un comitato di Lavagna vero e proprio (cioè un distretto comitale posto all'interno della marca della Liguria orientale o marca obertenga) non venne mai creato dall'autorità politica e giudiziaria superiore (re o marchese che fosse) o, perlomeno, non risulta istituito da alcun diploma di infeudazione. Fu piuttosto un gruppo di signori fondiari (livellari o gastaldi di potenti istituti religiosi) che, verso la fine dell'XI secolo, approfittando di situazioni favorevoli (la crisi dei grandi enti ecclesiastici, la debolezza del potere marchionale, la latitanza di quello imperiale o regio, la momentanea mancanza di forze borghesi alternative), cominciarono a fregiarsi del titolo e a proiettare sul territorio la loro dignità personale. In questa area, tipica zona di confine, da tempo pullulavano signorie più o meno definite, ma di debole consistenza, che ricavavano il loro titolo dal castello cui erano abbarbicate (i domini di Nasci, Cogorno, Vezzano, Lagneto, Passano). Tali erano anche i signori di Lavagna, anche se non è rimasto alcun cenno di un *castrum* riferito a questo toponimo. Essi dovettero piuttosto essere legati alla pieve di Lavagna (il più importante centro abitato della zona costiera, formatosi intorno all'antica chiesa di Santo Stefano), con la cui giurisdizione ecclesiastica cercarono di far coincidere la propria signoria, fino ad attribuirsi il titolo di Conti per rimarcare, non senza incontrare feroci resistenze, la loro superiorità sulle altre famiglie.

Tedisio, il capostipite

Difficile è stabilire il patriarca, ammesso che ce ne sia uno, dato l'altissimo numero di gruppi e sottogruppi che nel corso del secolo XII si vantarono dell'appellativo, dapprima tra l'indifferenza del Comune genovese (a lungo si chiameranno semplicemente *lavanienses*), poi venendo esplicitamente riconosciuti come tali, col beneplacito dello straripante potere imperiale federiciano. In questa ricerca ci sono di scarso aiuto i tanti genealogisti che, desiderosi di dare sviluppo coerente alla discendenza della dinastia (in modo particolare, per i Fieschi), hanno finito con lo stabilire rapporti familiari, non sempre preoccupandosi di documentarli. Se come traccia di indagine teniamo conto del nome Tedisio, così frequente nella genealogia dei Conti e poi dei Fieschi, dobbiamo segnalare il Tedisio, che nel 994 (24 gennaio) si trovò ad assistere con altri, davanti alla chiesa di Santo Stefano di Lavagna, a una sentenza, che venne pronunciata dal marchese Oberto in favore del monastero di San Fruttuoso di Capodimonte. Ma nel documento (in cui compare anche un *Aribertus*, che si potrebbe identificare con l'Alberto, ricordato in un documento posteriore tra i capostipiti dei Conti), Tedisio non è accompagnato da alcun titolo, mentre nella zona il vero detentore del potere, compreso quello giudiziario, è chiaramente Oberto, il marchese. Questo importante placito sottolinea anche il ruolo centrale svolto nel territorio dalla pieve di Lavagna, il cui nome dovette poi passare alla contea. Secondo varie ipotesi questo Tedisio apparteneva ai *secundi milites* o era, piuttosto, vassallo diretto dell'imperatore, comunque legato strettamente ai marchesi Obertenghi. Tedisio deve essere lo stesso personaggio che nel 999 vide i suoi *praedia* confermati alla chiesa di Vercelli da un diploma dell'imperatore Ottone III. Nei convulsi avvenimenti successivi alla morte di questo imperatore, i figli di Tedisio si sarebbero schierati insieme agli Obertenghi con re Arduino, nonostante la fedeltà giurata all'Impero, e avrebbero devastato il territorio della chiesa di Vercelli; per questo, nel 1014, l'imperatore Enrico II attribuì a tale chiesa i possessi dei ribelli. Occorre notare, però, che l'indicazione *filiorum Tedisii* compare priva di altri riferimenti topografici o di appellativi che possano collegarla con certezza all'area ligure o emiliana. A pochi anni dopo (marzo 1031) risale il documento cui, nel secolo XII, i Conti e la Chiesa genovese fecero riferimento per fissare i reciproci rapporti. Si tratta di un *libellus* riferito nell'intestazione a tutti i Conti di Lavagna *qui dicuntur filii Teodisii* (quindi, non tutti i Conti, ma solo quelli che si riconoscevano nella discendenza da Tedisio), ricopiato per volontà dei consoli genovesi nel 1147. L'intestazione risale appunto a quest'anno. Con una formula curiosa e misteriosa (il criptico *cum cum peto peto* che compare anche in altri libelli emanati in quegli anni dalla Chiesa genovese), il vescovo Landolfo concedeva *titulo condicionis* a *Theodixe*, figlio del fu Ansaldo (diverso, quindi, dal Tedisio figlio di Oberto, ricordato in precedenza) e ai suoi figli maschi legittimi i servi e le ancelle, che abitavano sui *massaricia*, la cui proprietà competeva alla chiesa di San Siro di Genova. Sempre allo stesso titolo Teodisio otteneva varie terre, poste nella valle di Rapallo, e in alcune località della valle di Lavagna. A queste venivano aggiunte anche le proprietà che la chiesa genovese di San Marcellino vantava *in valle Clavari loco ubi dicitur Macinola*, la cappella edificata in onore di Santa Giulia con le decime riscosse nelle località a essa dipendenti e situate alle spalle di Lavagna e altre località poste nella *plebe de Vaira*.

In cambio, Tedisio si impegnava a versare come pensione annua nove soldi e quattro denari, da consegnare a Genova nelle mani dei castaldi del vescovo; veniva poi aggiunta alla concessione un'altra vasta area, nel territorio di Sestri, fino a Comuneglia e Codivara, già detenuta da Ansaldo e dipendenti. Tale documento costituì, alla metà del secolo XII, la prova, esibita dall'arcivescovo Siro, per rivendicare alla curia tali terre (con le relative decime), di cui dovettero appropriarsi i discendenti di Tedisio, come successe per tutti i diritti e le terre libellarie della curia arcivescovile, negli anni precedenti all'energico governo di Siro. È importante notare che Tedisio, pur non venendo citato nel testo col titolo di *comes*, fu identificato nel secolo successivo come capostipite di un gruppo di Conti di Lavagna.

Ma il Tedisio figlio di Ansaldo doveva costituire solo uno tra i tanti signori che vantavano diritti nella zona. Egli è ricordato ancora in un documento del 1076, quando i beni del fu *Teudicius comes*, di pertinenza del monastero di Sant'Eufemiano di Graveglia, vennero riconosciuti dal marchese Adalberto all'abate di San Colombano di Bobbio, cui probabilmente erano stati strappati. Benché non sia specificato per intero il titolo, Tedisio è sempre affiancato dall'appellativo *comes* e in rapporto con il suo signore feudale, il marchese Adalberto, il che potrebbe far pensare che una contea di Lavagna (o più esattamente, il titolo di Conte di Lavagna) sia già stata riconosciuta dall'autorità marchionale in questo periodo.

Il monastero di Sant'Eufemiano fu il primo e più importante ente ecclesiastico fondato dai Conti, forse utilizzando terre appartenenti a Bobbio, di cui essi sarebbero stati in origine i gastaldi, salvo poi farsi attribuire il titolo comitale. La presenza cospicua di proprietà del monastero di San Colombano sulla riviera orientale (la *Maritima*) è testimoniata da numerosi atti anche posteriori. Quanto ai rapporti tra i Conti e il monastero, vedremo che essi verranno ora riconosciuti ora ignorati, ma risultano pur sempre consistenti. Tedisio morì prima del 1077; nel 1096, infatti, alla convenzione sottoscritta con l'abate del monastero di San

Colombano di Bobbio (atto che completava la cessione dei diritti forse usurpati dai conti, iniziata vent'anni prima) presero parte non solo Rubaldo (indicato come Rubaldo I), figlio del fu *Teudixi*, ma anche Pagano, figlio del fu Oberto, e Gerardo, figlio del fu Alberto. I figli di questi tre personaggi verranno poi costantemente citati quando sarà necessario riassumere chi siano i Conti di Lavagna.

Il mistero dei conti

Tedisio non è il capostipite di tutti i Conti di Lavagna, ma solo il padre di Rubaldo, uno dei rami in cui il clan venne in seguito classificato. I rapporti familiari tra Tedisio, Oberto e Alberto sono ignoti, il che potrebbe far pensare a una sorta di alleanza tra clan decisi a rendersi autonomi dai loro *domini*. Quindi la contea, fin dal momento in cui compare per la prima volta nei documenti, non è una entità omogenea e controllata da un solo centro di potere, ma è frammentata in più dinastie. Inevitabilmente la ricostruzione della discendenza dei Conti è estremamente difficile. Molto ingarbugliata è anche la vicenda del padre di Tedisio, Ansaldo, di cui si ricorda la morte in una fantomatica battaglia di Mezzanego, a seguito della quale Tedisio, rifugiatosi nel castello di Vezzano, avrebbe sposato una donna appartenente ai signori del luogo. Benché queste informazioni potrebbero aiutare a capire non solo l'alleanza politica del Conte con gli Obertenghi (legati ai Vezzano), ma anche quella di tutti i Conti coi Malaspina (che discendevano, appunto, dagli Obertenghi), esse non poggiano su documenti che ci siano pervenuti. Il titolo di "conte" compare per intero negli atti proprio in questi anni e precisamente nel 1124, quando a una sentenza arbitrale tra i Malaspina (la famiglia che ereditò il titolo marchionale e quindi la giurisdizione sulla Riviera di Levante) e il vescovo di Luni sono presenti Armanino e Ugolino, figli del Conte Girardo di Lavagna, lo stesso personaggio nominato nel documento precedente. Insomma, l'impressione è che, nei secoli XI e XII, i discendenti di Tedisio, di Gerardo e di Pagano abbiano costituito un lignaggio numeroso di esponenti e orgogliosamente abbarbicato a un titolo da loro creato. Essi si erano fin dall'inizio divisi, in briciole di territorio, un'ampia fetta della Liguria orientale, dai crinali appenninici verso la pianura padana, confinante con la Lunigiana dei marchesi Malaspina (dei quali essi furono vassalli), fino alle diocesi di Piacenza e Parma. Questo dominio scendeva poi verso il mare, di fronte al quale si trovava la *plebania* di Lavagna, il più antico e il più autorevole insediamento religioso nella zona.

I primi confini della "contea"

L'area comprendeva l'interno collinare compreso nelle pievi di Sestri Levante e di Vara oltre al tratto di costa delimitato dall'isola di Sestri Levante e da *Roveretum*, toponimo identificabile con la località posta tra Zoagli e Chiavari.

Tedisio, come del resto dovette essere il caso anche di Pagano e Gerardo, era certamente anche un livellario della Chiesa genovese e dovette ricevere terre dal monastero di Bobbio, forse essendone un amministratore. Vari diplomi ottoniani durante il corso del secolo X avevano, infatti, concesso al monastero di San Colombano proprio la fetta di Liguria prima descritta (la *Maritima*), su cui i Conti cercarono di imporre la loro signoria, provocando reazioni da parte dello stesso monastero. Tuttavia, se saldo doveva essere il loro controllo del retroterra appenninico – poco importante sia economicamente sia militarmente –, la giurisdizione comitale sulla fascia costiera era assai debole, perché non solo le terre più fertili venivano controllate da enti ecclesiastici, che sfuggivano alla signoria dei Conti, ma anche lungo la costa l'esazione di dazi e gabelle (la cosiddetta *decima maris*) pertineva giuridicamente *ab antiquo* al vescovo, poi arcivescovo, di Genova.

Nel territorio, inoltre, sovrapponevano la loro giurisdizione anche altri piccoli signori, come i Da Passano (divisi da feroce rivalità coi *lavanini*, di cui a lungo non riconobbero la supremazia), i signori di Nasci, quelli di Carpena e quelli di Cogorno, per i quali non è certa la subordinazione ai *comites*. Enti ecclesiastici molteplici (dall'arcivescovo di Genova al monastero di San Siro, dal monastero di San Colombano al vescovo di Bobbio a quello di Brugnato) pretendevano decime e infeudavano o locavano *titulo libellario* terre agli stessi conti. Su tutti vegliavano i marchesi Malaspina, cui i conti risultano strettamente legati. Per i Conti di Lavagna, ricordiamo Armanno e Ugolino, suo fratello, figli di Gerardo, che furono presenti nel 1124 come alleati dei Malaspina, all'accordo tra questa famiglia e il vescovo di Luni, sottoscritto a Lucca. Ugo *Siccus*, che nel 1178 assistette all'accordo tra Opizzo Malaspina e il comune di Tortona, nel 1199 fu teste all'accordo dei Malaspina con Genova e nel 1212 alla lega con Piacenza e Milano.

Tealdo, figlio del conte Bertrame *de Turri*, che fu teste nel 1174 all'accordo tra i Malaspina e Tortona e nel 1184 nel borgo di Valditaro giurò fedeltà a Piacenza. Nel 1132 lo stesso Comune genovese riconobbe a Opizzo Malaspina in feudo la terza parte delle terre possedute dai Conti in Sestri, Lavagna e in altre pievi del distretto.

Le mani di Genova sulla Riviera di Levante

Sulla Riviera di Levante fin dall'inizio del secolo XII proprio il Comune genovese risulta vantare diritti, spinto dall'obiettivo di garantire sicurezza ai traffici via terra e, soprattutto, via mare. Inoltre, numerosi clan cittadini avevano da tempo ottenuto (e più probabilmente usurpato) dalla Chiesa genovese il potere di riscuotere decime nelle varie pievi distrettuali, approfittandone per considerare proprie tali decime, al punto da destinarle addirittura in dote alle figlie. Del resto, forte dell'appoggio reciproco con l'arcivescovo, il Comune si era sforzato di far coincidere il suo *districtus* con i confini della diocesi genovese, non riconoscendo a lungo il titolo di Conti ai signori della zona e costringendoli a *consuetudines* non meglio specificate, se si eccettua la *dacita* che i Conti versavano al Comune stesso. Dal punto di vista economico, i Conti di Lavagna costituivano una "feudalità di sopravvivenza". Le loro rendite agricole erano in gran parte garantite dalle curie di Borzone, Muscarolo, Zerli, Reppia, Varese: si tratta di località poste all'interno dei primi contrafforti appenninici, su terre difficili, dove resistette a lungo l'economia curtense, perché qui i Conti avevano le loro terre donnicate, che i contadini erano costretti a lavorare. A Muscarolo e a Zerli le curie erano protette da castelli. Le terre più adatte alla coltivazione (in primo luogo, alla viticoltura) si trovavano, invece, sulle colline prospicienti il mare e appartenevano a enti ecclesiastici genovesi (il monastero di San Siro, quello di Santo Stefano, la curia arcivescovile) o distrettuali (il monastero di San Fruttuoso di Capodimonte, presso Portofino) o, ancora, ad altre istituzioni più lontane (in primo luogo il monastero di San Colombano). I *fundi* e le curie venivano coltivati – principalmente a vigna e olivi – da *massarii*, che versavano i loro balzelli agli enti in questione per le terre a loro date in affitto (il *massaricium*). Altre fonti di rendita per i conti, percepite in nome di enti ecclesiastici cui esse spettavano, erano le decime (il più efficace e capillare controllo fiscale del territorio), che venivano pretese dalle numerose cappelle che costellavano l'area. Approfittando della grave crisi attraversata dalla Chiesa genovese nella seconda metà del secolo XI, i Conti dovettero appropriarsi delle decime, non versandole al vescovo genovese. Quando si cementò l'accordo tra Comune e vescovo (poi arcivescovo) e la politica dell'uno finì col coincidere con gli interessi dell'altro, i conti furono costretti a venire a patti di fronte alle rivendicazioni della Chiesa genovese, forte dell'appoggio consolare. In effetti, proprio durante il secolo XII, l'arcivescovo genovese Siro rivendicò che gli venissero restituite le decime spettanti alla curia. I clan cittadini non si opposero, né i conti sembrano aver avuto la forza per comportarsi diversamente. Quanto poi al grado di benessere vantato dai Conti, la loro mensa doveva essere abbastanza fornita grazie ai balzelli in natura (uova, animali da cortile, formaggio, olio, vino, castagne, fieno, grano) che certamente non mancavano nelle dispense comitali. Ciò costituiva un privilegio, se paragonato alle durissime condizioni di vita dei *terrazzani*, ma si trattava di poca cosa se confrontato con ciò che la trionfante economia borghese stava procurando al mercato cittadino.

La vita nella contea

Il tenore di vita dei Conti doveva essere molto più elevato rispetto a quello dei sudditi solo per ciò che riguardava la disponibilità alimentare. La mancanza di resti archeologici significativi di loro castelli (forse il termine *castrum* risulta eccessivo rispetto alle reali dimensioni di tale edificio) può essere un segnale della relativa modestia delle loro abitazioni; infatti non dovevano differire di molto, se non per ampiezza e solidità, dalle dimore degli *homines* dei Conti.

Nei territori appenninici un'altra fonte di reddito derivava dal diritto di pascolo e dai prodotti caseari ricavati dall'allevamento – un'entrata di difficile quantificazione, ma pur sempre modesta. Litigiosi, rissosi anche verso altri consorti, i Conti avevano la loro principale risorsa nel brigantaggio sui sentieri che attraversavano il loro feudo o nei veri e propri taglieggiamenti che essi imponevano ai piccoli fittavoli della zona.

Il brigantaggio doveva costituire un'attività di un certo lucro, esercitata ai danni dei mercanti che, coraggiosamente, tentavano la via di terra tra la Toscana e la Liguria. È questo anche il motivo fondamentale che spinse Genova a intervenire sempre più a fondo nella zona, a mano a mano che si sviluppavano i traffici cittadini via terra e via mare. Le strade che passavano sul territorio dei Conti, peraltro, rivestivano una modesta importanza.

L'IMPORTANZA DEI NODI DI COMUNICAZIONE

Ben più importante era il nodo di Pontremoli, che controllava la fondamentale *via Francigena*, su cui in seguito i Fieschi cercheranno a più riprese di mettere le mani – comunque, in questo periodo, la strada ricadeva nella zona di influenza dei Conti soltanto in parte.

Il Comune genovese si impegnò a fondo per garantire ai mercanti toscani o laziali la sicurezza su queste strade, come dimostrano sia alcuni passi degli stessi *Annali* sia gli accordi stipulati col Comune di Pontremoli e con quello di Lucca (1153). La fondazione, poi, di un castello nell'isola di Sestri Levante (1145) assestò un duro colpo anche economico ai Conti, in quanto non solo sottrasse loro gli introiti provenienti dalla strada del Bracco, ma rese anche più sicuro il piccolo cabotaggio. Il diploma imperiale, risalente al settembre 1161, dunque, sanciva per i Conti un controllo che il Comune genovese si stava già adoperando a svuotare di contenuti. Nel 1167 i consoli di Genova si impegnarono a garantire il transito delle merci nel tratto di territorio *ad Sigestrum usque Roveretum*. In alternativa ai sentieri appenninici esisteva il piccolo cabotaggio lungo la costa. Ma il pericolo di naufragio, connesso al barbarico *ius*, che permetteva agli abitanti della costa di impadronirsi dei beni e degli uomini caduti in mare, preoccupava il Comune genovese. Nell'aprile del 1166 i consoli si impegnarono coi loro colleghi, che rappresentavano i mercanti e i marinai romani, a salvare le loro persone e le loro cose, in caso di naufragio al largo di Portovenere o di Sestri Levante e da Rovereto a Gesta, ma erano costretti a promettere solo aiuto, se il naufragio fosse avvenuto lungo la costa tra i castelli di

Portovenere e Sestri Levante o da Sestri Levante a Rovereto. È infatti probabile che i Conti abbiano protetto o tollerato anche la pirateria, come faranno in seguito gli stessi Fieschi. Altra fonte di reddito comitale erano i boschi, in modo particolare la foresta che si estendeva sulla dorsale appenninica solcata dal fiume Vara, concessa esplicitamente in feudo ai Conti dall'imperatore Federico I. Anche il torrente Lavagna e l'utilizzo delle sue acque dovevano costituire una fonte di reddito bannale.

La struttura sociale del territorio

Se esaminiamo la struttura sociale del territorio, balza agli occhi l'incredibile quantità di piccole signorie che si contendevano, più o meno pacificamente, il controllo della contea. Sotto i Conti dovevano trovarsi i vassalli, ma non sappiamo se in questo gruppo rientrassero signori minori come quelli di Cogorno o di Nasci, i cui rapporti coi Conti furono a lungo mantenuti in termini sostanzialmente pacifici. Questi clan si appoggiavano quasi sempre a un castello, da cui il clan riceveva l'appellativo.

Il rapporto di subalternità ai Conti non impediva a queste famiglie di avviare iniziative autonome, come fecero i signori di Nasci, che si accordarono col Comune genovese per costruire *ex novo* un castello, quello di Levaggi, donando al Comune il poggio sul quale edificarlo. Il loro esempio fu seguito dai signori di Cogorno, che si accordarono anch'essi con Genova per cederle il castello di Calosso nella speranza che vi si potesse organizzare un borgo. Su una parte del territorio, però, (vale a dire sulla zona di Levanto e Moneglia) esercitava la sua signoria un altro clan di una certa importanza, i Passano, che a lungo si opposero alle pretese avanzate dai Conti e non esitarono ad assoggettarsi alla giurisdizione comunale, infeudandosi a Genova e consegnando a essa il loro castello, quello di Frascario, allo scopo di sottrarsi alle pretese dei Conti. I Conti di Lavagna erano legati da rapporti di vassallaggio con *homines*; questi ultimi godevano in feudo le terre loro concesse e furono più volte tutelati negli accordi col Comune genovese, venendo esentati dalle collette imposte dal Comune sul territorio. Gli stessi signori minori (in primo luogo, i signori di Cogorno) avevano a loro volta *homines* o valvassori, che costituivano la *masnata* e che i signori coinvolgevano negli accordi con Genova. Seguivano poi i *domnicati arimanni* (contadini liberi, che coltivavano terre di loro proprietà, ma tenuti a consuetudini che li sottoponevano all'autorità comitale) e i *domnicati manentes* (uomini liberi, ma affittuari di terre dei Conti, anch'essi legati a *consuetudines* che dovevano prevedere corvée sulle terre comitali). Essi vennero esentati dalle collette che il Comune genovese impose ai sudditi dei Conti.

Non erano solo i Conti a organizzare la loro signoria in questo modo: anche i *domini* di Passano controllavano *domnicati arimanni* e *domnicati manentes*, che lavoravano le terre signorili poste presso il castello. Altri abitanti della contea erano i massarii o i livellarii dei tanti enti ecclesiastici che vi vantavano proprietà. Giuridicamente dovevano essere uomini liberi, non vincolati a *consuetudines*, quindi in grado di muoversi nel territorio senza alcun ostacolo. Diversa la situazione per i *comandi*, i servi dei Conti, cui fu parzialmente interdetto il trasferimento nei borghi fondati da Genova. Su di loro gravava la *consuetudo* comitale, che fu più volte ribadita; tale consuetudine implicava forti limitazioni personali, soprattutto circa la libertà di movimento, senza che il Comune genovese opponesse obiezioni al riguardo. Anche negli *Statuta consulatus Ianuensis*, risalenti al 1143, si escludevano dalla possibilità di diventare *habitatores* del Comune con un semplice giuramento coloro che risiedevano da Chiavari sino a Portovenere. Quando nel 1173 per rappresaglia il Comune genovese liberò un gruppo di abitanti del contado *ab omni servitutis vinculo* nei confronti dei Conti, e riconobbe loro i diritti *civitatis romane*, si previde che essi fossero in grado di vendere, comprare, donare, permutare, fare testamento senza alcun controllo da parte dei Conti. Ma i *comandi* legati alle terre donnicali (le curie) videro sancito l'obbligo di rispettare le consuetudini comitali anche nel caso di trasferimento nei borghi creati dal Comune genovese. Agli altri *comandi* venne invece concessa piena libertà di movimento, di cui essi dovettero approfittare per ingrossare i castelli fondati da Genova. Non furono solo i *comandi* ad abbandonare i villaggi (Groppo, Vignale, Solari, Levaggi) per trasferirsi con le famiglie nei castelli genovesi, ma furono certamente loro i più interessati al progetto. Infatti, gli obblighi cui gli abitanti della contea erano tenuti a rispettare nei confronti dei loro signori dovevano essere assai pesanti (fossero contributi in denaro o in natura o corvée obbligatorie nelle terre donnicate). A tali obblighi essi preferirono accettare l'unico impegno per il momento previsto dal Comune genovese: difendere il castello in cui essi si erano trasferiti.

Proprietari terrieri e famuli

Un'altra categoria di abitanti del distretto erano i piccoli proprietari terrieri. È difficile quantificare la diffusione dell'allodio, anche se si trattava spesso di terre che appartenevano a enti ecclesiastici e che erano state usurpate dai contadini. L'allodio doveva costituire una parte notevole di territorio dato che, a partire dalla metà del secolo XII, si moltiplicarono gli atti di compravendita di terra (gli stessi Fieschi, nel secolo successivo, acquisteranno in modo massiccio terre allodiali) e dato che su di esso doveva gravare il complicato sistema delle decime parrocchiali, cui i Conti guardavano con particolare interesse. Questi piccoli proprietari dovettero anche organizzarsi in strutture amministrative, le *ville*, su cui la giurisdizione dei Conti era messa in discussione. È il caso degli abitanti della villa di Chiavari e di quella di Leivi. La condizione economica di questi piccoli allodieri era difficile, anche perché è su di loro che gravava la riscossione delle decime, capillarmente effettuata sulla base delle divisioni parrocchiali e pretesa da una folla di individui, dai piccoli nobili ai clerici. D'altronde i liberi coltivatori dovevano anche produrre un surplus che commerciavano e col cui ricavato compravano ciò di cui avevano bisogno; l'autosufficienza curtense era ormai superata, se già nel 1150 si ricorda, come abituale, il mercato di Rapallo.

Giuridicamente simili ai *domnicati manentes* erano i *famuli*, che coltivavano terre appartenenti all'arcivescovo genovese nel territorio di San Michele di Lavagna; essi avevano ricevuto terre livellarie ed erano in cambio tenuti a prestare giornate lavorative nella curia di San Michele di Ri.

La loro libertà personale era subordinata da consuetudini che comprendevano l'impossibilità di vendere terre ad altri che non fossero anch'essi *famuli*; ai *famuli* era permesso, però, vendere e donare i loro beni, e questo *pro usu* della curia arcivescovile. Ma anche su di loro gravavano sia la confisca dei beni per chi moriva *ab intestato* sia l'odioso obbligo di non sposare altri che non fossero nella stessa condizione giuridica.

Sono menzionati anche *servi* e *ancelle*, che risiedevano su terre nel distretto. La loro condizione è simile a quella dei *famuli*, legati alle proprietà arcivescovili; un documento, però, allude a un *servus* che un ricco mercante chiavarese, Oberto chierico, liberò nel suo testamento. Il fatto che il nome di questo servo sia latino (Vitale) può far pensare all'esistenza di uomini assoggettati non solo a consuetudini legate alla terra da essi lavorata, ma anche a vincoli personali.

Lo "sbocco ecclesiastico"

Per ritornare ai Conti di Lavagna, esistevano differenziazioni economiche al loro interno, ma la povertà delle terre, gli scarsi proventi fiscali derivanti dal controllo di arterie commerciali e l'alto numero di prole devono aver costituito un grave limite alla ricchezza di buona parte dei Conti.

Poco sappiamo dei possessi e dei beni da loro vantati sul versante emiliano dell'Appennino. Certamente i loro contatti con Parma e con Piacenza furono costanti. Una possibilità di fortuna dovette essere costituita dalla carriera ecclesiastica, che poi i Fieschi seguiranno. Altri conti avevano già rivestito importanti cariche religiose, come Pietro, conte di Lavagna, ricordato come canonico di Piacenza e anche canonico di San Lorenzo nel 1200 o, soprattutto, come Manfredo, figlio di Opizzo, conte di Lavagna, che, già canonico di San Lorenzo nel 1156, fu cardinale diacono di San Giorgio in Velabro e poi cardinale prete col titolo di Santa Cecilia. Tra i molti incarichi da lui rivestiti, ricordiamo almeno la sua presenza all'atto in cui Federico Barbarossa si impegnò a rispettare la tregua con la Lega lombarda nel 1173.

Manfredo morì nell'ottobre del 1177.

Su tale prospettiva di elevazione sociale ed economica si muoverà con decisione il ramo dei Conti, che si distinguerà col cognome Fieschi.

CAPITOLO 2

Lo Scontro tra i Conti e Genova nel Secolo XII

Se ritorniamo alla genealogia dei Conti, un primo loro elenco risale al febbraio del 1128, quando, nel palazzo del vescovo a Genova, i consoli decisero che Alberto *comes*, Opizzo suo fratello e i nipoti, Armanno e suo fratello, Oberto e suo fratello, Corvulo, Folco, Giovanni Bicco e Giordano non dovessero versare più alcuna *dacita* sui loro beni in Lavagna, se non quanto dovuto *pro consuetudine* al Comune genovese; tuttavia, con atto dell'aprile successivo, il lodo fatto a favore dei *lavanini* fu dichiarato nullo perché questi ultimi non avevano osservato le promesse. Essi, dunque, appaiono già agli inizi del secolo come soggetti alla giurisdizione del Comune.

L'elenco del 1128 contiene alcuni personaggi che in effetti erano *comites* (Alberto e il fratello Opizzo, Armanno e il fratello, da identificare coi figli di Gerardo, Oberto e suo fratello), ma anche altri nomi che dovevano essere soltanto *homines* dei Conti. Nel gennaio del 1136, sulla piazza di Lavagna presso l'ospedale, due Conti, Opizzo, figlio del fu Ribaldo I e Ribaldo (II), suo nipote, perché figlio del fu Enrico, restituivano al monastero di San Siro varie terre *in loco Clavari* nelle località di Maxena, Valaveria e Ortogalo. Erano presenti il console Ansaldo Mallone e il console dei placiti, Elia, oltre che altri Conti (Armanno, Ugo e Oddo, fratelli). La presenza al placito di personaggi pubblici genovesi conferma la tesi che il Comune, affiancando le pretese della Chiesa genovese, abbia esercitato da tempo diritti signorili sul distretto. I legami tra i Conti e la Chiesa genovese rimasero saldi, perché ancora nel 1242 alcuni membri delle famiglie discese dai Conti (Contardo di Lavagna, Folco Ravaschieri, Arduino Bianco, Bonifacio *Cardinalis*, Abramo Penello, Aldebrando di Cogorno, Bertolotto Penello) ricevettero dall'arcivescovo Giovanni da Cogorno l'investitura delle terre che essi tenevano per la curia genovese.

Un altro elenco di Conti risale al 1138, quando, dopo l'ennesima scaramuccia col Comune genovese, essi furono costretti a giurargli fedeltà. Tra gli obblighi, anche quello di risiedere a Genova per due mesi all'anno o per un periodo più lungo, ad arbitrio dei consoli genovesi, in caso di guerra; essi sono Opizzo *comes*, Ugolino, Rubaldo (II), Gerardo Scorza, Ruffino, Obertino de Pagano con il figlio Martino, Opizzo fratello di Rubaldo, Tedisio e Stefano, figli di Opizzo, Oddo *comes* e Armanino figli di Armano. Per rendere concreto l'obbligo di risiedere in città, l'anno dopo i consoli comperarono un appezzamento di terra in Genova (confinante per due lati con la strada pubblica, per un lato con la terra di Iterio Pedicula e per l'altro con quella di Guglielmo Porco), donandola ai figli di Rubaldo II, ai figli di Pagano e ai figli di Girardo, perché, dietro finanziamento dello stesso Comune, vi costruissero casa per abitarvi. Una sorta di censimento di questa prolifica progenie venne poi fatta, a scopi fiscali e giuridici, dalla Curia arcivescovile di Genova, intenzionata a rivendicare le proprie terre e le decime dei parrocchiani nella riviera orientale.

Le prime distinzioni tra i Conti di Lavagna

Nella pieve di Lavagna a riscuotere le decime erano *omnes comites de Lavania*, nei quali erano compresi anche i *domini de Cugurno* e i *domini de Turri*, o perché a loro subordinati o perché appartenenti in qualche modo allo stesso ceppo gentilizio. In altro passo risulta che nella valle di Lavagna a riscuotere le decime sono Girardo Scorza e Oberto Bianco, suo fratello: sono, questi, i primi Conti di Lavagna che sentano il bisogno di distinguere la propria discendenza l'uno dall'altro con cognomi (o soprannomi) diversi. In un'altra pagina del Registro i due vengono ricordati come Conti di Lavagna; figli di Pagano da Lavagna, essi vantavano la riscossione delle decime in numerose località della valle di Lavagna (da Ne a Santa Giulia a Levaggi a Varese), come continuatori della *domus filiorum Tedisii*, come ricorda il documento. In cambio, essi dovevano all'arcivescovo la pensione di nove soldi e quattro denari pavesi. Gerardo Scorza e Oberto Bianco erano, dunque, i due esponenti più autorevoli, anche economicamente, all'interno dei Conti ed è per questo che sentirono il bisogno per primi di distinguere con un cognome la loro discendenza. Nel Registro della Curia genovese segue poi un elenco lunghissimo dal titolo *Breve recordacionis de filiis Pagani comitis de Lavania*, in cui compaiono parecchi individui, in qualche modo collegati a Pagano, e, alla fine, Rubaldo *comes*, *Girardus comes* e *Paganus comes*. Sono questi i tre Conti per i cui figli il Comune comprò nel 1139 una terra in Genova per costruirvi la *domus* in cui essi dovevano abitare. Il Rubaldo citato nel registro della curia è con ogni probabilità il personaggio che, insieme coi nipoti Guglielmo, Tebaldo, Enrico, Ruffino, Alderado, Gherardo, Ottone e Ugo, fu investito nel 1161 da Federico I dei pedaggi di due strade che attraversavano la valle di Lavagna, oltre che di numerosi diritti, possessi e servi *in plebe Lavanie, in plebe Sigestri, in plebe Vayra.* In modo particolare, nel diploma sono ricordati i diritti bannali dei Conti sulle acque del torrente Lavagna e sulla foresta che si estendeva lungo la Val di Vara. Su Rubaldo si soffermano gli storici, facendo derivare un primo personaggio omonimo dal Tedisio, nominato nella cartina del 994, e ricordandolo come inviato nel 1068 contro Pisa, ricevendo in patria, cioè a Genova, la franchigia per i suoi meriti; tali notizie sono desunte dal Pansa, autore di una vita di Innocenzo IV. Egli sarebbe morto durante la misteriosa espugnazione di Mezzanego. Sempre da un Tedisio deriverebbe anche il Roboaldo (o Rubaldo), presente nel documento bobbiese del 1096 e ricordato nel diploma concesso da Federico Barbarossa; Roboaldo avrebbe avuto come figli Arduino, vescovo di Parma, Opizzo, console della Repubblica nel 1152, e Alberto, padre di Ruffino. Da Rubaldo derivano Tedisio, Enrico, Alberto e Opizzo. Nell'intricata e oscura genealogia dei Conti possiamo solo dire che a un Rubaldo, morto prima del 1136 (di cui fu certamente figlio Opizzo) si affianca negli stessi anni il Rubaldo II, che ebbe un fratello anche lui di nome Opizzo; cugini di Rubaldo II furono Tedisio e Stefano.

Scaramucce tra Genova e i Conti

Dal punto di vista militare, i Conti di Lavagna non costituivano un grosso problema: solo il loro numero (e la loro alta riproducibilità) poteva creare qualche grattacapo all'esercito genovese, poco propenso a lunghe campagne terrestri. L'impressione che si ricava dai documenti è che Genova abbia guardato a essi con una certa sufficienza, cercando di indebolirne i possessi, svuotandoli di uomini e tollerandone la presenza nelle vallate periferiche (fatta eccezione per la Val Fontanabuona, arteria di comunicazione terrestre di una certa importanza). Nel corso del secolo gli accenni agli scontri con i Conti sono scarsi, tanto da suggerire che si tratti di scaramucce militarmente insignificanti. Già a proposito degli avvenimenti accaduti tra il 1100 e il 1104, si segnala la vittoria genovese sui *castra* di Lavagna. Nel 1132 i *Lavanienses* muovono guerra a Genova, che replica con un esercito; l'anno dopo vennero rovinati i loro castelli, costringendo *quelli* di Lavagna a rimettersi alla mercé dei consoli genovesi. Alla metà del secolo, parecchi nuclei dei Conti finirono col venire a patti con il Comune accettando di risiedere nella città, cui giurarono una fedeltà a cui nessuno credeva, e promisero di collaborare alle campagne militari genovesi con le loro forze.

Castelli e contese

Nel 1142 ad accordarsi furono Gerardo e Arnaldo *De Turri*, figli di un Corvulo, che è ricordato in un atto del *Liber* del 1128 in mezzo ad altri conti. In quest'anno la fondazione del castello di *Rivarolium* fu attuata per permettere agli uomini di vari villaggi (Groppo, Vignale, Solario,

Monticelli, Levaggi) di abbandonare le terre dei Conti, con la messa di immunità fiscale. Seguì poi (1145) la fondazione del castello di Levaggi, destinato a privare di uomini i possessi dei Conti; il castello fu progettato con il pieno accordo di un clan minore, i signori di Nasci, che donarono al Comune il poggio su cui edificarlo, nella speranza che vi si potesse anche sviluppare un *burgus*; l'intenzione era quella di togliere uomini alla giurisdizione dei Conti, per assoggettarli a quella dei signori di Nasci, sia pure in comproprietà col Comune genovese. Oggetto di contesa fu poi un altro castello, Montemoggio, che si trovava in una delicata posizione strategica alle spalle del mare e che era stato forse costruito dai Conti. Sul suo controllo dovette verificarsi uno scontro col Comune genovese, ma l'ennesima rivolta finì ancora una volta con una resa. Nel 1145, infatti, i Conti di Lavagna giuravano di rimettersi al lodo dei consoli. Si impegnavano a rispettare l'obbligo di abitare a Genova, annullavano ogni impegno o *sacramentum* stretto tra di loro o con altri uomini del vescovato genovese, rinunciavano alle loro pretese su Sestri Levante e su Rivarolo, promettevano di fare cavalcata col Comune, dando un *arcator* ciascuno (ma non contro i *domini* dai quali essi avevano ricevuto feudi), concedevano al Comune di fare colletta nel territorio di Lavagna e di Sestri (eccettuate le loro persone e quelle di un gruppo di loro fedeli), ottenevano pieno controllo sui *comandi* che abitavano la curia di Borzone, Zerli, Reppia e Varese, ai quali veniva applicata la *consuetudo* dei Conti anche in caso di loro trasferimento a Sestri o a Rivarolo, ottenevano, infine, la restituzione dei beni loro tolti nelle operazioni militari. In un atto diverso, ai Conti (Rubaldo,

Ottone, Ruffino, Gerardo Scorcia, Opizzo, Stefano, Tedisio, Armanno, Martino, Enrico, Oberto Bianco) i consoli rinnovarono gli ordini, proibendo di attaccare i viaggiatori diretti a Genova; ribadivano la facoltà concessa ai loro sudditi, purché non servi, di venire ad abitare a Rivarolo o a Sestri; chiedevano di non collaborare coi signori di Passano. Nel 1145 a trattare con Genova furono i signori di Cogorno, che si affrettarono a permettere a Genova di costruire un altro castello, quello di Caloso, e poi i signori di Passano e di Nasci. Sempre di quest'anno è la fondazione di un castello destinato a incidere profondamente nel territorio dei Conti di Lavagna, quello di Sestri Levante.

Seguì un periodo di relativa tranquillità, in cui si cercò anche di organizzare un consolato a Lavagna, lasciando ad altri piccoli feudatari il compito di creare problemi al Comune, come i signori di Nasci, ridotti all'obbedienza nel 1156. Gli accordi precedenti dovettero sconvolgere la situazione giuridica della popolazione del *comitatus*, che finì con l'appoggiarsi al Comune genovese, anche se abitante al di fuori del castello di Sestri Levante o di Rivarolo. Mancavano, però, le strutture, anche amministrative, per riempire il vuoto di giurisdizione che la debolezza dei Conti e degli altri piccoli clan apriva. Tanto è vero che nel 1156, per risolvere una controversia annosa – uomini di Chiavari e di Leivi opposti ai loro *domini* – furono i consoli genovesi a essere scelti come arbitri tra le parti: i consoli genovesi sancirono il diritto degli uomini a crearsi ogni anno un loro consolato e a militare sotto Genova.

Le rivalità tra i clan

All'interno del clan, poi, dovettero scoppiare furiose rivalità: Martino, insieme al fratello Enrico, non resistette alla tentazione di allearsi col potente Comune genovese, per mettere le mani su qualche castello, come quello di Zerli. Il Comune ne approfittò per dividere le due fazioni (l'altra comprendeva i Conti di Lavagna Rubaldo, Girardo Scorza, Ruffino, Arduino, Alberto *Penellus*, Oddo, Ugo e altri) e per farsi promettere da entrambe le parti contendenti che avrebbero accettato la nascita di un consolato nella pieve di Lavagna, che non avrebbero molestato nessun mercante sulla strada *a Rapallo usque Brunialem*, rimettendosi per le loro cause all'arbitrato di Genova. Anche i contatti personali con la società cittadina si intensificarono in questi anni, come testimoniano gli atti di Giovanni *scriba*, il primo notaio di cui ci sia rimasto il cartolario. Nel 1155 Martino, definito *comes de Lavania*, era a Genova, dove assistette alla stesura di un atto; anche Tedisio, figlio di Rubaldo conte, si recava in città, insieme a *Rubaldus cardinalis*, per ottenere un prestito da un mercante; all'atto era presente anche Ugo *Siccus*. Ruffino poi tentò nel 1160 anche l'avventura nel commercio, finanziando in modo cospicuo un uomo d'affari. Questi contatti con l'effervescente e dinamico ambiente genovese, se non dovettero incidere in misura decisiva sulla mentalità feudale dei Conti (che non sembrano interessati al commercio e che al denaro arriveranno solo attraverso la strada maestra delle rendite ecclesiastiche), permisero di porre le basi per alleanze politiche e familiari, proprio mentre si stava profilando un violento scontro all'interno della classe dirigente cittadina, spaccata tra i De Volta e i De Curia. Questi ultimi erano legati a un altro potente feudatario distrettuale, Rollando Avvocato. Proprio intorno a Rollando, signore di un esteso feudo (la cosiddetta Avvocazia, il cui centro era Recco), incuneato tra i contrafforti appenninici e il mare nella Riviera di Levante, si dovette coagulare il malcontento che tra i contadini distrettuali si era andato diffondendo negli anni precedenti.

La penetrazione del Comune genovese nella riviera orientale aveva accompagnato di pari passo la politica, inaugurata dall'arcivescovo Siro intorno al 1140, volta a rivendicare alla sua curia le decime, le terre, i diritti che in vario modo negli anni precedenti erano stati usurpati sia in città sia nel contado. Tale opera di restaurazione fu condotta in modo intransigente: nel 1143 i consoli dei placiti procedettero alla riesumazione di livelli vecchi anche di settant'anni, per costringere i discendenti dei livellari ad accettare la condizione di *famulatus*. Col beneplacito dei consoli, non fu difficile a Siro ottenere il riconoscimento e la conseguente rinuncia dei diritti usurpati dai suoi vassalli cittadini; questi ultimi erano disposti ad attribuire all'arcivescovo il ruolo di leader della città sopra i vari clan, proprio mentre il Comune si accingeva alla crociata in Spagna, che si pensava fosse ben più remunerativa dei miseri proventi delle decime legate al possesso di terre e a quelli, un po' più consistenti, della *decima maris*.

La rivolta dei piccoli agricoltori

Sorda e violenta fu, invece, la reazione di quella folla di piccoli agricoltori che si erano nel corso degli anni svincolati dagli obblighi di *famulatus*, approfittando della relativa debolezza della curia vescovile e poi arcivescovile. Essi si erano appropriati delle terre donnicate, riuscendo, forse, a raggiungere livelli di vita meno degradanti, ma ora bruscamente vedevano rivendicati decime, tributi in denaro o in natura, e anche le odiate corvée nelle curie che costituivano il *donnicatum* arcivescovile (compresa la curia di San Michele di Lavagna, coltivata a vigna e a olivi). Il *Registrum* riporta attentamente le numerose sentenze che assoggettavano i contadini, spesso contumaci, a tali servitù. Le sentenze erano emanate dai consoli genovesi, cui venne riconosciuta da Siro la signoria sul distretto rivierasco. Su questo terreno fertile trovò insperato alimento la rivolta dei Conti. La lettura di alcuni documenti del *Registrum curiae*, infatti, lascia intendere come sia stata tenace e ostinata la resistenza che molti contadini distrettuali opposero alla pretesa dell'arcivescovo Siro di considerarli *famuli* con gravi limitazioni anche della libertà personale. Un altro, ben più autorevole, appoggio ai Conti venne dal diploma imperiale del 1161. L'anno seguente, tuttavia, Federico Barbarossa concesse al Comune genovese (9 giugno 1162) la *districtio* sulle due riviere e il possesso feudale dei castelli acquisiti *in citramarinis vel ultramarinis partibus*, riaprendo ancora una volta la partita.

L'accordo tra Genova e i Conti

Davanti a tale confusa situazione, le due parti in lotta finirono col trattare. Nel 1166, infatti, ci fu l'accordo più importante tra i Conti di Lavagna e il Comune, destinato a regolare per secoli i rapporti tra i due soggetti. I Conti giurarono fedeltà al Comune. Oltre all'imperatore, si rifiutarono di far guerra all'arcivescovo di Genova e al vescovo di Bobbio, ai Malaspina, al marchese di Gavi, a Cavalcabò, ai Pelavicino e al marchese Azzo di Verona, signori di feudi posseduti dai Conti sul versante appenninico emiliano. I consoli si impegnavano a non pretendere colletta né da loro né dai loro eredi (fu questa la clausola che i Fieschi più volte invocheranno anche nei secoli successivi per non pagare tasse al Comune), ci si accordò sull'elezione dei consoli a Lavagna e a Sestri Levante. Venne nuovamente proposto l'acquisto di una *domus* a Genova in cui essi potessero abitare; fu loro offerto, in cambio, il versamento, già stabilito, di un *feudum* di 40 libre, da dividere tra le tante persone derivate dai figli di Rubaldo, di Gerardo e di Pagano. A giurare furono Martino, Ruffino, Arduino, Beltrame, Alberto Penello, Tealdo figlio del fu Opizzo, Alberto figlio del fu Rubaldo, ma l'atto fu, per prudenza, esteso a tutti i discendenti dei tre capostipiti. Gli accordi resero urgente un intervento anche strutturale per controllare giuridicamente la zona e per assicurare in modo concreto sia la libertà di transito sia la sicurezza in caso di naufragio ai mercanti non genovesi. A tale scopo fu pensata la fondazione del castello di Chiavari (1167), atto coraggioso compiuto dal Comune genovese proprio in un momento di forte tensione tra la città e il distretto; infatti i "terrazzani" (con questo termine, dal vago sapore dispregiativo, gli Annali chiamano i piccoli affittuari distrettuali) si erano visti negli anni precedenti improvvisamente richiamati agli obblighi pesanti del *famulatus* nei confronti della Curia arcivescovile e non avevano esitato a insorgere con le armi contro i cittadini. La costruzione del castello di Chiavari colpiva al cuore il territorio dei Conti, che furono per questo spinti a giocare il tutto per tutto. Benché gli stessi marchesi Malaspina, Opizzo e il figlio Moroello, fossero stati costretti a venire a patti col Comune circa il controllo del castello di Monleone, chiave di volta per la strada della Val Fontanabuona (1168), due anni dopo ci fu una violenta insurrezione contro la città, che si affrettò a spedire due contingenti, per punire i ribelli, concentrati in valle Polcevera e nel territorio di Lavagna. Che tale rivolta abbia acquistato caratteristiche di una *jacquerie* lo lasciano intendere, e anche in modo evidente, gli stessi documenti genovesi. Già negli anni precedenti, infatti, erano stati molti i contadini che non avevano accettato la giurisdizione consolare e si erano rifiutati di presentarsi al placito, preteso dall'arcivescovo Siro, per ottenere la restituzione dei suoi diritti. La rivolta si estese a macchia d'olio. Per gli stessi *cives* genovesi, infatti, le strade del distretto erano diventate pericolose, tanto e tale fu l'odio accumulato nelle campagne contro la città. È con un sospiro di sollievo che nel 1169 Oberto cancelliere poté constatare che la feroce opera di repressione messa in atto dai consoli genovesi era riuscita a far sì che *viator notus et etiam ignotus ibat et redibat securus, cives libenter exibant et morabantur incolumes* nel distretto. L'anno dopo i Conti non trovarono di meglio che attaccare il castello di Frascario, tenuto dai Passano, da tempo di nuovo in lite coi Lavagna. Questi ultimi si rivolsero a Genova, che fu ben contenta di intervenire, riaffermando il suo controllo sui castelli della riviera orientale. Si trattò di un duro scontro, anche perché i Conti potevano godere di amicizie tra i clan cittadini; essi interposero i loro buoni uffici, per bloccare le iniziative dei consoli. Dopo l'ennesima sequela di atti di sottomissione (ma i Passano fecero in tempo a togliere ai Conti il castello di Zerli, restituito loro da Genova), ci fu l'estremo, disperato tentativo da parte di tutto il mondo feudale della riviera per distruggere la rete che il Comune vi aveva costruito.

Tra Lavagna e Genova, intervengono i Malaspina

Nel 1172 si mossero gli stessi marchesi Malaspina, cui spettava l'alta signoria sulla contea: Opizzo e il figlio Moroello entrarono nel borgo di Chiavari, che si era rapidamente formato intorno al castello, appoggiati dagli uomini di Passano e da quelli di Lavagna, che si erano evidentemente riconciliati tra loro. I fedeli a Genova, assediati nel castello, riuscirono a sventare la minaccia con il sempre attraente argomento rappresentato dal denaro, ma furono costretti a cedere un ostaggio importante, Nicola Roza, che era stato spedito in soccorso del castello e che nel 1169 aveva guidato l'opera di repressione dei moti contadini nella Riviera di Levante. Fu questo anche l'ultimo serio episodio di resistenza opposta dai Conti di Lavagna alla città. Il Comune punì l'atto di ribellione: nel 1173 i consoli decisero che un gruppo di sudditi dei *lavanini* fossero liberati *servitutis vinculo* nei confronti del conte Ruffino e dei suoi figli, di Maloureria e dei suoi figli e nipoti, di Girardo Scorcia e figli, dei figli del fu Rubaldo, tutti conti che avevano appoggiato la rivolta dei Malaspina e che erano stati condannati a morte dal Comune. In un altro lodo, emanato nella stessa data, eguale privilegio toccò a un suddito dei conti Tedaldo ed Enrico, figli del fu Opizzo. Nel 1174 fu firmata la pace tra Genova e i Malaspina e a sottoscriverla furono anche i Conti; tra questi Ruffino, Ugolino e Gerardo (che il documento dichiara *filii eius*), Tealdo e suo fratello Enrico, Opizzo, Fulco, Tedisio suo fratello, Ugo *Siccus*, Ugolino *de Turri*; in cambio della pace fu loro riconfermato il *feudum* concesso dal Comune. Il minuzioso piano urbanistico (dalle singolari disposizioni antispeculative), col quale venne riorganizzato il borgo di Chiavari, distrutto dall'attacco malaspiniano, segnò, in pratica, la sconfitta dei Conti. Alcuni di loro, in ordine sparso, fecero atto di sottomissione, come Morando, figlio di Martino *comes* (nel 1188), Tebaldo, figlio di Bertame *de Turri comitis* e suo fratello Enrico (nel 1190), Ugolino, figlio di Enrico Bianco (nel 1193). Ancora nel 1207 uno dei tanti Conti, Ambrogio, figlio di Alberto rapallino, prestava giuramento di fedeltà. Il Comune continuò diligentemente a pagare un feudo a questi vassalli, che non diedero ulteriori grattacapi. Nondimeno, l'incontro con la vivace società genovese, dove circolava denaro in abbondanza e si acquistavano raffinati prodotti "di consumo", dalle esotiche spezie ai preziosi tessuti d'oltralpe, un qualche effetto sulla modesta esistenza dei conti lo produsse.

L'emigrazione dei lavagnesi a Genova

Alcuni clan decisero di emigrare in città e di cercare fortuna in mezzo alle navi, come fece Cavarunco (ricordato in vari atti concernenti i Conti di Lavagna), i cui figli, trasferitisi a Genova, ne divennero cittadini a pieno titolo, tanto che uno di loro, Guglielmo, nel 1184 disporrà di essere sepolto nella chiesa genovese di Santa Maria di Castello. Altri finirono col vendere le loro proprietà al Comune, per riceverle indietro come *feudum* o per raggranellare qualche denaro; altri ancora come Ansaldo, conte di Lavagna, pur mantenendo il possesso di terre nella sua zona di origine, presso Santa Giulia, si trasferì a Genova e affrontò la via del mare, come accomandante. Altri, infine, si chiusero nei loro castelli, aspettando tempi migliori o tentando nuove strade per recuperare il loro prestigio. Una di queste possibilità di miglioramento economico rientrava nella mentalità feudale: far fortuna attraverso l'esercizio delle armi o attraverso la carriera ecclesiastica. I Conti, del resto, appoggiavano e aiutavano una ben più potente casata, i Malaspina, signori della Lunigiana e veri controllori delle fondamentali strade appenniniche, tra il mare e l'entroterra padano. Erano i Malaspina i legittimi *domini* di tutto ciò che dipendeva dall'Impero nella *marchia* o nel vescovado di Genova, compresa Lavagna e la valle di Sestri, come si affrettò a riconoscere a Opizzo Malaspina l'imperatore Federico Barbarossa nel 1164. Tra i tanti Conti che vennero a patti col Comune genovese, vi è anche un nome, quello di Ruffino, su cui occorre soffermarci.

Spuntano i Fieschi

A Ruffino si attribuisce la paternità di Ugo *Fliscus*. I documenti, che attestavano tale legame, stesi dal notaio Calligepallio, non esistono più: a danneggiare l'Archivio di Stato genovese non furono solo le bombe francesi cadute sulla città durante l'assedio del 1684 o le generazioni di topi che degli atti notarili trassero alimento, ma anche la curiosità di eruditi di ogni risma, che sottrassero all'archivio atti ai loro occhi interessanti, come, appunto, quelli che contenevano notizie di carattere genealogico. Ruffino non è personaggio del tutto ignoto; infatti, nel 1160 Guglielmo Burono, uomo di spicco nella vita politica e mercantile genovese, dichiarava che delle 100 libre che egli aveva consegnato a un mercante in attesa di imbarco, 50 erano *Ruffini comitis de Lavania*; anche nei documenti sopra ricordati, abbiamo visto Ruffino come uno dei tanti Conti di Lavagna alleato dei Malaspina e per questo punito nella spedizione del 1173. Forse il contatto con l'ambiente genovese, cui fu costretto dal giuramento della *Compagna*, dovette indurlo a cercare la fortuna nel commercio. Si può così supporre che gli interessi di Ruffino, anche di natura signorile, non fossero concentrati nella zona di Lavagna, ma avessero cospicue radici soprattutto nell'Appennino emiliano, parmense o piacentino. Questo perché due suoi figli, Alberto e Opizzo, percorsero la loro carriera ecclesiastica proprio a Parma, il primo diventando arcidiacono e il secondo vescovo della città. Il Federici afferma che dal testamento di Ruffino, steso nel 1177 dal notaio Guglielmo *Caligepalii*, egli risulterebbe padre di Opizzo (vescovo di Parma), Sinibaldo (vescovo di Brugnato), Alberto (magiscola di Genova), Ibleto (vescovo di Albenga), Ugo e Tedisio; fu, però, soltanto Ugo ad assumere il cognome *Fliscus*. Peraltro, il documento del 1174 ricorda con chiarezza come figli di Ruffino anche Ugolino e Gerardo. Occorre notare, per concludere, come i documenti che abbiamo di volta in volta segnalato non lascino intravedere nessun segno di una superiorità (se non, forse, economica) di Ruffino sugli altri Conti di Lavagna. Nel 1198 sarebbe stato firmato un accordo tra il Comune genovese e i Fieschi, in quanto Conti di Lavagna: la città concedeva a loro il titolo di nobili, permettendone l'accesso alla carriera di governo in città. Inoltre, veniva riconosciuta alla famiglia l'esenzione perpetua da ogni colletta oltre che il privilegio di poter continuare a giudicare i suoi sudditi. Ma il Comune stava già pensando seriamente a costruire un'ossatura amministrativa e giudiziaria nelle riviere, per assestare un colpo definitivo a questo fastidioso consortile.

CAPITOLO 3

Il capostipite della famiglia: Ugo Fieschi

Le informazioni che ci vengono tramandate su Ugo Fieschi furono a suo tempo raccolte dal Federici, uno storico secentesco coscienzioso e documentato, che in genere utilizzò le notizie fornite dall'Archivio di Stato di Genova. Il cognome Fieschi è stato oggetto di numerose congetture; non è un fatto strano che, davanti alle origini di una potente e illustre casata, si sia cercato in qualche modo di razionalizzarne il cognome anche a livello etimologico. Il primo erudito a fornirci notizie sui progenitori della casata è l'abate Agostino Giustiniani nei suoi *Annali della repubblica di Genova*, stampati nel 1537. Secondo il suo racconto, la famiglia ebbe origine da Robaldo dei Conti di Lavagna, da cui sarebbe disceso, sulla base di vari libri di privilegi consultati dal Giustiniani, Alberto, da cui nacque Ruffino, padre di tre figli, Ugo, Tedisio e Gherardo; nessuna ipotesi è avanzata dal Giustiniani sul cognome Fieschi. Ma l'erudito, a ogni buon conto, aggiunge: "*Et non sono ignaro che alcuni riferiscono l'origine de Flischi in li principi di Bavera et dicono che uno di loro comprò il contado di Lavagna et che guerreggiò contra Pisani in favor di Genovesi et per essersi portato bene acquistò molte franchigie insino l'anno di mille sessanta otto, la qual cosa appresso di me sarebbe di gran precio et in gran stima s'io la potessi riferire con quella certezza che io ho riferito l'altre cose*". Ai dubbi del Giustiniani si sostituirono, poi, le convinzioni di altri. Un primo tentativo di spiegare il cognome della famiglia fu fornito da Francesco Sansovino che, nella sua *Origine delle case illustri* (stampata a Venezia nel 1582), narra come nel 1010 due fratelli nobilissimi di Borgogna siano passati in Italia per aiutare l'imperatore Enrico II. Uno di loro era Frisco, che avrebbe trasmesso il nome ai Fieschi; l'altro, Obizzo, avrebbe dato vita agli Obizzi di Lucca. Nell'archivio genovese di San Giorgio si sarebbe trovata addirittura la bolla di investitura di Frisco de Frischi. Nel secolo successivo, sul cognome Fieschi e sulla origine della famiglia si dilungò Federico Federici, il quale si occupò dei Fieschi sia all'interno di una gigantesca e fondamentale raccolta su tutte le famiglie nobili genovesi, opera rimasta manoscritta e più volte ricopiata, sia in un'opera specifica (il *Trattato della famiglia Fiesca*), che fu stampata verso la metà del secolo XVII e di cui si conserva anche l'abbozzo manoscritto, con alcuni documenti poi non pubblicati, alla Biblioteca Berio di Genova. Il Federici riporta ciò che ha trovato in altri autori, rigorosamente citati: i Fieschi avrebbero avuto origine dai duchi di Borgogna o di Baviera. Il cognome deriva da Frisco, così chiamato perché avrebbe riscosso il fisco imperiale. L'etimologia proposta è piena di dubbi: il cognome Fiesco appare in epoca tarda (alla metà del secolo XII), quando il fisco imperiale (a parte la difficoltà anche fonetica di far risalire Fiesco da Fisco) non risulta esercitare alcun potere nella riviera o sull'Appennino. Piuttosto che tentare di scoprire l'origine del cognome, è più significativo tener conto di un altro fenomeno importante, dapprima avvertito nell'ambiente cittadino genovese e poi verificatosi anche nell'aristocrazia distrettuale: la necessità di puntualizzare meglio i vari clan e le varie famiglie, che si venivano staccando dal ceppo principale, spesso numeroso di prole, in una fase in cui il ricorso all'atto scritto stava conoscendo una diffusione imponente.

L'incremento demografico e la nascita delle "famiglie"

Quel che si può intuire dalle informazioni contenute negli alberi genealogici delle principali famiglie nobili è che, pur essendo alto il tasso di mortalità infantile, altrettanto elevato dovette essere il numero dei figli. Basti ricordare, se ci limitiamo alla prima generazione dei Fieschi, che Ugo ebbe almeno 5 maschi e 3 figlie; Opizzo ebbe 6 maschi e 2 figlie; Tedisio I ben 7 maschi e 3 figlie. Ora, secondo la consuetudine medievale osservata in Liguria, le femmine erano escluse dalla successione e non esisteva il diritto di primogenitura, cosicché i beni paterni venivano suddivisi tra i vari eredi maschi. Inoltre, secondo un'usanza conosciuta anche ai nostri giorni, era normale attribuire ai figli il nome del padre o del nonno, generando evidenti confusioni all'interno della famiglia stessa. Per di più, l'affermarsi dell'atto notarile fece sì che diventasse frequente il ricorso al documento scritto con l'obbligo di fornire ragguagli più precisi sulle parti contraenti. Questa esigenza dovette essere avvertita prima di tutto in un ambiente vivace e ribollente di traffici come quello cittadino, dove si diffuse ben presto l'abitudine di affidare al notaio ogni sorta di transazione commerciale. Infatti a Genova, all'incirca negli anni della prima Crociata e quindi parallelamente al sorgere del Comune consolare, nei documenti appaiono sempre più spesso nuovi cognomi, la cui etimologia è talora oscura, per indicare i rami che si stanno staccando dai vari clan originari. Ecco alcuni esempi.

Dagli Avvocato, potente famiglia viscontile, ben radicata nella proprietà del suolo urbano, si separarono in questi anni due dinastie: i Pevere (destinati a giocare un ruolo da protagonisti nella vita politica cittadina) e i De Turca, che derivano il nome da Turca, figlio di Bonvassallo Avvocato e ricordato nel 1145 in lite con l'arcivescovo. Serra, figlio di Ottone de Mari (altra potente casata), dà vita in questi anni all'omonima famiglia, così come fa Ceba (console varie volte in questo periodo), il cui figlio Rainaldo verrà indicato col patronimico. Altro caso esemplare è quello di Caffaro di Caschifellone, il primo annalista, il cui figlio verrà ricordato con il patronimico. La stessa famiglia Grimaldi ha origine in questo lasso di tempo da Grimaldo, figlio di Ottone Canella, morto verso il 1143. Più raro il nome di famiglie che derivano dal matronimico: è il caso di Matrona (ricordata in un documento del 1030), il cui figlio, verso il 1140, è ricordato come Gandolfo de Matrona; tale caso sembra indicare che non sempre si è affermata l'ottica patrilineare che si è voluta vedere come emergente nelle politiche familiari tra il secolo XII e XIII.

Altro caso importante sono i Doria, che compaiono per la prima volta come famiglia identificabile proprio agli inizi del secolo XII.

Ritornando ai Fieschi, anche Ugo (e non il padre Ruffino, sempre indicato col solo nome) assunse il soprannome *Fli-*

scus proprio verso la metà del secolo. Non è del resto il primo tra i Conti di Lavagna a volersi distinguere nei confronti di fratelli o altri parenti, assumendo un soprannome: abbiamo già visto Gerardo Scorza e Oberto Bianco discendere da un unico padre, Pagano, sempre indicato semplicemente col titolo nobiliare, e dare vita a due casate, gli Scorza e i Bianchi. Se seguiamo le tavole genealogiche stese dal Belgrano, da Musso, conte di Lavagna, sarebbero derivati i de Turri (con Beltrame, *presbiter de Turri*) e i Penelli (da Alberto *Penellus*, ricordato come fratello di Bertrame); un figlio di Bertrame è poi il Gerardo *Ravascherius*, da cui sarebbe derivata la famiglia omonima; da Gerardo *Scorcia* nacque poi Gerardo *Angelerius*, da cui deriva la famiglia degli Angeleri. Ugo Fieschi compare per la prima volta in un documento del 1155, quando a Genova si offrì come mallevadore di Tedisio, figlio di Rubaldo *comes* e di Rubaldo *cardinalis*, che ricevevano un prestito in denaro. Nell'edizione critica del cartolare appartenente al notaio che stese tale atto, non datato, compare un altro personaggio, Ugo *Siccus*, sempre conte di Lavagna, al posto del Fieschi. A dire il vero, in un atto del 1145, quando i Conti di Lavagna dovettero rinunciare ai loro diritti su Sestri Levante e Rivarolo, si dovette scegliere anche sui beni della moglie di un non meglio identificato Ugo, beni che si trovavano a Genova. È possibile che si tratti del nostro personaggio, trasferitosi in città e qui accasatosi; ciò si accorderebbe col dato fornito dal Federici, che afferma che egli avrebbe sposato un'esponente della famiglia genovese dei Grillo. Ugo è poi nominato come figlio di Ruffino, in alcuni atti (per il 1177 e il 1199) che il Federici non correda di altre informazioni; sempre secondo il Federici avrebbe ricevuto nel 1177 in eredità dal padre Ruffino due castelli in Liguria. Nel 1195 risulta presente a Piacenza a un privilegio concesso da Enrico II al vescovo Opizzo; nel 1199 fu testimone al giuramento di fedeltà che i Malaspina prestarono al Comune di Genova e l'anno dopo fu teste all'alleanza stipulata dai Malaspina con Milano e Piacenza contro Pavia, atto firmato nel territorio di Bobbio. Che Ugo, e prima di lui il padre Ruffino, abbia avuto interessi nella diocesi piacentina e parmense appare evidente, se si pensa che proprio in queste due zone i fratelli di Ugo, Alberto e Opizzo, svolsero la loro carriera ecclesiastica. Sempre ai Malaspina appare vicino in altri documenti (nel 1202 fu teste a una dichiarazione rilasciata dai marchesi Alberto e Guglielmo; il giorno dopo, assistette all'atto in cui Guglielmo Malaspina cedette il pedaggio riscosso a Virolengo. L'atto fu sottoscritto nella chiesa genovese di San Matteo).

Questi documenti attestano i forti legami di Ugo con il mondo appenninico e coi Malaspina; meno frequenti, e poco significative, sono le testimonianze dei suoi contatti con l'ambiente genovese. La lunga serie di documenti (trattati, rese, promesse) che raccontano i difficili rapporti tra i Conti di Lavagna e il Comune vedono Ugo quasi del tutto assente, segno che il suo peso all'interno dei Conti era marginale, pur dimenticando che ben più attivo risulta suo padre Ruffino. Occorre segnalare che in città Ugo risulterebbe possedere una *domus* proprio nella *ripa maris*, cioè lungo il fronte del porto. Questo documento è ricordato nel *Foliatium notariorum*. L'atto risulta trascritto anche nell'edizione critica di questo cartulario, dove, però, è citata la casa *Hugonis de Filisco*, personaggio che non appare in altri documenti. Sempre il Federici segnala anche la vendita di un mulino, situato a Sestri Levante, effettuata da Ugo nel 1201. A Genova dovette recarsi l'anno dopo, forse accompagnando il marchese Guglielmo Malaspina. Ugo risulta morto già nell'agosto 1211. Infatti, il 1° agosto 1211, Morano, altro conte di Lavagna, vendette a Porpora, moglie del fu Ottone, conte, una terra a Sestri, confinante con quella di Alberto e Opizzo, figli del fu Ugo Fieschi. Ugo avrebbe sposato una figlia di Amico Grillo. Il documento che lo attesterebbe era conservato presso Paolo Grillo, dove il Federici lo consultò, e non è stato più ritrovato. Altra notizia fornita dal Federici è che Ugo sia stato signore di Borgo Valditaro, Calestano e Vigolone nel territorio parmense.

Per Borgo Valditaro mancano documenti che accertino una signoria fliscana in questi anni; anzi, sappiamo che, nel 1209, il potente comune di Piacenza, fortemente interessato al controllo della valle, si fece giurare fedeltà dagli uomini del borgo e che, l'anno seguente, un magistrato speciale esercitò, a nome dello stesso Comune, giurisdizione sulla Valditaro, sul Borgo e anche in Val di Ceno. Insomma, Ugo sembra essere uno dei tanti piccoli signori appartenenti al prolifico lignaggio dei Conti di Lavagna, inserito nel mondo genovese come un innesto estraneo. Del resto, se i clan cittadini formeranno le loro ricchezze sul commercio per poter acquisire feudi, Ugo (e ancor più alcuni tra i suoi figli) percorre il cammino inverso, non per questo più facile: partire dal possesso di piccoli feudi per arrivare al capitale finanziario.

Occorre notare che all'ambiente genovese Ugo guardò nella sua politica matrimoniale per la discendenza maschile, dato che il figlio maggiorenne, Alberto, sposò Contessa, appartenente alla famiglia genovese dei Rosso, e un altro suo figlio, Tedisio I, si unì a una donna appartenente a una potente famiglia genovese, i Camilla.

Nessun indizio conforta l'idea che Ugo possa aver avuto un ruolo di preminenza o di autorevolezza rispetto agli altri Conti di Lavagna nel territorio distrettuale. Del resto, Ugo visse negli anni in cui più debole fu la presa signorile sulla riviera, dove gli accordi con Genova spazzarono via i diritti giurisdizionali dei Conti, i quali avevano cercato di reagire dapprima militarmente, ma con esito disastroso. Poi preferirono affermare il loro prestigio, catalizzando almeno dal punto di vista religioso (con i conseguenti introiti economici) gli abitanti della zona.

I cambiamenti nella Riviera di Levante

Se provassimo a ripetere l'esperienza di osservare dall'alto la Riviera di Levante sessant'anni dopo la partenza della flotta crociata verso i Luoghi Santi, troveremmo alcuni significativi cambiamenti nel paesaggio umano. Lungo la costa, ormai resa sicura dalla potenza genovese, sono stati costruiti castelli, in primo luogo quelli di Sestri Levante e di Chiavari, dove, protetti da cinte murarie, sono spuntati fitti insediamenti, tanto da costituire *burgi* che hanno scompaginato le vecchie strutture demiche del contado. Contemporaneamente la Chiesa genovese aveva saputo fare i conti con la realtà. Morto Siro II nel 1163, il successore, l'arcivescovo Ugo, abbandonò progressivamente ogni velleità di rivincita nei confronti dei contadini distrettuali. Sconfessata la pretesa di applicare il *famulatus*, Ugo permise ai piccoli affittuari di mutare il loro stato giuridico in quello di *manentes*; di conseguenza, le prestazioni d'opera nelle terre dominiche vennero sostituite dal principio del pagamento di un compenso equivalente alle giornate lavorative necessarie alla curia arcivescovile. Le terre livellarie vennero riscattate da Ugo senza ricorrere all'uso della forza, ma con pagamento in denaro, con l'unico obiettivo di ricompattare il *dominicum* posto vicino alla città, per utilizzarlo soprattutto per la coltivazione della vite. Lo stesso *dominicum* finì poi con l'essere diviso in *loca* che vennero affidati a piccoli coltivatori con l'obbligo di pastinarlo. Questa sorte toccò nella Riviera di Levante anche alla curia arcivescovile posta in San Michele di Ri, presso Chiavari, che, in parte suddivisa in *loca*, fu data in affitto ad alcuni *manentes*. All'ombra del castello di Chiavari ben presto affluirono famiglie provenienti dalle varie ville dell'interno. La ridistribuzione demica che coinvolse tutta la zona apriva problemi anche di carattere canonico (si pensi alla questione dell'appartenenza dei singoli alla parrocchia) di complessa soluzione. Occorre aggiungere che è difficile stabilire quale autorità giurisdizionale abbia esercitato la sua influenza nel territorio. Il castello col borgo di Chiavari, infatti, dovette rapidamente diventare un polo di attrazione non solo sotto l'aspetto economico, ma anche sotto l'aspetto giuridico, perché forniva l'indubbio vantaggio di un complesso di leggi definite e certe (le norme statutarie genovesi) cui gli abitanti potevano riferirsi. Gli stessi accordi coi Conti, sottoscritti durante il secolo XII, dimostrano che la giurisdizione di questi era limitata ai *comandi*, ai servi, cioè, residenti solo in alcune aree collocate in posizione del tutto marginale, nell'entroterra (Reppia, Zerli, Varese), là dove vedremo i Fieschi trovare costantemente rifugio nei secoli successivi. Non è chiaro chi abbia esercitato l'autorità sul borgo di Chiavari in nome del Comune genovese; forse un castellano (come indicherebbe un'iscrizione riportata dagli storici locali), forse due consoli; in seguito, agli inizi del Duecento, i documenti chiariscono meglio la situazione. Genova, infatti, provvide a organizzare nel distretto orientale alcune podesterie, parallelamente all'evoluzione in tal senso delle istituzioni cittadine. Manca un'indagine dettagliata che chiarisca la scansione cronologica con cui vennero organizzate le varie podesterie; certamente fu un processo lungo e non rettilineo, perché occorreva di volta in volta intervenire là dove i legami feudali risultavano ormai dissolti e poi modellare la loro giurisdizione a seconda delle nuove esigenze. Già nel 1209 è ricordato Ugo Embriaco come podestà di Rapallo, Cicagna, Chiavari e Lavagna; in seguito dovettero essere organizzate podesterie distinte; infatti, nel 1226 è ricordato il podestà di Lavagna, mentre ancora nel 1229 gli uomini di Levanto chiedevano a Genova l'invio di un podestà come avveniva per gli uomini di Sestri Levante e di Rapallo, senza far cenno a Chiavari. Nel 1233, negli atti del notaio Nicoloso de Beccaria, è ricordato il podestà di Rapallo e Cicagna, mentre il primo ricordo di un podestà di Chiavari negli atti ufficiali genovesi risale al 1241. La podesteria di Chiavari si estese, poi, anche a Lavagna, assoggettando dunque l'intero territorio al diritto statutario genovese e agli obblighi militari pretesi dal Comune maggiore. Venne organizzato anche un sistema fiscale, che imponeva gabelle sulle attività produttive (è ricordata la gabella del ferro che veniva prodotto in quantità significativa nelle valli dell'entroterra; la gabella del pane; quella sul grano; l'*introitus modonorum*, cioè sui mattoni; l'*introitus sive gabella carnis, casei et asunçie*) e, forse, anche il catasto generale da cui risultarono, invece, esclusi gli uomini dell'Avvocazia. Quale sia stato il peso politico ed economico dei Conti in questo travagliato periodo è difficile dirlo. Essi si stabilirono gradatamente nel borgo e finirono con l'accettare la convivenza con il potere cittadino. Nelle valli interne (la Val Graveglia, parte della Val Fontanabuona, la Valle Sturla, la Val d'Aveto, parte della Valditaro) i Conti, e poi i Fieschi, mantennero, invece, tutti i loro diritti sulle persone, ma, lungo la costa, dovettero inchinarsi al dominio genovese. Tutto ciò lascia supporre che, al di là del titolo, Ugo abbia avuto un'influenza marginale sulla contea, tanto più che l'esplosione demografica del borgo di Chiavari (che venne ampliato nel 1209) dimostra il successo dell'iniziativa genovese. Inoltre, sempre negli anni in cui visse Ugo, un altro fenomeno acquistò una dimensione fondamentale, tale da sconvolgere ancora più profondamente la società distrettuale: la massiccia emigrazione verso Genova.

Rivieraschi, artigiani a Genova

Se singoli abitanti del distretto avevano già trafficato, anche con fortuna, con la città (ben conosciuto è il caso di Oberto Chierico), la corrente migratoria dovette ora coinvolgere interi nuclei familiari, attirati dalle possibilità di successo offerte dal mercato cittadino. Ciò dovette essere reso possibile anche dal progressivo disfacimento di quei vincoli personali che il regime signorile non era più in grado di pretendere. Conosciamo il fenomeno grazie soprattutto agli atti del notaio Salomone, originario di Chiavari, che, trasferitosi con successo a Genova, mantenne stretti rapporti con il borgo d'origine, da cui venivano anche molti dei suoi clienti. Nei suoi atti sono numerosi i piccoli proprietari distrettuali, che vendono le loro *pecie* di terra, spesso dietro l'apparenza di un mutuo garantito su tali proprietà: forse, essi intendevano procurarsi il capitale necessario per trasferirsi in città, dove aprire bottega, o forse, strozzati dai debiti, erano costretti a chiedere denaro a usurai, pronti ad approfittare delle difficoltà di una cattiva stagione. Contemporaneamente, nel distretto emergono nuove figure, come quella del contadino ricco, sia egli un affittuario di terra capace di valorizzare i suoi prodotti, sia un collettore di decime, sia ancora un usuraio. Nasce ora quella dinastia di borghesi (i Mangiante, i Rivarola, i Botto, i Garibaldi) che sono destinati a giocare un ruolo importante nella società chiavarese. A Genova l'immigrazione dal contado acquistò dimensioni notevoli. L'intero quartiere extramurario, costituitosi intorno al monastero di Santo Stefano, ad esempio, fu popolato da contadini, diventati lanaioli o comunque addetti al settore manifatturiero della lana, che stava conoscendo proprio in quegli anni un notevole sviluppo anche a Genova. L'impiego di manodopera distrettuale coinvolse tutte le attività artigianali cittadine, dove i *terrazzani* divennero ora capi-bottega, ora salariati, ora apprendisti. Nello stesso tempo, anche gli uomini d'affari genovesi (è il caso di Baldizzone Usodimare nel 1158) cominciarono a guardare con interesse alle terre distrettuali, che, libere da vincoli feudali, potevano finalmente essere trafficate.

È in questa società in vivace fermento che visse Ugo Fieschi. La tradizione attribuisce a lui la prima delle numerose opere di pubblica utilità (ivi compresi gli enti ecclesiastici), che vennero poi collegate alla munificenza, non sempre disinteressata, della famiglia, e che in seguito papa Innocenzo conglobera sotto il patronato della Chiesa gentilizia di San Salvatore: il ponte di Lavagna.

Il ponte di Lavagna

Questa costruzione è ricordata già nel 1160 (viventi sia Ugo sia il padre Ruffino): un mercante si impegnava con un potente uomo d'affari di Genova, Guglielmo Vento, a consegnare a un suo incaricato 800 *plancae* (forse, lastre d'ardesia) *apud pontem Lavanie*, dove doveva esistere anche un punto di attracco per piccole imbarcazioni, come suggerisce il fatto che queste *plancae* dovevano essere della misura usualmente prevista dai contratti stipulati a Lavagna, e dove si doveva raccogliere un pedaggio.

Il ponte è poi ricordato nel testamento di un mercante chiavarese già citato, Oberto clerico, nel 1164, che al ponte lasciò in legato una somma (come avveniva normalmente per le opere di pubblica utilità, infatti, il ponte era affidato al buon cuore dei privati). Il ponte di Lavagna, del resto, non era l'unico esistente nella zona, dato che nello stesso lasso di tempo è ricordato anche il ponte di Carasco, alla cui manutenzione si provvedeva attraverso le rendite provenienti dai beni lasciati in eredità a questa istituzione.

Il ponte di Lavagna era originariamente in legno; fu poi

nel 1210 sostituito con un ponte in pietra, come risulterebbe da un'iscrizione posta sotto un affresco nella chiesa di Santa Maria Maddalena, costruita a un'estremità del ponte. Questa opera pubblica è più volte ricordata nei testamenti di uomini e donne originari del distretto, ma trasferitisi a Genova. Anche la chiesa di Santa Maria Maddalena, attestata già nel 1210, è da alcuni attribuita immancabilmente a Ugo; l'iscrizione, che si sarebbe trovata presso il ponte, riportata dal Garibaldi, avrebbe recitato: *Fliscus Hugo hoc fanum pontem hospitia puteum fieri fecit anno MCCX.*

Sul ponte in pietra si sprecano i particolari: formato da tredici archi in mattoni, sostituiva quello in legno, che aveva nel centro un piccolo tabernacolo con l'immagine di Sant'Erasmo, patrono dei marinai e dei pescatori del Mediterraneo. Nel nuovo ponte venne collocata l'icona di una Madonna in stile greco (proveniente da una non meglio precisata Crociata), che poi fu trasferita nel 1442 nella cappella fatta costruire dai terziari francescani a capo del ponte di levante. È più probabile che un ponte rudimentale, dapprima una semplice passerella in legno, sia sempre esistito, per permettere il superamento del torrente, e che sia ricaduto sotto la giurisdizione dei Conti di Lavagna, senza che sia possibile stabilire chi ne abbia avuto il controllo e chi lo abbia fondato. Del resto, nel 1160 (anno in cui il ponte è ricordato per la prima volta) Ugo doveva essere ancora giovane e meno autorevole di tanti altri Conti.

Prime opere fliscane

Ugo avrebbe fatto costruire anche un *hospitium* destinato ad accogliere pellegrini diretti a Roma, come lascerebbe intuire la iscrizione prima citata. Piuttosto, il ponte, la chiesa e l'annesso ospedale dovettero costituire un istituto giuridicamente legato alla pieve di Lavagna, dato che nel 1236 l'arciprete Rubaldo, d'accordo col capitolo, nominava un canonico della pieve, Piacentino, a rettore di queste istituzioni. Ipotetica è l'attribuzione a Ugo della fondazione dell'*hospitalis de Clavaro*, attestato nel 1172 e identificato con l'*hospitale de Maxena*, citato in un documento del 1209. Forse è l'ospedale di San Lazzaro per i lebbrosi, che Ugo avrebbe fondato accanto alla chiesa dedicata allo stesso santo. Un'altra tesi sostiene che a promuovere queste costruzioni, anche per ragioni economiche, siano stati i Conti di Lavagna, forse uniti come consortile con altri soggetti, dato il costo di tali edifici. Tale programma edilizio e assistenziale poteva opporsi alla penetrazione genovese nella zona, riacquistando per i Conti in termini di prestigio ciò che veniva da loro perduto a livello politico e militare. Conosciamo anche l'esistenza di un ospedale posto nella piazza di Lavagna, ricordato già in un documento del 1136, un luogo di rifugio che costituisce la prima prova dell'interesse che tutto il consortile dei Conti doveva dimostrare per opere di pubblica utilità; inoltre, questi edifici possono essere anteriori ai documenti in cui vengono citati.

Un personaggio interessante, attribuito ai Fieschi, è Bardone, arciprete della pieve di Santo Stefano di Lavagna, cui nel 1192 l'arcivescovo di Genova, Bonifacio, confermò le decime su varie località *libellario nomine*. Nel 1193 papa Celestino III concesse alla sua parrocchia la cappella fondata *apud Clavarum* dallo stesso Bardone *propriis sumptibus*, assoggettando i fedeli alla pieve di Santo Stefano di Lavagna;

tale edificio è la chiesa di San Giovanni, sorta nel centro del borgo, anche se il toponimo *Chiavari* dovette essere identificato con un villaggio più antico (dove si trovava la chiesa di San Pietro, posto poco lontano dal centro fondato da Genova e solo successivamente passato a indicare il borgo sorto intorno al castello voluto dal Comune genovese). Bardone doveva avere origini nobili, se fu chiamato a rivestire la più alta carica ecclesiastica della contea, ma attribuirlo ai Fieschi è difficile, in quanto solo Ugo ebbe tale cognome e per ragioni cronologiche (Bardone sembra coetaneo di Ugo) non si può ipotizzarne la discendenza. Tuttavia, la fondazione della chiesa di San Giovanni come cappella dipendente dalla pieve di Lavagna è atto significativo, perché salvava almeno a livello religioso (con gli annessi vantaggi economici) la supremazia dei Conti, che esprimevano il *presbiter* destinato a reggere la chiesa di Santo Stefano. La costruzione della chiesa di San Giovanni nel centro del borgo chiavarese fu laboriosa e dispendiosa, dato che ancora nel 1222 sono segnalati lasciti testamentari a favore dell'*opus* della chiesa stessa. Figli di Ugo furono Alberto, Opizzo, Sinibaldo, Ruffino (che per il Belgrano fu nel 1212 abate di San Fruttuoso di Capodimonte, anche se un Ruffino risulta essere abate di Borzone nello stesso lasso di tempo).

Altro figlio di Ugo è Roboaldo o Rubaldo. Rubaldo fu canonico della cattedrale genovese di San Lorenzo; nel 1213, insieme col fratello Opizzo, promise a due scribi del Comune di Genova di restituire ciò che ai due fratelli era pervenuto, non sappiamo per quale motivo.

Altro figlio accertato è Tedisio.

Il Federici aggiunge a questo elenco anche Giovanni Ludovico, ma senza fornire ragguagli documentari. A questi deve unirsi l'Ambrogio, ricordato senza ulteriori precisazioni dopo Ugo, Opizzo e Tedisio come beneficiario del *feudum* in denaro concesso alla famiglia dal Comune genovese.

La politica matrimoniale di Ugo Fieschi

Chiara fu la strategia familiare e feudale seguita da Ugo: lasciato al primogenito Alberto e poi a Opizzo il compito di guidare la famiglia, toccò a Sinibaldo tentare la carriera ecclesiastica a Parma all'ombra dello zio, mentre quasi contemporaneamente un altro figlio, Rubaldo, diventava canonico di San Lorenzo a Genova. Ugo perseguì anche una altrettanto lucida politica matrimoniale per la discendenza femminile, volta a rinsaldare i legami con la regione emiliana; in questa strategia dovette essere assistito, più che dal figlio Sinibaldo, dal fratello Opizzo, che in quegli anni era vescovo di Parma. Infatti, sue figlie furono Maddalena, che sposò Bernardo di Rolando Rossi, appartenente a una potente famiglia di Parma e capo ghibellino (si creò, in tal modo, un legame tra i Fieschi e l'imperatore, che avrebbe in seguito giovato alla carriera del cardinale Sinibaldo), Margherita, sposa di Guarino Sanvitale, signore di Carpi da cui nel 1229 aveva avuto già sette figli, e Verde, moglie di Guido di Fogliano: tutti matrimoni che ci riportano all'ambiente emiliano. Sempre a questo ambiente ricondurrebbe anche la notizia, fornita da Salimbene, secondo cui una figlia di Ugo non meglio precisata avrebbe sposato Gerardo Botero (o Boterio), il cui figlio, Ugo, fu uno dei più fidi sostenitori di Federico II. Per concludere, che Ugo Fieschi potesse pretendere diritti signorili sul territorio che costituiva la contea di Lavagna non è documentato; forse Ugo vi vantava proprietà allodiali, dato che i figli acquisteranno terre (o addirittura mulini) nella zona, ma nulla lascia intendere una signoria fliscana sul territorio alla fine del secolo XII.

Sinibaldo Fieschi, papa Innocenzo IV

Sinibaldo figlio di Ugo è il più illustre dei Fieschi: sulle tracce del biografo della *Famiglia Fiesca* Federico Federici, ne tracciamo la biografia.

Nacque in Genova nel superbo marmoreo palazzo che fronteggia la cattedrale di San Lorenzo. Conte di Lavagna, Ugo, *ex Nobilibus Imperii*, era signore di Borgo Valditaro e di Vigolone. Madre di Sinibaldo (moglie di Ugo) fu la figlia di Amico Grillo, Console della Repubblica. Frequentò gli studi alla scuola di Opizzo, suo zio paterno, vescovo di Parma, uditore di Azone, Accursio, Giacomo Balduino, Lorenzo Spagnolo, Giovanni Teutonico, Giacomo d'Albasio e di Ugocione, tutti eminenti dottori del tempo: divenne perciò uno dei più perfetti ed eccellenti giuristi, chiamato *Luminare mundi*, Stella lucidissima, Padre della verità, Monarca delle leggi umane e divine. Fu prima Canonico di Parma, poi, recatosi a Roma, fu Auditore delle Contradette; indi accompagnò a Genova il Legato Cardinale Ugolino de' Conti per pacificare la Superba con Pisa. La legazione ebbe esito felice: Sinibaldo fu fatto vescovo d'Albenga e Vice-cancelliere.

Il Cardinale Legato Ugolino de' Conti creato papa col nome di Gregorio IX nominò Sinibaldo Cardinale e titolare di San Lorenzo in Lucina, avendolo poi collaboratore in vari campi, compreso quello politico. Divenne, così, confidente del re di Sicilia e imperatore di Germania Federico II Hohenstaufen, e Legato pontificio. Morto Gregorio, anche Sinibaldo fu in Conclave per l'elezione del successore, Celestino III. Morto anche lui dopo un brevissimo pontificato, dal nuovo Conclave, il 25 luglio 1243, in Anagni fu eletto papa il Cardinale di San Lorenzo in Lucina, Sinibaldo Fieschi, e prese il nome di Innocenzo IV.

Informatone Federico II, gli scrisse: "*Advenisti Nobis, e Nobilibus Imperii filius vetus amicus, novum creatus in Patrem*": ma, avendolo il papa esortato a venire ad accordi con la Chiesa, restituendo il maltolto e scolpandosene, fece orecchi da mercante. Ricuperata Viterbo e altre terre del Patrimonio di San Pietro, sceso Innocenzo a Sutri, per poco non cadde nelle reti tesegli da Federico. Ricorso segretamente a Genova a informare – attraverso il fido Boliolo, frate Minore – le Autorità delle condizioni in cui si trovava, la Repubblica inviò 22 galee a Civitavecchia, ove da Sutri, arrivato travestito con i suoi nipoti, s'imbarcò per Genova. Accolto con tutti gli onori e ossequiato dagli Ambasciatori dei Principi cristiani, accordò indulgenze ai Genovesi e volle presiedere al Capitolo Generale dell'Ordine dei Frati Minori, nel 1244 – il primo dei Capitoli generali dell'Ordine celebrati in Genova –, nel quale Capitolo scomunicò frate Elia e indisse il Concilio di Lione, dove si intrattenne ben nove anni. Dalla Francia, scomunicò Federico II e suo figlio Corrado, il duca di Baviera e Ezzelino da Romano; punì e poi assolse Svevo, Duca di Pomerania, come pure Giacomo, re d'Aragona; emanò una Costituzione in forza della quale nessun Imperatore poteva essere re di Sicilia, investitura papale; condannò alcune proposizioni di Ugo di San Vittore; promosse al cardinalato ecclesiastici eminenti per dottrina accordando loro diversi privilegi – la valigia, il bastone d'argento nelle cavalcate e il cappello rosso, del colore del sangue, ch'essi devono essere disposti a versare a difesa della Chiesa; benedisse, primo, la Rosa d'oro, e la donò ai canonici di San Giusto, suoi ospiti a Lione; canonizzò Guglielmo, vescovo di Blois, e Egimondo, vescovo di Conturbia; inviò i Domenicani missionari in Persia a Tartari e in Tracia al Saladino – che, convertitosi, mandò doni al papa, cui fece atto di sottomissione. Inoltre, questo papa operoso bandì la Crociata per Terrasanta in soccorso di San Ludovico, re di Francia, e fece restaurare le mura di Gerusalemme. A sgravio della Santa Sede da antichi debiti, fece raccogliere l'antica documentazione delle donazioni fatte dai monarchi alla Chiesa e volle che fosse conservata negli archivi pontifici. Istituì inquisitori in Italia contro gli eretici, San Pietro veronese tra gli altri, che incontrò il martirio. Proibì le tasse sulle sepolture. Agevolò al figlio di Filippo, re di Castiglia, e ad Adolfo, re d'Alsazia (Olsazia), l'entrata in religione. Consentì a una famiglia dell'Ordine dei Minori d'essere chiamata Conventuale, cui dette la chiesa di *Aracoeli* che era dei Monaci Cassinesi. Riformò l'Ordine Carmelitano e quello dei Servi di Maria; rinnovò la Congregazione dei Cruciferi; autorizzò i Cavalieri dei santi Maurizio e Lazzaro a eleggersi il Gran maestro; concesse molti privilegi ai Domenicani.

Anche fuori dell'ambito ecclesiastico lasciò segni del suo mecenatismo. Fece gettare due ponti sul Rodano, uno a Lione e uno ad Avignone. È noto con qual petto resisté a

Federico II, invasore, tra l'altro, del territorio della Chiesa: con la sua scomunica, lanciatagli contro nel concilio di Lione il 17 luglio 1245, l'avviò sulla via della rovina.

Rientrato in Italia da Lione, sostando a Genova ed essendo morto Tommaso di Savoia (al quale anni avanti aveva dato in moglie Beatrice, figlia di Tedisio Fieschi, suo fratello) gli dette a successore nell'ufficio di Gonfaloniere della Chiesa Filippo di Savoia, arcivescovo di Lione che, sebbene non *in sacris*, era devotissimo al papa e alla Chiesa. Procurò che tornassero in Genova i ghibellini che anni prima aveva fatto bandire, reintegrandoli nei loro diritti: gli furono tuttavia ingrati, poiché, volendo Innocenzo accrescere la potenza dei Fieschi guelfi costruendo per loro un palazzo a forma di fortezza dominante l'odierna piazza De Ferrari, lo privarono di questo edificio con un colpo di mano. Fu l'artefice della pace tra Genovesi e Pisani conclusasi in Portovenere; acconsentì che il Gran Maestro dell'Ordine dei Cavalieri di Rodi vendesse il Castello del Cervo alla Repubblica genovese. Istituì due cappellanie in San Lorenzo, in Genova, al cui Arcivescovo sottopose il vescovo di Noli che egli aveva eretta in città.

Al posto di Carlo, fratello del re di Francia, investì del regno di Napoli Edmondo, figlio del re d'Inghilterra. Avendo questi rinunciato all'investitura, Innocenzo IV invitò Enrico suo padre ad aiutarne l'acquisto – ciò ch'egli non fece, per l'opposizione di Corrado, figlio di Federico II, che vi sostenne suo fratello Manfredo. I baroni invitarono il papa a recarsi nell'isola contesa: vi andò e duecentomila persone gli fecero onore: salito in pulpito, Innocenzo predicò a una moltitudine commossa a sentire la parola del Vicario di

Cristo. Ma il suo viaggio non toccò solo la Sicilia e, raggiunta Piacenza, vi istituì uno Studio. Raggiunto San Benedetto di Mantova, vi celebrò l'anniversario della Contessa Matilde. Si trattenne a Perugia, poi, salito ad Assisi, visitò e benedisse la Santa Chiara morente. Rientrato in Roma, accolto con grande giubilo dalla popolazione, memore che nel Conclave per l'elezione del suo effimero predecessore Celestino II aveva fatto votare la festa della natività di Maria, l'istituì; istituì pure l'arcipresbiterato per i Cardinali, fondò in San Pietro, in Roma, 30 cappellanie perpetue e, rammentando che anni avanti aveva fatto edificare le chiese di San Salvatore, della Madonna del Ponte e l'ospedale di San Lazzaro in Lavagna, antico feudo dei suoi antenati, accordò molti privilegi alle dette chiese, grandissime indulgenze e molti redditi, mettendole sotto l'immediata dipendenza della Sede apostolica, patronato perpetuo dei discendenti dei nobili suoi nipoti Fieschi Conti di Lavagna.

Per opera sua e per la predicazione di San Giacinto, essendosi convertito al Cattolicesimo Mendoc Duca di Lituania, lo creò re di tale nazione e lo fece incoronare dal vescovo di Prussia – poi Mendoc tornò all'idolatria. Riappacificò Bela, re d'Ungheria, con suo figlio Stefano. Dopo aver canonizzato Pietro veronese martire e Stanislao, vescovo di Cracovia, autorizzò i processi di canonizzazione dei Minori beati Simone e Ambrogio, di Agostino, vescovo di Nidrosia, di Brunone, vescovo d'Erbipoli, di Nicolò, figlio del re di Daunia, di Giovanni Buono eremita e di Rosa da Viterbo. Dichiarò vicario perpetuo di Carpi Ugo Sanvitale, figlio di Margherita sua sorella, e spinse nel regno (Napoli), Legato dall'esercito apostolico, il Cardinale Guglielmo Fieschi e il

Generale di Santa Chiesa Alberto Conte di Lavagna, suoi nipoti. E, non appena gli arrivò agli orecchi l'eco dei loro gloriosi successi, si trasferì egli stesso in Napoli con la Corte, ove fu accolto con "incredibile applauso"; mentre, rifatte le mura della città, andava prendendo l'intero possesso del regno, chiuse i suoi giorni, con dolore e cordoglio dei cristiani, poiché bisognava, si disse di lui, "*aut non nasceretur aut non mereretur*".

Fu sepolto nella Cappella di San Lorenzo vicina alla cattedrale e, costruita questa, vi fu trasferito e composto in un sepolcro marmoreo; sotto la sua effigie Umberto, arcivescovo di Napoli, nel 1315 fece scolpire un eloquente epitaffio. Poi, essendo il sepolcro restaurato dall'arcivescovo Annibale di Capua, al precedente fu aggiunto un secondo epitaffio. Ammirabile per dottrina, prudenza e valore, durante un pontificato tutt'altro che riposante, Innocenzo IV molto scrisse, specialmente di diritto canonico. E, inoltre: *L'Apologetico* contro Pier delle Vigne, *De potestate ecclesiastica*, *Commentaria in quinque libros Decretalium*, *Autenticas*, *Regula Clarissarum*, *Vita Sancti Guglielmi Episcopi Briocensis*, *Epistolae Decretales.* Nella Biblioteca Vaticana si conservano i volumi manoscritti di suoi Registri.

Ovviamente, la bibliografia innocenziana è molta, ma qui non viene a taglio, solo rileveremo che papa Innocenzo "fu dotto e risolutissimo, che sì acremente contese con Federico II, e gli vietò di signoreggiare la Chiesa, e con essa i Comuni guelfi in Italia. Portato – dice lui il Muratori – a maneggiar con grande imperio le chiavi e la spada".

CAPITOLO 4

La Prima Generazione fliscana

Ugo non sembra distinguersi dai numerosi piccoli feudatari che affollavano i castelli sparsi nel territorio appenninico; comunque, i rapporti, sia pur deboli, con Genova e gli interessi, non soltanto politici, che lo legavano a Parma furono abilmente alimentati da una lucida strategia familiare che portò i suoi figli a unirsi con cospicue dinastie sia della feudalità padana sia dell'oligarchia mercantile genovese. Altre famiglie di Conti di Lavagna (i Sicco, i Penello, i Ravaschieri, gli Scorza, gli Angeleri), più radicate nella zona, proseguirono le loro litigiose contese con gli enti ecclesiastici, intenti a rivendicare con eguale puntiglio e accanimento terre o decime; vittime privilegiate furono il monastero e il vescovado di Bobbio, il cui immenso dominio venne continuamente eroso da questi voraci signorotti, cui facevano compagnia gli stessi Fieschi. Non soltanto: alcuni membri di queste piccole consorterie dimostrarono un interesse più precoce e più penetrante, rispetto agli stessi Fieschi, per la realtà politica e religiosa genovese. È il caso dei *domini* di Cogorno, un cui membro, Giovanni, entrò nel capitolo della cattedrale, diventandone arcidiacono e poi arcivescovo agli inizi del secolo XIII; è il caso, altrettanto interessante, del giudice Pagano di Cogorno, che fu il protagonista di un importante tentativo insurrezionale cittadino. Si tratta di esempi isolati, perché i clan distrettuali rimasero confinati nella loro zona d'origine, privi del prestigio economico o politico necessario per inserirsi a pieno titolo nell'ambiente cittadino. Tanto più sorprendente è notare, invece, come, nel giro di pochi decenni, i figli di Ugo (anche lui piccolo feudatario locale) abbiano saputo non solo diventare protagonisti nella vita di un grande Comune, di cui erano stati in un primo tempo solo ospiti sopportati, ma abbiano costruito, scalzando o assoggettando gli altri signori, un saldo controllo sulla zona rivierasca, così da farne per almeno tre secoli un coriaceo feudo, con il quale Genova dovrà misurarsi e logorarsi. Ovviamente, l'artefice primo di questo successo fu il più illustre figlio di Ugo, Sinibaldo, la cui carriera ecclesiastica non a caso segna anche il progressivo emergere della famiglia. Un altro aspetto è essenziale: l'importanza del collegamento dei Fieschi con una dinastia di ricchi e intraprendenti mercanti genovesi, i Camilla, proprio negli anni in cui Sinibaldo divenne cardinale.

I figli di Ugo, protagonisti in scena

Ugo, abbiamo detto, ebbe vari figli: sicuramente lo furono Alberto, Opizzo, Tedisio (che, per chiarezza, chiameremo Tedisio I), Sinibaldo, Rubaldo e Ruffino. Morto Ugo prima del 1211, ad assumere la guida della famiglia fu Alberto, il primogenito, affiancato da Opizzo; Sinibaldo nacque dopo questi due, mentre ancor più giovane fu Tedisio I, che nella politica familiare giocherà un ruolo minore, ma fondamentale per aprire la mentalità della casata agli stimoli che provenivano dall'ambiente cittadino.

Alberto sposò Contessa, sorella di Lanfranco Rosso, che apparteneva a un importante clan genovese. Pochi i documenti che lo riguardano: è forse l'Alberto, *comes Lavanie*, citato in un atto del 1205, ma senza altre informazioni. Fu poi coinvolto col giovane fratello Opizzo nella lite che opponeva i Conti di Lavagna al vescovo di Bobbio, Oberto; nel 1211 quest'ultimo nominò l'arciprete della pieve di Zavatarello come suo procuratore nella causa che lo opponeva ai Conti, agitata davanti a due arbitri, l'abate di Borzone e Guido d'Oddone di Bobbio. I Conti erano inoltre sollecitati, in nome del loro rapporto di vassallaggio, a difendere il vescovo per il possesso dei castelli di Vignale e di Carpenissona, che erano stati sottratti dai due Fieschi all'autorità vescovile. Alberto non fece in tempo ad appoggiare la rapida carriera del fratello Sinibaldo, divenuto cardinale nel 1227, perché morì prima del 1226. In tale anno (16 novembre), infatti, i fratelli Tedisio I e Opizzo Fieschi pregarono Lanfranco Rosso di indurre la sorella Contessa, vedova del loro fratello Alberto, a restituire tutti gli strumenti notarili che ella possedeva prima della morte del marito. È ricordato un suo figlio, Ugo, da non confondere con un altro Ugo, figlio di Tedisio I e giudice.

Alla morte di Alberto toccò a Opizzo guidare il casato; egli dovette essere un tipico esponente della casta aristocratica distrettuale, a lungo indifferente ed estraneo alla mentalità cittadina, dove invece si sarebbe acclimatato facilmente suo fratello più giovane, Tedisio I.

Sinibaldo fu canonico della cattedrale di Parma sotto lo zio Opizzo, vescovo della città tra il 1195 e il 1224; il canonicato venne utilizzato come una specie di borsa di studio per permettere a Sinibaldo di frequentare l'università di Bologna: per lui la famiglia doveva, dunque, coltivare ambizioni più ampie rispetto al semplice vescovado. Nel 1223 risulta già essere *magister* e suddiacono papale, anche se la tradizione lo vuole segretario del cardinale Ugolino d'Ostia. Nell'ottobre del 1226 è già a Roma come *auditor litterarum contradictarum*. Morto Onorio III ed eletto papa Gregorio IX (il cardinale Ugolino, 18/19 marzo 1227), la carriera di Sinibaldo divenne vertiginosa: prima del 31 maggio 1227 fu nominato vice-cancelliere della Chiesa romana e poi, il 18 settembre, cardinale prete col titolo di San Lorenzo in Lucina. Per concludere le informazioni su Sinibaldo, basti ricordare che nell'ottobre 1234 Gregorio lo scelse a rettore della Marca di Ancona, carica che rivestì almeno fino al 1240. Ora, nonostante l'ascesa di Sinibaldo al titolo di cardinale, i contatti di suo fratello Opizzo, capo laico dei Fieschi, con Genova sono in questi anni pressoché nulli: egli si occupa delle sue proprietà nel distretto, vendendo, ad esempio, terre nella piana di Sestri Levante; risulta inoltre possedere terre anche nella curia del castello di Frascati, alle spalle di Sestri. D'altra parte, la città ignora l'attività del cardinale Sinibaldo, né Opizzo sembra intenzionato, o possibilitato, a sfruttare il ruolo del fratello. Molto più proficui continuavano a essere, invece, i legami con Parma: Ugo, il capostipite, è spesso presente negli schieramenti che coinvolgevano le potenze appenniniche emiliane e tre figlie di Ugo erano state sposate a feudatari legati al territorio parmense.

A Parma avevano svolto la loro attività pastorale due fratelli di Ugo. A Parma studiò lo stesso Sinibaldo, che ebbe sempre caro un suo nipote, Ugo Botero, figlio di una sorella del Fieschi e che si schierò fino all'ultimo accanto a Federico II. Su un altro figlio di Ugo, Rubaldo, sappiamo che fu canonico di San Lorenzo almeno dal 1213 (è il primo Fieschi inserito nel Capitolo della cattedrale genovese, nel quale la famiglia sarà destinata a giocare un ruolo decisivo) e ne divenne successivamente preposito, dimostrando doti di dinamismo nell'attenta rivendicazione dei diritti vantati dai canonici.

Tedisio I, il Fieschi "genovese"

L'inserimento dei Fieschi a Genova avvenne per un'altra via: il matrimonio tra Tedisio I e Simona, appartenente alla famiglia dei Camilla. Se Opizzo appare una tipica figura di aristocratico legato alla proprietà immobiliare del distretto, ma indifferente alle attività economiche cittadine, assai diverso fu, invece, il fratello Tedisio I, i cui contatti con l'ambiente genovese si rivelarono assai saldi. Profonda fu la sua amicizia con Simone di Camilla, uomo politico e mercante di primo piano; secondo il Federici, Tedisio era genero di Ottobono di Camilla, figlio di Simone. Se tale dato è attendibile, Tedisio I sposò Simona (ricordata col solo nome in vari documenti), che doveva essere figlia di Ottobono o, più probabilmente, figlia dello stesso Simone, per cui Ottobono dovette esserne piuttosto il cognato. Le prove a favore di questa ipotesi sono consistenti: morto Tedisio I, Simona comperò nel 1248 da Ottobono di Camilla (affiancato dalla moglie Aiguina e dai figli Oberto e Guglielmo) una casa *lapidea* proprio nella contrada *Camillorum*, per una cifra ragguardevole (500 libre di genovini). Probabilmente, l'intenzione della vedova era ottenere la somma necessaria per la dote della figlia Caracosa, perché da un atto rogato due giorni dopo risulta risiedere nel palazzo di Enrico di Camilla, secondo la consuetudine medievale, che voleva la vedova ritornare nella famiglia di appartenenza. Questo edificio rimase a lungo la sua dimora.

Nel 1248 sua figlia, Caracosa, che viveva con la madre, concesse una commenda a un membro dei Camilla, Oberto. Ancora nel 1254 Simona risulta risiedere presso i parenti. Inoltre, come curatrice del testamento di Tedisio I e a nome del figlio Niccolò, ella cedette al suocero Niccolò Grimaldi la somma (450 libre) che Tedisio aveva lasciato in dote a Caracosa, sua figlia e moglie di Bonifacio Grimaldi. Per raggiungere tale somma, la casa era stata venduta per una cifra più alta (700 libre) al figlio Niccolò, ancora minorenne, perché venne rappresentato nell'atto da Giacomo e Ugo Fieschi. Una tale cessione, in un mondo chiuso come quello medievale, non poteva che essere effettuata a un membro in qualche modo legato al clan cui il quartiere apparteneva: ai Camilla. Del resto, i legami tra Tedisio e Simone furono così intensi da non essere ascrivibili al solo aspetto economico. Infatti, Tedisio è il *dominus Tedisius*, che assistette all'atto in cui il delegato papale comunicò a Simone la decisione di assolvere dalla scomunica i Pignolo, avversari dei Camilla. Dai Camilla, Tedisio I derivò la sua progressiva attenzione alla società genovese, dove fu accolto con piena dignità, unico tra i membri della prima generazione fliscana. La società cittadina era estremamente flessibile e aperta, pronta ad accettare chiunque intendesse apportarvi un contributo (economico, ma anche politico) utile e positivo; i *nobiles* che controllavano il governo formavano un gruppo dirigente elastico, nient'affatto caratterizzato da origini aristocratiche *per sangue*, pronto a cooptare al suo interno chi si segnalasse per prestigio o per potenza economica, meglio se supportata anche da opportune parentele.

Era questo il caso di Tedisio I. In ciò dovette essere aiutato da Simone di Camilla, personaggio assai autorevole nell'ambiente cittadino. Proprietario di una *domus* con portico, titolare di un *bancus* e di una *stacio* (un magazzino per le merci), egli mescolava l'attività commerciale con quella finanziaria, secondo l'uso medievale; inoltre, aveva dato lustro alla sua famiglia, fondando nel 1216 la chiesa gentilizia di San Paolo. Simone conosceva anche l'ambiente emiliano, perché intratteneva rapporti di affari con mercanti piacentini. Non dovette essere difficile per Simone far accogliere il genero nel gruppo dirigente cittadino. Tedisio non deluse le attese, perché partecipò all'esercito, che Genova dovette organizzare per soccorrere Asti (1225), e poi alla spedizione punitiva contro le ribelli Albenga e Savona, insieme agli altri Conti di Lavagna. Nel 1226 (18 luglio) Tedisio I acquistò per 100 libre tutte le terre, con diritto di decime, che Alberto Penello, altro conte di Lavagna, e figlio del fu Raimondo Penello, possedeva nelle diocesi di Genova, Piacenza e Bobbio. L'atto è interessante, perché per la prima volta rivela la sottomissione economica ai Fieschi di una famiglia, in questo caso i Penelli, anch'essa appartenente ai Conti di Lavagna. I Penelli faranno poi fortuna grazie all'ascesa di Sinibaldo, abbandonando gli interessi fondiari e trasformandosi in banchieri; sarà proprio a due esponenti della loro famiglia che il papa si rivolgerà per chiedere il denaro necessario per pagare il riscatto onde liberare un suo nipote. Non è difficile immaginare che Tedisio, grazie al suocero Simone, abbia potuto rapidamente avere a disposizione somme rilevanti, neppure lontanamente paragonabili a quelle di cui potevano disporre i piccoli signori rivieraschi. Comincia così quel lento e inesorabile lavoro di erosione che porterà i Fieschi, attraverso l'acquisto di beni immobiliari, a sostituire nel controllo del territorio i *consorti*, appartenenti ai Conti di Lavagna, che erano rimasti nel distretto. A spingere la famiglia a radicarsi nella contea dovettero essere all'inizio motivazioni analoghe a quelle che muovevano gli stessi clan cittadini a comperare beni immobili: il desiderio di capitalizzare le loro ricchezze e l'obiettivo dell'autosufficienza alimentare (in modo particolare vinicola). I vincoli di sangue e di conoscenze dovettero in ciò agevolare i disegni di Tedisio I; siamo lontani dal progetto di costruire un feudo nel territorio della riviera orientale, tanto più che non si erano placate ancora le energie demografiche e i flussi migratori che avevano cambiato profondamente la contea nel secolo precedente.

Agli inizi del secolo XIII l'emigrazione dal distretto verso la città conobbe, anzi, una dimensione tale da mettere in crisi gli stessi precari equilibri su cui si reggevano le strutture giuridiche e politiche comunali. Infatti, il Comune genovese era nato come giuramento (la *Compagna*) privato tra clan cittadini, disposti a cedere alcuni loro diritti in cambio di una unità di sforzi che era ritenuta indispensabile per il raggiungimento di obiettivi più ampi e irrealizzabili con le forze di un solo ceppo familiare. Questa natura privatistica del Comune rimase immutata a lungo e per questo fu insidiata e messa in discussione continuamente da tentativi, violenti o pacifici (le *coniurationes*, le *rasse*, le *factiones*), che negavano validità al giuramento della Compagna, indebolendo a tal punto l'ordinamento consolare da spingere al passaggio al regime podestarile. Anche l'elezione di un podestà annuale non risolse il problema, perché la *Compagna* continuò a essere considerata un accordo privato tra clan, vincolante solo per chi intendeva, o era costretto, a giurarla. Il flusso migratorio in città rese ancora più precaria la situazione, giacché ad alcuni clan insoddisfatti per la ripartizione del potere si univa ora il malcontento sia dei *populares* (quei mercanti e quegli artigiani che vedevano crescere il loro potere economico, ma non quello politico) sia degli abitanti delle podesterie, cui non venivano riconosciuti diritti nella vita politica cittadina. Questo clima di insoddisfazione finì col rompere gli equilibri tradizionali tra i clan più forti (chiamati in vario modo dagli Annali: *nobiliores*, *maiores*, *seniores*), perché introduceva nella dialettica politica due nuovi soggetti: il *populus* (che si era già dato un embrione d'autonomia organizzativa) e i *distrettuali*. Nel 1227 questa miscela esplose in una forma tanto pacifica quanto eversiva: col tacito appoggio del podestà genovese, Guglielmo de Mari, si concretizzò l'iniziativa di creare una nuova Compagna, raccogliendo il giuramento di coloro che non si riconoscevano più nel vecchio Comune: molti *nobiles*, quasi tutti i *populares* e un gran numero d'uomini *de villis*. Tra i sostenitori e ispiratori del tentativo ci fu anche Pagano da Cogorno, giudice, e quindi la persona più adatta a mettere a nudo la debolezza del patto comunale. Pagano era personaggio ben conosciuto nel *milieu* dei distrettuali trasferitisi in città. Il progetto ebbe un tale successo da prendere in contropiede lo stesso podestà, costretto a ritirare il suo precedente appoggio; enorme fu lo spavento dei clan al potere, che dovettero con fatica intervenire per bloccare questo nuovo accordo, che stava dilagando a macchia d'olio nello stesso distretto. Guglielmo de Mari fu scavalcato dagli avvenimenti: quando a prendere in mano la rivolta furono i lanaioli e altri *alienigenae*, che giunsero a fortificare la cattedrale, il de Mari preferì abbandonare la partita; con il contributo del podestà si dovettero costringere tutti gli abitanti delle podesterie a prestare giuramento di fedeltà alla *Compagna*, ma si rinunciò prudentemente a qualunque vendetta.

Tra coloro che gli Annali cittadini qualificano come *de melioribus et nobilioribus Ianue*, incaricati di adoperarsi per riportare l'ordine in città, vi è Simone di Camilla, il che lascia supporre che anche il genero Tedisio I si sia ben guardato dall'intervenire nella congiura. Negli anni successivi, i rapporti tra i Fieschi e Camilla continuarono a essere intensi; nel 1253 (13 novembre), papa Innocenzo IV concesse a Giovannetta, figlia di Niccolò di Camilla, di sposare Albertino, figlio di Ugo Fieschi, che di Giovannetta era stato padrino di battesimo: si trattava di un chiaro matrimonio politico, data l'evidente differenza d'età tra i futuri sposi. La parentela coi Fieschi spiega perché molti membri dei Camilla abbiano rivestito anche in seguito cariche religiose: basti ricordare Nicolino di Camilla, cappellano del cardinale Ottobono Fieschi, canonico d'Amiens ed eletto rettore del patrimonio di San Pietro in Toscana il 1° giugno 1288 da Niccolò IV e Antonio di Camilla, che divenne canonico di

Palermo, canonico di Bayeux e poi vescovo di Luni (1297).

Un altro matrimonio fondamentale tra le due famiglie vide Nuvellone di Camilla sposare Caracosa, figlia di Tedisio. Diventato Sinibaldo cardinale, Tedisio I continuò a partecipare attivamente alle fortune del Comune che lo aveva accolto, senza tuttavia svolgere un ruolo politico dirigente. Nel 1229, ad esempio, quando tutti i clan al potere in città furono chiamati a sottoscrivere il fondamentale accordo con Marsiglia, a firmarlo fu Simone di Camilla, ma nessun Fieschi.

Erano, nel frattempo, cresciuti anche i figli di Tedisio I (Alberto, Ugo, Ottobono, Niccolò, Federico, Percivalle e Venanzio).

Ugo fu indirizzato agli studi giuridici, per cui si liberò degli introiti delle terre che egli possedeva nella pieve di Lavagna e affiancò il padre nelle sue incombenze cittadine. Diventato *iudex*, svolse una intensa attività non solo privata, ma anche pubblica. Nel 1233 fu teste all'atto in cui Ruffino, abate di Borzone, giurò fedeltà all'arcivescovo di Genova, Ottone; all'atto solenne assistette anche Opizzo.

Alberto, il primogenito di Tedisio I, di carattere fiero, cresciuto quando il coinvolgimento del padre nella vita genovese era ancora timido, si limitò a curare gli interessi familiari, soprattutto terrieri, senza accettare mai un ruolo nel governo cittadino.

Ottobono venne avviato alla carriera ecclesiastica, che percorrerà con i risultati eccezionali che conosciamo; gli altri figli erano ancora molto giovani in questi anni.

Nel frattempo, all'orizzonte si addensavano nuvole minacciose per la politica e, quindi, per l'economia genovese. Federico II, che pure tanta protezione aveva ottenuto in città, quando ancor giovane si era dovuto salvare in Germania dalle insidie del papa, stava decisamente rivendicando le sue prerogative imperiali, rinnovando lo scontro con le autonomie comunali, che grave apprensione aveva provocato a Genova nel secolo precedente. In questo quadro si inserisce il diploma che Federico II emanò nel 1227 a favore dei Conti di Lavagna, forse su sollecitazione di Sinibaldo, che si apprestava a diventare cardinale. Curiosamente, in tale atto i Conti vengono indicati, ricorrendo alla genealogia passata (vi si parla, infatti, dei figli del fu Rubaldo, Gherardo e Pagano), senza, cioè, che si faccia esplicito riferimento ai Fieschi. Se esaminiamo la situazione sociale del territorio destinato a essere identificato con il feudo dei Fieschi, occorre rilevare ancora una volta che la presenza della famiglia è in questi anni del tutto marginale. Abbiamo visto che alcuni membri di essa (ad esempio Ugo Fieschi giudice) possedevano beni allodiali e percepivano entrate che dovevano consistere in affitti o canoni più che in diritti bannali. Di un potere signorile fliscano sul territorio non è rimasto alcun cenno, mentre sappiamo che diritti signorili erano ancora esercitati nel primo quarto del secolo da altri *domini* per quel che riguarda il territorio di loro competenza. Del resto, alcuni fenomeni vistosi (la penetrazione della giurisdizione comunale nel distretto, la dissoluzione del sistema curtense con la conseguente messa in circolazione di terre, l'interesse per l'acquisto di beni fondiari da parte di cittadini, l'investimento in terre distrettuali di capitali appartenenti a emigrati in Genova) avevano ridotto le prerogative comitali al minimo. Forse soltanto nelle vallate più interne, i conti mantennero poteri giudiziari o fiscali.

Allo stesso tempo, l'emigrazione verso Genova continuò: fu una folla di calzolai, speziali, macellai, lanaioli, maestri d'ascia, pellicciai, che si trasferì, facendo fortuna in città, e inserendosi anche giuridicamente nel tessuto urbano, tanto da venire riconosciuta a pieno titolo come *civis Ianue*. Questi distrettuali inurbati mantennero stretti contatti con il territorio d'origine, ora curando lo sfruttamento delle terre che vi possedevano, ora comprandone altre con i risparmi provenienti dalle loro nuove attività, ora vendendole per accrescere il capitale necessario ai loro affari. Alcuni di questi cominciarono a svolgere anche un ruolo politico importante, come il giurisperito Raimondo di Chiavari o come l'annalista Urso de Sigestro. In questa situazione di totale decomposizione del tessuto signorile e dell'economia curtense nel distretto, si apriva un enorme spazio di manovra per gli investimenti immobiliari. Non a caso, quando la disponibilità finanziaria dei Fieschi aumentò, la loro penetrazione nella contea divenne massiccia.

Nel settembre del 1231 Genova fu costretta a venire a patti con l'imperatore Federico II e accettò di inviare a Ravenna, dove era convocata la curia generale, un gruppo di ambasciatori; tra questi vi era anche Tedisio I, accolto con piena dignità tra i *cives* genovesi. L'incontro fu fissato in un primo tempo per la festa di Ognissanti, ma fu poi rinviato a Natale, per cui alla delegazione genovese poté aggiungersi anche il podestà, che proveniva da una città in lotta con l'Impero. Federico ordinò che nessun cittadino di città a lui ostile potesse venire eletto podestà, provocando grande imbarazzo nella delegazione genovese. Nel 1234 a Tedisio fu poi affidato un delicato incarico militare: nelle valli di Arroscia e di Oneglia i *villici* si erano ribellati contro i feudatari, ma la rivolta rischiava di creare problemi anche al Comune, dietro la cui forza si erano rifugiati i pavidi signorotti locali. Dopo che i ribelli occuparono i castelli di Petralata inferiore e di Rivernata, dimostrando di voler fare sul serio, il podestà genovese decise di organizzare la spedizione. Nella spiaggia di Albenga, nel giugno, fu fissato l'appuntamento per le milizie comunali, che vennero divise in due schiere, affidate a Pietro Vento e a Tedisio I.

Le truppe genovesi vennero sconfitte presso il castello di Bestagno, roccaforte degli insorti, perché i formidabili balestrieri non riuscirono ad arrivare in tempo. L'insuccesso cancellò la fiducia del Comune in Tedisio I, tanto che egli non venne più chiamato a incarichi militari. A collaborare col Comune fu delegato il figlio di Tedisio, Ugo; nel 1232 come ambasciatore egli fu spedito ad Alessandria per una complessa trattativa.

L'espansione immobiliare dei Fieschi a Genova

Tedisio I, quindi, preferì rinunciare, o fu costretto, a un ruolo pubblico nella vita genovese; tuttavia, l'appoggio e gli affari effettuati coi Camilla, nonché il crescente potere economico messo a disposizione della famiglia dal cardinale Sinibaldo, lo indussero a un coinvolgimento sempre più stretto nella grande finanza e nel commercio cittadini. Tedisio, trasferitosi definitivamente in città, si era già da tempo interessato agli investimenti immobiliari, individuando il quartiere di espansione e di insediamento della famiglia nella zona di San Lorenzo e di San Donato. Il passo successivo fu di creare, in una città ormai densamente abitata, un quartiere simile a quello degli altri clan autoctoni; impresa non facile e, forse, per il momento, appena abbozzata, data la scarsa disponibilità di aree all'interno della cinta muraria e l'impossibilità di creare intorno al nucleo immobiliare quegli elementi di potere (la chiesa gentilizia, la *domus* con portico) che inorgoglivano i clan genovesi. Più tardi, per sottolineare il prestigio indiscutibile che alla famiglia era derivato dal vantare il papa, Opizzo si insediò rumorosamente, con tutta l'arroganza del feudatario vincitore, proprio nella piazza di San Lorenzo, in un certo senso declassando la cattedrale a chiesa di rappresentanza della famiglia in Genova.

In questi anni, Tedisio I accumulò rapidamente un'enorme quantità di edifici; nell'Archivio di Stato di Genova sono conservati gli atti stesi dal notaio di fiducia di Tedisio, Giovanni *vegius*, intento ad amministrare il patrimonio immobiliare di Tedisio. Egli ebbe anche rapporti commerciali coi Doria, acquistando da Pietro (padre di Oberto, il Capitano del popolo che della sconfitta fliscana sarà l'artefice) una quota sulla *maona* (antica imbarcazione mercantile) di Ceuta.

Nel frattempo, un altro figlio di Tedisio, Ottobono, stava compiendo una vertiginosa carriera ecclesiastica, all'ombra dello zio Sinibaldo. Dopo aver studiato teologia a Parigi, ebbe un canonicato a Reims prima del 1243, quando gli venne conferita la cancelleria dell'arcidiocesi della stessa città. Ottenne poi altri canonicati in Francia, oltre a diventare arcidiacono di Bologna e arcidiacono a Parma; egli era stimato grandemente dallo zio Innocenzo IV, che lo volle suo cappellano.

Opizzo e Bianca dei Bianchi: la leggenda

Ritornando, infine, all'altro fratello maggiore di Tedisio, Opizzo, mancano informazioni su di lui nei documenti genovesi sino agli anni del pontificato di Sinibaldo. Una notizia riportata dal Federici lo vuole capitano dei Senesi contro Firenze nel 1230; su questo elemento si è costruita la leggenda di un suo matrimonio con una nobildonna, Bianca dei Bianchi, nata in una città, Siena, cui i Fieschi saranno in effetti collegati da interessi finanziari – si conosce solo il nome della vera moglie di Opizzo, Simona, ma non la sua famiglia di origine. È possibile che Opizzo, oltre che occuparsi delle proprietà rivierasche e appenniniche, abbia affiancato il fratello cardinale. Il silenzio circonda anche il figlio maggiore di Opizzo, Giacomo, che pure sarà chiamato a una collaborazione stretta con lo zio papa. Fu forse figlio di Opizzo anche Guglielmo, nominato il 28 maggio 1244 da Innocenzo cardinale col titolo di Sant'Eustachio, nonostante la giovane età; egli dovette precedere altri due fratelli, Andrea e Tedisio, nella carriera ecclesiastica. Sempre figlio di Opizzo fu Ugolino.

Per concludere il giro di orizzonte su questa prima generazione fliscana, occorre parlare di un altro nipote di Innocenzo IV, Macia (o Mattia), che giocherà nel 1244 un ruolo importante nel piano di salvezza del papa. Macia era figlio naturale di Alberto, che di Ugo Fieschi (il capostipite) fu il figlio primogenito, morto nel 1226; questa nascita illegittima spiegherebbe il ruolo marginale da lui svolto.

Macia si sposò con Benastagia, di cui si ignora il casato, ma che doveva appartenere alla nobiltà distrettuale, se nel 1250 egli, a suo nome, riceveva giuramento di fedeltà per un feudo che la donna possedeva lungo il fiume Lavagna. Egli rimase legato alla contea di Lavagna, dove curò le vaste tenute familiari. Anche i suoi figli, Tedisio e Sinibaldo, non ebbero un ruolo di rilievo, pur partecipando alla pioggia di benefici che investì la famiglia dopo il trionfo su Federico II. Infatti, Sinibaldo ottenne, tramite l'intervento energico dello zio papa sul re di Francia, perché non vi si opponesse, la prepositura *Cableiarum*; nel 1253 vide riconfermata l'investitura fattagli dal cardinale Ottobono Fieschi di un canonicato e di una prebenda a Rouen.

Facendo un bilancio di questa fase, la prima generazione fliscana sembra sostanzialmente estranea alla vita cittadina genovese, se si eccettua Tedisio I; legati ai loro possessi distrettuali, forse ancora occupati a difendere terre e castelli sui contrafforti appenninici, né Opizzo né i più giovani Alberto e Giacomo hanno contatti con Genova che, in questi anni, non sembra intenzionata a rafforzare ulteriormente il suo controllo sulla riviera.

1243: Eletto Innocenzo IV, il papa Fieschi

La prima metà del secolo XIII scorre, sostanzialmente, tranquilla nei rapporti tra città e mondo feudale attraverso una divisione dei ruoli che sembra soddisfare tutti. Genova può attingere agli abitanti delle podesterie (che vengono faticosamente organizzate nelle loro funzioni amministrative) in caso di guerra, proprio mentre deve impegnarsi a fondo su più fronti, anche perché sta emergendo il pericolo rappresentato dalle pretese imperiali sulle autonomie cittadine. Prosegue poi il flusso migratorio dalle vallate ai borghi rivieraschi (Chiavari vede ben presto il suo abitato crescere fuori della cinta muraria) e da qui a Genova, dove i distrettuali spesso aprono bottega e si confondono col *populus* che sta gradatamente prendendo coscienza dei suoi diritti. È in questo quadro che si inserisce un episodio clamoroso: ad Anagni il 24 o 25 giugno 1243 Sinibaldo Fieschi divenne pontefice, assumendo il nome di Innocenzo IV. Genova, ormai coinvolta totalmente nella violenta lotta contro l'Impero, scoprì improvvisamente di avere come concittadina nientemeno che la famiglia del papa, il capo del partito guelfo; a sua volta il papa, in drammatiche difficoltà, intuì di avere come possibile alleata una potenza mediterranea, i cui interessi economici e politici coincidevano coi suoi: era un "matrimonio" che si poteva fare e che avrebbe dato frutti insperati per entrambe le parti e, in modo particolare, per la famiglia Fieschi.

CAPITOLO 5

La lotta contro l'Impero

Sono note le vicende che accompagnarono la nomina di Sinibaldo a papa; è noto anche l'atteggiamento di Federico, sostanzialmente non ostile alla scelta di un cardinale, che fino ad allora non aveva mostrato particolare avversione verso l'Impero e che sembrava intenzionato a giungere rapidamente a un accordo con lo Svevo. Ciononostante, Innocenzo IV si dimostrò intransigente avversario degli interessi federiciani. Tra i tanti motivi che dovettero spingerlo a questa scelta, ci fu il desiderio di stabilire un legame con Genova, minacciata dalle pretese imperiali, per aprire la strada all'integrazione della famiglia nella città. Innocenzo, dopo essersi trasferito da Anagni a Roma (20 ottobre 1243), preferì all'inizio nascondere le sue intenzioni ostili a Federico e giunse il 31 marzo 1244 ad accettare alcune clausole previste dal *bonum pacis* con l'imperatore; nel frattempo, mantenne l'impegno di arrivare a un colloquio con lui.

Federico-Innocenzo IV: quell'incontro che non s'avea da fare

Per questo, il papa partì il 7 giugno da Roma, diretto a Narni, città designata per l'incontro, subito dopo aver creato 12 nuovi cardinali, tra cui Guglielmo Fieschi. In realtà, i due protagonisti avevano ben altro in mente: Federico sperava di ottenere dall'incontro una capitolazione totale del papa, che, a sua volta, non ignaro dei progetti dell'avversario, stava già pensando al modo con cui sottrarsi all'incontro.

Già il 10 giugno doveva essere giunta a Genova la richiesta d'aiuto del papa: infatti, da Sutri, Innocenzo spedì a Genova frate Boiolo, dei frati minori (ordine al quale il papa sarà legato da particolare gratitudine), con lettere segretissime, contenenti una pressante preghiera di soccorso. Il podestà, che in quell'anno era il piacentino Filippo Visconti, comunicò la richiesta a un gruppo ristretto di fedelissimi del papa: si trattava di intervenire senza che il partito ghibellino, che anche a Genova comprendeva numerosi esponenti, potesse rivelare il progetto all'imperatore. Furono allestite 22 galere, ufficialmente con la scusa di attaccare l'ammiraglio imperiale Andriolo de Mari, che si trovava allora in acque liguri. Ma esisteva un grosso ostacolo: se sulle galere fossero saliti i nipoti del papa, che erano stati segretamente incaricati di arrivare a Sutri, sarebbero nati subito sospetti. Si decise, pertanto, un'abile messa in scena: Alberto (figlio primogenito di Tedisio I) e Giacomo (figlio primogenito di Opizzo) chiesero licenza al podestà di recarsi a Parma per assistere al matrimonio di una loro parente. Il podestà doveva opporsi, accusando i due Fieschi di venir meno all'obbligo di servire nell'esercito genovese in un momento di grave difficoltà, per recarsi in una città alleata di Federico. I Fieschi finsero di insistere: a Voltri, dove era allestita la flotta, essi riproposero la loro richiesta alla presenza di numerosi testimoni; il podestà non solo la rifiutò di nuovo, ma ordinò che salissero immediatamente sulle galere, per impedire loro ogni movimento. Il gioco riuscì. Il 21 giugno la flotta salpava; oltre ad Alberto e Giacomo, erano a bordo anche Ugo e Macia (o Mattia), figlio naturale d'Alberto, il fratello più anziano del papa. Direttasi dapprima verso la Provenza, dove si trovava la flotta imperiale, a notte fonda la spedizione entrò in alto mare e cambiò rotta, sotto la guida di Ugo Lercari e Giacomo da Levanto. Doppiato Capo Corso, le navi si diressero verso Corneto e giunsero il 27 a Civitavecchia. Dopo l'attracco, fu inviato Macia al papa, che di notte uscì da Sutri, dove si era rifugiato; scortato da pochi intimi e insieme a Guglielmo, altro suo nipote (da poco cardinale), Innocenzo salì sulla galera del podestà. Il 4 luglio, dopo una penosa navigazione per Innocenzo, che soffriva il mar di mare, la flotta toccò Portovenere, dove il papa volle riposare alcuni giorni; il 7 luglio, egli fece il suo ingresso trionfale in città. Federico, vedendosi sfuggire il nemico proprio mentre si accingeva a catturarlo, avrebbe esclamato, secondo il famoso aneddoto, che, mentre stava per dare scacco al papa, vennero i Genovesi a buttare all'aria i pezzi, facendo fallire l'ultima mossa. L'audace colpo galvanizzò la città e il partito guelfo, che Genova aveva ormai scelto. La sorte dei Fieschi era, in tal modo, segnata: dai castelli appenninici ormai il loro destino si stava giocando in città.

Innocenzo, le cui condizioni di salute erano serie, passò le settimane da luglio a ottobre presso i cistercensi di Sant'Andrea di Sestri Ponente; si rimise, poi, in viaggio ad autunno inoltrato, per arrivare a Lione, intenzionato a convocarvi il concilio, che doveva proclamare la decadenza di Federico; ad accompagnare lo zio fu il nipote Ugo giudice, ma tutti i membri ecclesiastici più autorevoli della famiglia (come Ottobono, Guglielmo e Opizzo, il futuro patriarca d'Antiochia) lo seguirono.

La scomunica del papa verso l'imperatore

Nella città francese il papa giunse solo il 2 dicembre. Durante la sua residenza, fu prodigo d'aiuti verso la città che lo aveva salvato; egli ne difese gli interessi soprattutto in Oltremare, nei regni cristiani dove i contrasti tra le repubbliche marinare erano feroci. Infatti, Innocenzo permise ai Genovesi di non essere giudicati da tribunali esteri, di poter far testamento liberamente, di evitare scomuniche che non fossero emanate dalla Santa Sede. Queste energiche iniziative resero più stretti i legami tra il papa e Genova e aumentarono di conseguenza il debito di riconoscenza che i clan cittadini accumularono nei confronti dei Fieschi. La lotta contro l'imperatore si acuì: convocato il concilio in una predicazione tenuta il 28 dicembre 1244, l'anno dopo, il 13 aprile, Innocenzo rinnovò la scomunica contro Federico. Il 28 giugno venne solennemente aperto il concilio, che vide, il 17 luglio, deposto l'imperatore durante una cerimonia *horribilis et stupenda*. Nonostante i tentativi di mediazione operati dal re di Francia Luigi IX, lo scontro divenne sempre più acuto, ma sembrò volgere a favore dello Svevo quando il papa si trovò privo dell'aiuto d'Enrico Raspe, l'imperatore da lui voluto e morto improvvisamente il 17 febbraio 1247.

I Fieschi in aiuto del papa

In queste difficili circostanze, fu fondamentale l'appoggio della famiglia al papa nella lotta contro il partito ghibellino:

nel 1247 (16 maggio) Parma si ribellò all'imperatore, sotto la guida di Bernardo dei Rossi, che le fonti indicano come cognato del papa; la città venne immediatamente assediata dalle truppe ghibelline, proprio mentre Federico si accingeva a passare in Francia per raggiungere il papa. Alberto e Opizzo Fieschi si impegnarono ad assoldare 300 balestrieri, che furono inviati in soccorso della città; Alberto contribuì a sue spese a fortificare le mura di Parma. Nello stesso anno Opizzo e suo nipote Niccolò, proprietari ciascuno di una metà, furono costretti a rivendere a Oberto Ceba la torre con case, posta presso San Siro e appartenuta a Guglielmo Ceba; il prezzo pattuito fu di ben 1125 libre, pagabili in tre anni; tale somma servì a finanziare le truppe guelfe e in particolare la rivolta di Parma.

Nel frattempo, il papa si impegnò nell'affannosa ricerca di un candidato all'Impero, e, dopo aver ricevuto molti rifiuti, fece cadere la sua scelta sul giovane conte Guglielmo d'Olanda (3 ottobre 1247). L'anno dopo, il 18 febbraio, un'improvvisa sortita dei guelfi assediati in Parma ebbe un clamoroso successo: il campo imperiale di Vittoria fu distrutto. Benché subito dopo Bernardo Orlando dei Rossi, il capo della rivolta parmense, venisse ucciso in un agguato, la sconfitta patita dai ghibellini a Fossalta (inizi del 1249), battaglia in cui re Enzo fu fatto prigioniero, significò un altro durissimo colpo alle ambizioni imperiali.

Nel 1250, *pro expensis civitatis Parme*, il figlio di Opizzo, Giacomo, e Alberto, figlio di Tedisio I, fecero da intermediari tra il papa e Bonifacio dei Bonsignori di Siena per ottenere il prestito di 2000 lire d'imperiali. I clamorosi successi ottenuti grazie al determinante contributo dei Fieschi catapultarono in prima fila sulla scena genovese la famiglia, pronta a riscuotere il prezzo della sua azione. Cominciò una pesante egemonia sulla vita politica, su quella religiosa (non ci fu beneficio o carica ecclesiastica che non passasse nelle mani dei Fieschi) e su quella economica (attraverso il movimento dei capitali che affluivano copiosi nelle borse della famiglia) di Genova, egemonia destinata a durare anche dopo la morte del papa.

I benefici alla famiglia

Toccò in primo luogo a Ugo, nipote di Innocenzo e giudice, rivestire il ruolo di mente politica della famiglia negli organismi comunali: egli divenne nel 1247 console di giustizia e l'anno dopo, come *consiliator* del Comune, assistette all'atto di sottomissione degli uomini di Groppo a Genova. Questa presenza non era casuale, perché proprio in questo piccolo castello della Val di Vara, Alberto, fratello di Ugo, costruirà in seguito la sua roccaforte più inaccessibile; il castello, poi, rivestiva particolare importanza per Genova, perché dalle vicine foreste del monte Gottero veniva ai cantieri cittadini buona parte del legname destinato alle navi.

Delicata fu un'altra missione, affidata a Ugo e a Guglielmo *Bolletus* sempre nel 1248: incontrare re Ferdinando III di Castiglia, che l'anno prima aveva conquistato Siviglia. Con questa città, quando era in mano agli Arabi, il Comune genovese vantava proficui commerci, grazie anche ai privilegi concessi ai suoi mercanti. Compito dei due ambasciatori fu di ottenere da Ferdinando la conferma di tali diritti, forse con la speranza che il re cristiano avrebbe avuto un occhio di riguardo per il parente del papa. Invece Ferdinando rifiutò il riconoscimento di tali privilegi, opponendosi in modo particolare alla richiesta di un libero consolato dei Genovesi nella città, il che avrebbe costituito una lesione dei poteri regi. Le trattative non furono interrotte. Inutile dire che l'ingerenza dei Fieschi nella vita degli enti religiosi della città divenne pressante, persino fastidiosa, e si affiancò al più vasto disegno del papa di creare una potente lobby politico-ecclesiastica a lui legata nell'area padana. Lo stesso arcivescovo di Genova, Gualtieri da Vezzano, apparteneva a una famiglia nobile, i cui rapporti coi Conti di Lavagna erano antichi; tra l'altro, Gualtieri era stato cappellano del papa e arcidiacono di Luni ed era unito a Innocenzo *multa familiaritate*; è possibile, dunque, che la sua nomina sia stata voluta dallo stesso pontefice.

Il fastidio che le continue richieste dei Fieschi provocarono è testimoniato efficacemente da un episodio: nel 1247 Adalasia, badessa del monastero di San Tommaso di Genova, era costretta a respingere la richiesta avanzata da Giacomo di accogliere nel monastero la figlia di un suo protetto. La badessa ricordava al Fieschi di ospitare già altre figlie di suoi familiari (la figlia di Ottobono di Camilla, quella di Enrico di Camilla e quella di Carbono Malocello). Il monastero poi era stato costretto, su richiesta del papa, a cedere una casa a un cliente del Fieschi.

Numerose furono le lettere inviate dal papa al fratello Opizzo (diventato il capo laico riconosciuto della famiglia) e a suo figlio Giacomo, evidentemente i parenti più fidati e più autorevoli, per assicurare benefici ai loro familiari. Bastino solo alcuni esempi, tolti dalla raccolta delle lettere pontificie curata dal Guerello.

Nel periodo in cui soggiornò a Lione, dal dicembre del 1247 al dicembre del 1250, Innocenzo ordinò al *preposito* di San Lorenzo di Genova di provvedere di un beneficio ecclesiastico un cliente di Opizzo, originario di Parma, ma cittadino genovese e desideroso di entrare nella carriera ecclesiastica; su preghiera di Ugo e di Giacomo invitò l'arcivescovo di Genova a provvedere di un beneficio Martinetto, fratello di Giacomo Ravaldo, *scriptor etcamerarius*, cioè tesoriere, dei conti. Un nipote del papa, Filippo, che era arciprete di Ceula, doveva essere accolto come chierico nella cappella di San Giorgio, come richiesto all'arcivescovo da Opizzo, Alberto e Giacomo.

Un altro parmense, Albertino, familiare di Opizzo e Alberto, aveva una prebenda nella chiesa di San Nicola di Portofino. La rettoria d'Albisola fu assegnata al chierico Giovanni da Varese, nipote di un vassallo d'Alberto; un familiare di Macia, anche lui chierico, ottenne un beneficio nella diocesi di Genova o di Luni. Naturalmente, a essere accontentati furono soprattutto i membri della famiglia.

Tra i tanti Fieschi protetti ricordiamo anche Alberto, figlio di Ugo, che divenne canonico di Tripoli e che nominò nel 1248 dei procuratori, per ottenere la prebenda da lui avuta dal papa. Sinibaldo, figlio di Macia, ebbe la prepositura *Cableiarum* dal re di Francia nel 1245; Percivalle e Federico, figli di Tedisio I, furono rispettivamente canonico di Bayeux e di Cambrai; Egidio, figlio di Alberto, fratello di Ottobono, fu canonico a Saint Brieuc; Andrea, figlio di Opizzo, che, vissuto alla corte papale, fu canonico di San Lorenzo almeno dal 1246, oltreché cappellano e cantore nella diocesi di Salisbury, dal gennaio 1253. Questa caccia alla prebenda non fu sempre digerita dalle autorità religiose locali. Nel 1253 il papa cercò di ottenere per suo nipote Federico un canonicato nel vescovato di Lincoln, ma vide il vescovo, Roberto Grossatesta, opporsi in modo cortese, ma deciso. Il ruolo assunto diede ampia possibilità di manovra anche nella contea di Lavagna, dove la famiglia cominciò a imporsi in modo prepotente.

Il ruolo dei Fieschi nella riviera

Nel 1247 Alberto, figlio di Tedisio I, suo fratello Niccolò e Giacomo decisero di vendicare l'offesa subita da un clan legato ai Fieschi, i signori di Carpena; un loro esponente, Gerardino, era stato ucciso da alcuni membri della famiglia Luxardo, che trovarono rifugio nel castello di *Pexina*. I tre cugini Fieschi assediarono i nemici, distrussero la roccaforte e massacrarono gli avversari. Nella contea essi cominciarono a creare una rete feudale, stringendo rapporti di vassallaggio con vari piccoli signori, come i Lagneto, un tempo fieri nemici, ma ora venuti a più miti consigli. Nel 1248 Alberto concesse alcune terre in feudo a Tignoso, signore di Lagneto, che s'impegnò a sposare le figlie solo col consenso del Fieschi (22 febbraio). Anche Macia provvedeva a investire un suo vassallo, nel 1250. Ovviamente, la possibilità di concedere benefici ecclesiastici ed economici permise alla famiglia di legare a sé esponenti dei Conti di Lavagna; così Corrado, figlio del fu Musso, conte di Lavagna, era canonico di San Donato nel 1250 e aveva ricevuto dal papa un'altra prebenda nel canonicato *bericensem* nella diocesi di Tiro, in Terrasanta; nel 1254 sempre i canonici di San Donato accoglievano come canonico, su richiesta del papa,

Angelino, altro figlio del fu Musso. Tra gli stessi cappellani del cardinale Ottobono sono compresi almeno due religiosi d'origine genovese, Niccolò di Camilla (a testimoniare lo stretto legame con questa famiglia) e Giovanni Leccacorvo, oltre che due d'origine distrettuale, Andrea Penello e Guglielmo da Lavagna.

Nel 1260 è ricordato Ugo *Siccus*, conte di Lavagna, che era canonico di Santa Maria delle Vigne e prebendato della chiesa di Bercona nella diocesi di York. Particolare protezione venne poi concessa ai Camezzana, legati da rapporti di parentela coi Fieschi. Tra il 1245 e il 1250 Innocenzo aveva accordato a suo nipote Giovanni di Camezzana, suo cappellano, la chiesa di Wingrave, nella diocesi di Lincoln; Giovanni era il *litterarum corrector* del papa; un altro Camezzana, sempre di nome Giovanni, fu prevosto della cattedrale di Genova. Veniva, poi, perseguita una politica di grandi acquisti immobiliari nel distretto orientale, favorita dal processo di disgregazione che la grande proprietà sia signorile sia ecclesiastica aveva conosciuto; in tal modo, il potere della famiglia acquistò connotati sempre più allodiali.

Nel 1248 Opizzo comprava una terra con casa nelle pertinenze di Santa Maria di Rapallo. Nello stesso anno, Ugo acquistava una terra nel territorio di Lavagna e una pezza di terra vicino a San Salvatore, ma non doveva trattarsi dell'unico acquisto effettuato in questa zona. Ugo comperò poi una casa in Chiavari, con forno e terra, davanti alla piazza di San Giovanni, al centro del borgo; il nuovo immobile acquistato confinava con una casa già di proprietà del Fieschi. Non si trattava degli unici possessi della famiglia a Chiavari, perché, sempre nello stesso anno, è ricordata una terra, posta presso il castello, appartenente ad Alberto e Ugo. Ancora nel 1248, Simona, a nome di suo figlio Niccolò, comperava una casa a Chiavari, quasi che la famiglia intendesse trasferirvisi in forma solenne. In un documento del 1251 sono ricordati i mulini che Opizzo possedeva presso Chiavari. Insomma, anche il borgo, che era nato per opporsi al dominio comitale, vedeva stabilirsi nel centro della sua vita i Fieschi, che incominciarono a edificarvi enti ecclesiastici, da affiancare alla chiesa di San Giovanni, cuore religioso di Chiavari. Secondo alcune fonti, Alberto e Tedisio avrebbero fondato nel borgo la chiesa di San Francesco per volontà del papa. Certa è la fondazione del monastero che il cardinale Guglielmo volle edificare nella località di Rupinaro, presso Chiavari, intitolato prima a Sant'Eustachio e poi passato all'ordine delle Clarisse. Il monastero era destinato a grande sviluppo. Il 6 aprile 1266 Ugo Fieschi, giudice, dichiarava ai procuratori delle Clarisse di Sant'Eustachio che, a nome del cardinale Ottobono, aveva comperato da Gualtieri da Vezzano, arcivescovo di Genova, terre e diritti nelle pievi di Lavagna, Sestri Levante e altrove; queste terre erano state acquistate nel 1261 ed erano state donate al monastero dal cardinale durante un suo soggiorno a Viterbo. È chiara la politica economica perseguita dalla famiglia in questa fondazione come nelle altre che indicheremo: sostituire agli antichi signori delle terre e percettori di decime, soprattutto se ecclesiastici, il controllo fliscano, aggirando il diritto canonico, che imponeva l'inalienabilità di terre ecclesiastiche a laici.

Nella contea sulle antiche strutture signorili, travolte dall'aumento di capitale circolante, si stava innalzando ora il controllo della famiglia Fieschi, i quali posero sotto il loro controllo altri enti ecclesiastici della zona. Il monastero di Borzone (fondato nel 1184 dai benedettini di Francia) fu beneficato dal papa, che inviò 200 libre perché vi venisse celebrato ogni anno un anniversario per la famiglia; il denaro fu speso per la fabbrica della chiesa e del monastero, come l'abate Gerardo dichiarava a Opizzo, Alberto e Giacomo, alla presenza anche di Ugo: un intervento massiccio, che nascondeva l'intenzione di far entrare l'ente nella area d'influenza fliscana, ammesso che non ci fosse già. La fondazione o la protezione di questi istituti ecclesiastici miravano così a creare un sistema articolato di controllo del territorio o, almeno, delle rendite di esso, tramite i vantaggi collegati (diritti, decime, lasciti testamentari) e il prestigio che alla famiglia in tal modo derivava.

A questo scopo i Fieschi provvidero anche a fornire il territorio di un sistema assistenziale, sia pure in epoca successiva: nel 1261 (5 aprile) Andrea Fieschi comperò da suo padre Opizzo un pezzo di terra, posta nel Capoborgo di Chiavari, su cui venne fondato l'ospedale di San Cristoforo, che venne così a soddisfare i bisogni degli abitanti di quella zona che si trovava dalla parte opposta rispetto all'altro e preesistente ospedale di San Giacomo, sorto accanto alla chiesa omonima tra il 1222 e il 1226. L'8 agosto 1261, poi, per dotare l'ospedale di rendite, Andrea spese ben 500 libre di genovini per comperare terreni con casa nel territorio di Rapallo. Tutto il clan Fieschi-Camilla era consenziente: a vendere era Giacomina, figlia di Ottobono di Camilla, che veniva assistita da Simone di Camilla e da Ugo giudice, testimone all'atto col figlio Alberto. Nello stesso giorno, le terre furono concesse in enfiteusi perpetua ai venditori con l'obbligo di pagare un censo di 25 libre di genovini all'anno. Altre terre vennero acquistate allo stesso scopo nei giorni successivi. L'ospedale fu poi affidato al capitolo di San Lorenzo e continuò a essere finanziato e aiutato dai Fieschi. Infatti, alla morte di Opizzo, il patrimonio su cui l'ente poteva contare fu ampliato dalla donazione di un terreno che si trovava di fronte all'ospedale verso il mare e che spettava ai fratelli Tedisio e Ugolino, figli del fu Opizzo. Ovviamente, le altre famiglie che erano derivate dal ceppo da cui si erano staccati i Fieschi mantennero il titolo di "Conti di Lavagna" e alcune fonti di rendita tradizionali, ma è indubbio che esse vennero spodestate e assorbite dal nascente prestigio fliscano proprio in questo periodo.

L'invadenza dei Fieschi a Genova

A Genova i giovani Fieschi, entrati in città da trionfatori, si intromisero in ogni sorta di questione: ad esempio, Alberto assunse il patrocinio degli uomini di Bargagli, in lite col Comune genovese (25 febbraio 1248); insieme a Giacomo si offrì come mallevadore per due mercanti che stavano facendosi costruire una nave (16 aprile 1248); Giacomo fu nominato arbitro nella contesa che opponeva un gruppo di cittadini genovesi a un piccolo feudatario, Alberto Balbo, signore di Galaventa, nel distretto di Torriglia (27 aprile 1248). In questi anni morì Tedisio I, figlio del capostipite Ugo Fiesco. Il 19 febbraio del 1248 Simona, sua vedova, diede in affitto una casa posta nella contrada di San Giorgio, a nome di Niccolò, il figlio più giovane; nel giugno, col consiglio di alcuni membri dei Fieschi e dei

Camilla, Simona procedette all'esecuzione del testamento. Sempre in quest'anno Simona si dichiarava tutrice del figlio Niccolò, a nome del quale comprava da Giacomo Piaccamiglio una quota sull'imposta viscontile del grano.

Figli di Tedisio I furono Alberto, Ottobono, Niccolò, Federico, Percivalle, Venanzio (o Vernazio); a questi deve essere aggiunto Ugo, forse anche l'Opizzo che divenne patriarca di Antiochia e Pagano. Le sue figlie furono Beatrice (che sposò Tommaso II, conte di Savoia, anche se da altra fonte risulta sposata, o promessa sposa, di Aginulfo, conte palatino di Toscana), Agnese (prima moglie di Ottone III del Carretto, poi entrata in convento) e Caracosa (secondo alcuni, sposa di Bonifacio Grimaldi e poi di Bonifacio del Carretto). A queste figlie, ricordate nel testamento di Ottobono, è possibile aggiungere Giacomina, che sposò nel 1263 Opizzo d'Este.

In questi anni era attivo un altro Tedisio, figlio di Alberto (il fratello del papa) che, per ironia della sorte e tormento dei genealogisti, sposò anche lui una Simona, ma appartenente alla gloriosa famiglia genovese dei Della Volta. Il padre di Simona, Raimondo, fiero ghibellino e per questo espulso dalla città nel 1239, era in rapporti d'affari con il giudice Ugo, cui vendette nel 1240 una casa con terra, posta a Multedo. Da qui la confusione tra i due Tedisio.

Gli atti che sono posteriori al 1248 (anno in cui Tedisio I risulta sicuramente ormai morto) devono dunque riferirsi al Tedisio nipote del papa e che noi, per comodità, distingueremo come Tedisio II.

Tedisio II era da qualche tempo ben inserito nella vita cittadina, tanto che fu chiamato a rivestire nel 1249 l'importante carica di membro della magistratura degli Otto nobili. Lucidamente diretta dal papa, la famiglia in questi anni conquistò il controllo del territorio distrettuale.

I diplomi concessi ai Fieschi da Guglielmo d'Olanda

A suggellare questa accorta politica venne il diploma che Guglielmo d'Olanda, eletto re dei Romani ad Aquisgrana grazie a Innocenzo nel 1247 e incoronato l'anno dopo, concesse ai Fieschi, nominandoli conti palatini (4 settembre 1249). Il titolo fu concesso a Opizzo e a suo figlio primogenito Giacomo, da una parte, ad Alberto, Nicoletto (figli di Tedisio I, già morto) e a Tedisio II, dall'altra. Riguardava solo i primogeniti della famiglia, cui il re attribuì il diritto di giudicare le cause civili e criminali, di nominare giudici e notai, di battere moneta, considerata alla stregua di moneta imperiale; inoltre, essi vennero nominati consiglieri imperiali, col diritto di ottenere presso la curia regia o imperiale vitto e alloggio per quaranta loro fedeli. Si trattava di diritti reali, non semplicemente teorici, dato che i Fieschi utilizzeranno tali concessioni per tentare di dar vita a una zecca e per nominare notai imperiali.

Se il diploma, onde evitare liti sui proventi di tali prerogative, precisava che due dovevano essere le *stirpes*, e cioè quella di Opizzo e quella dei suoi nipoti Alberto, Niccolò e Tedisio II (questa distinzione sfociò poi nei due rami storici della famiglia, i Fieschi di Savignone e i Fieschi di Torriglia), occorre dire che del titolo dovettero fregiarsi tutti i Fieschi nominati nel diploma, perché senza dubbio anche Niccolò, che pure tra i figli del fu Tedisio I non era il *maior natu*, lo vantò e lo trasmise al suo erede.

Con diploma successivo dell'ottobre, Guglielmo provvide a esentare i Fieschi da ogni tributo imposto anche dai poteri comunali, concedendo altresì l'immunità giudiziaria, fatte salve ovviamente le prerogative regie, ma estendendola anche ai vassalli dei Fieschi. Insomma, i due diplomi creavano le condizioni giuridiche perché i Fieschi potessero organizzare un feudo, legato formalmente solo all'Impero: una scatola, da riempire con un contenuto, che doveva già occupare la mente del papa, il cui motto, non a caso, era *"sedens ago"* (ovvero, agisco stando fermo).

Per terminare l'elenco dei tanti familiari beneficati dalla generosa protezione di papa Innocenzo, va ricordato anche Opizzo, che, come abbiamo detto, era suo nipote, in quanto figlio di Tedisio I. Forse, egli fu in un primo tempo abate *de Mezano*, nella diocesi di Piacenza, dove i legami dei Fieschi sappiamo essere stretti; a lui il papa affidò nell'ottobre del 1245 una delicata missione in Prussia.

Opizzo legato apostolico in Terrasanta

Il principe della Pomerania orientale, Swietopelk, si era alleato coi Pruteni, ribellatisi all'Ordine Teutonico; i cavalieri trovarono appoggio nei Piast e nei crociati, costringendo Swietopelk a chiedere l'intervento papale. Innocenzo inviò l'abate per porre fine al conflitto e permise che il principe fosse liberato dalla scomunica.

I benefici del papa non si fermarono qui, perché nel 1246, approfittando della morte del bresciano Alberto Rezzato, durante il concilio di Lione, egli nominò Opizzo patriarca di Antiochia. La nomina cadeva in un momento di grave difficoltà per gli Stati cristiani in Terrasanta, minati da profondi conflitti interni. Già nel 1245 il papa aveva tentato un'opera di riappacificazione, spedendo oltremare il francescano Lorenzo di Orta con l'incarico di procedere a concessioni nei confronti di quei greci, numerosi soprattutto ad Antiochia, che avessero riconosciuto la supremazia ecclesiastica papale. Il patriarca greco Davide si era dimostrato favorevole alla trattativa, ma aveva provocato il risentimento del patriarca latino – il Rezzato – che, tuttavia, morì. Scomparso anche Davide, il successore di questi, Eutimio, respinse ogni accordo, confidando nell'appoggio a lui concesso dal capo mongolo Hulagu. In questo quadro cadde la nomina di Opizzo, che doveva trovarsi presso il papa al concilio di Lione. Opizzo, messosi in viaggio per la nuova sede, fu accolto nel settembre 1247 con particolare calore a Genova, dove l'entusiasmo per il papa e per i già invadenti nipoti non era ancora venuto meno. Nell'ottobre, Innocenzo comunicò ai presuli della diocesi antiochena la scelta di Opizzo come legato apostolico presso l'esercito cristiano in Terrasanta. Opizzo era, inoltre, molto più prosaicamente incaricato di provvedere ad assegnare diverse prebende su chiese della sua nuova diocesi a uomini, in gran parte genovesi, che il papa intendeva proteggere.

Anche a Genova, dove Opizzo si fermò a lungo, sia per l'attesa della buona stagione con cui imbarcarsi, sia per occuparsi dei suoi affari, non mancarono pressioni perché Opizzo avesse un occhio di riguardo nella sua futura diocesi per clienti genovesi. Si deve pensare che tali prebende non erano poi materialmente accompagnate da un'effettiva presa di possesso della carica, dato che i burrascosi tempi che stavano preparandosi per i regni cristiani in Terrasanta avrebbero costituito un efficace deterrente a ogni richiesta.

Giunto in Terrasanta, Opizzo scomunicò Eutimio, che fu costretto a lasciare Antiochia, finendo per essere catturato da re Boemondo e da Hethum d'Armenia: un inizio di governo energico che, nondimeno, non fu poi più ripetuto.

Altro personaggio beneficiato dal papa è Tedisio (indicato come Tedisio III), che era figlio di Opizzo, fratello del papa, di cui divenne suddiacono e cappellano, oltre che *scriptor papae*. Innocenzo si adoperò perché anche su di lui piovessero prebende. Per questo scrisse all'arcivescovo di Armagh, in Irlanda, affinché egli fornisse a Tedisio III una rendita in una delle chiese della sua diocesi. Anche negli anni successivi questo personaggio, che pure non svolse alcun ruolo particolare, continuò a vedersi attribuite rendite, che lo zio solerte procacciava soprattutto in Inghilterra. Infatti, nel 1251 ottenne la chiesa *de Cibezeya* nella diocesi di Lincoln, in Inghilterra. L'anno dopo, rappresentò Giovanni di Camezzana junior (appartenente a una famiglia originaria della contea di Lavagna e cresciuta all'ombra dei Fieschi) per ricevere un canonicato, con relativa prebenda, nella chiesa di Exeter, sempre in Inghilterra. Divenuto anche canonico di Tours, si vide rifiutare dall'energico monastero cistercense di Ardagh una prebenda nella diocesi di Cloyne, in Irlanda, spettante al monastero. L'ente protestò, tanto che il vescovo di Lodi, incaricato della sentenza, diede a esso ragione, per cui il papa fu costretto a desistere. La sua carriera ecclesiastica, comunque, continuò anche dopo la morte di Innocenzo.

CAPITOLO 6

Il trionfo della famiglia con papa Innocenzo

Il 13 dicembre 1250, giorno di Santa Lucia, a Fiorentino, presso Lucera, moriva Federico II. "Che i cieli esultino e che la terra sia felice!", avrebbe esclamato alla notizia il papa, riecheggiando un salmo del Vecchio Testamento. Innocenzo non perse tempo; il 25 gennaio 1251 avanzò formalmente la rivendicazione del possesso feudale sul Regno di Sicilia e il 5 febbraio annunciò la crociata contro Corrado, che Federico aveva designato a suo successore. Il 19 aprile riprese la via dell'Italia, mentre l'imperatore da lui voluto, Guglielmo d'Olanda, si mise in marcia verso la Germania. Per Genova e per la famiglia fu il trionfo; il 18 maggio il papa fece il suo solenne ingresso in città, dove fu salutato con incredibile entusiasmo. Nello stesso mese, racconta scandalizzato Salimbene de Adam, furono celebrate le nozze di un nipote del papa; il sontuoso banchetto non temette confronti con altri cosicché, aggiunge il frate, se la regina di Saba lo avesse visto, ne sarebbe rimasta meravigliata. Il soggiorno genovese di Innocenzo non fu inoperoso, perché non solo egli si adoperò per aumentare la rete di favori, che contribuirono alla potenza clientelare della famiglia, ma dovette maturare anche una scelta politica clamorosa, che toccò poi al nipote Giacomo mettere in atto. Infatti, gli Annali genovesi sottolineano come in quest'anno i Fieschi abbiano avuto grande potere in città; malgrado ciò, i ghibellini, (chiamati *Mascherati*), costretti all'esilio ormai da alcuni anni, e cioè da quando la scelta filopapale genovese era stata imboccata con decisione, vennero improvvisamente perdonati. Nel momento della vittoria, su evidente suggerimento del papa, la famiglia preferì non infierire sui vinti e decise una politica di riconciliazione tra le due fazioni cittadine. Ad attuarla in città fu Giacomo, figlio di Opizzo; anche se gli Annali parlano di lui come del *praecipuus auctor* della scelta, fu probabilmente il padre a guidare le strategie della famiglia. Su Opizzo occorre soffermarci un attimo.

L'ascesa genovese di Opizzo

A differenza del fratello Tedisio I, morto nel 1248, che era stato accolto nel tessuto economico e politico della città senza grossi problemi, il trasferimento di Opizzo dai suoi castelli appenninici all'ambiente cittadino dovette risultare clamoroso e per certi versi irritante. Egli scelse a dimora un palazzo arricchito da un portico di rappresentanza proprio di fronte alla cattedrale di San Lorenzo, che venne degradata a chiesa gentilizia della famiglia. Accanto a lui si trasferì in città la sua piccola corte, formata dallo *scriptor et camerarius* Giacomo Ravaldo, oltre che da numerosi *gastaldiones* e servitori. Opizzo prese possesso anche di una torre. L'opera di riconciliazione tra le fazioni genovesi era stata affidata da Innocenzo a Martino, prevosto di Parma, il quale riuscì a promuovere un accordo sottoscritto nel 1251; in base a esso i ghibellini poterono rientrare in città e ottennero anche il risarcimento dei danni patiti.

A suggerire al papa questa scelta coraggiosa dovettero essere vari motivi: gli Annali ricordano le affinità familiari e le amicizie che legavano i due schieramenti rivali (basti pensare che il cugino di Giacomo, Tedisio II, aveva sposato la figlia di Raimondo della Volta, uno dei capi ghibellini esiliati). Secondo un'altra ipotesi, fu piuttosto il timore che l'avanzata del *populus* (il cui nucleo era costituito dai mercanti e dagli imprenditori che non erano legati ai clan dominanti), arricchitosi enormemente in questi anni, potesse scalfire l'egemonia dei clan tradizionali a suggerire un ricompattamento del fronte oligarchico. Ma giocarono anche ragioni politiche più ampie, come la necessità di assicurare ai progetti temporalistici del papa l'appoggio di una fondamentale potenza marinara, quale era allora Genova.

Ad accogliere il papa vincitore, dunque, nel maggio 1251 fu una città sostanzialmente riappacificata e unita, in grado quindi di sostenere i disegni politici di Innocenzo, sempre più intenzionato a conquistare il Meridione, spalancandolo, così almeno si sperava, ai traffici genovesi.

Il papa fu nuovamente prodigo d'aiuti verso il Comune: ribadì i privilegi concessi ai Genovesi nei regni cristiani d'Oltremare, ordinò ad Alessandria e a Tortona di restituire i castelli occupati nel lungo conflitto contro Genova e, soprattutto, promise agli uomini d'affari genovesi piena libertà doganale nel Regno di Sicilia. Ancora una volta, come già avevano fatto gli imperatori svevi nel secolo precedente e lo stesso Federico II, per ottenere l'appoggio della flotta genovese si fece balenare davanti agli occhi dei clan cittadini il miraggio della libertà di commercio assoluta nell'isola, che costituiva il mercato fondamentale per i traffici genovesi, oltre che il punto d'attracco obbligato nella rotta verso l'Oriente. Comunque, l'appoggio genovese ai progetti di Innocenzo fu limitato e sostanzialmente poi delegato alla famiglia d'appartenenza del papa. È certo, peraltro, che il soggiorno di Innocenzo pose il sigillo a un periodo di predominio dei Fieschi nella politica cittadina e provvide a definire meglio il grande disegno di strategia familiare che il papa stava sforzandosi di tradurre in opera, allo scopo di creare solide basi per le fortune.

Clamorosamente, poi, si affacciò nella società genovese una nuova figura, quella del feudatario-cittadino. Infatti, sappiamo che a Genova un'aristocrazia feudale in senso stretto (una casta, cioè, che doveva il suo potere all'investitura da parte di un ente feudale gerarchicamente superiore) non sia esistita; la classe dirigente cittadina (i *cives*, più tardi chiamati *domini* nei documenti privati) si forgiò dal ceppo mercantile e controllò le leve economiche, rivendicando per tradizione familiare l'egemonia politica. Pur conoscendo violenti contrasti al suo interno, l'oligarchia al potere si dimostrò aperta ad accettare al suo interno una certa mobilità, cooptando famiglie o individui arricchitisi, almeno finché il "trend" economico positivo permise questa operazione d'assimilazione, senza togliere, però, le leve di comando dalle mani dei clan tradizionalmente dominanti.

Supremazia genovese dei Fieschi

La classe dirigente cittadina (che potremmo definire *patriziato*) possedeva anche grandi fortune immobiliari e non disprezzava, sia pure episodicamente, l'acquisto di ville o di *castra*, senza però inserirsi in un rapporto di dipendenza feudale da altri signori, se si fa eccezione per il ramo sardo della famiglia Doria. Ora, invece, come *cives* a pieno titolo erano riconosciuti i Fieschi, che nel 1249 erano stati nominati da Guglielmo d'Olanda conti palatini, con tutte le prerogative, anche giuridiche, che il titolo comportava.

Ai Fieschi, su pressione papale, era contemporaneamente concessa la possibilità di rivestire cariche pubbliche nella vita cittadina, creando un evidente *monstrum* giuridico, in quanto a dirigere il Comune poteva essere chiamato un vassallo legato anche formalmente a una signoria esterna. Tale clamorosa situazione si può cogliere bene nelle incertezze che gli stessi cancellieri comunali provarono, quando si trattò di sancire questa situazione nei documenti ufficiali. Infatti, nel 1251 Niccolò fu chiamato a far parte degli Otto nobili e con tale carica venne inviato a Carpena, per ricevere il giuramento di fedeltà da parte degli abitanti del castello (nel documento Niccolò è ricordato col titolo di *comes*, senza che venga citato il suo cognome). Alcuni mesi prima (26 giugno 1251), mentre il papa stava concludendo il suo soggiorno genovese, era stato firmato un importante accordo tra Genova e Venezia; ad aprire la lista è ancora Niccolò *comes*, da identificare col Fieschi.

A malincuore, dunque, anche a livello diplomatico venne accettata questa situazione del tutto nuova e, sotto certi aspetti, rivoluzionaria. Ma la congiuntura politica non ammetteva ripensamenti: i clan genovesi furono costretti a prendere atto della supremazia fliscana in città, nella speranza che il progetto papale di conquista della Sicilia andasse a buon esito. L'egemonia fliscana sulla città fu ancora più evidente, come è ovvio, nell'ambiente ecclesiastico. Conclusasi felicemente l'ascesa di Ottobono (divenuto cardinale nel 1251), pur non potendo contare direttamente sulla cattedra arcivescovile in città, i Fieschi vi misero un loro uomo di fiducia, Gualtieri da Vezzano, venendone ampiamente ripagati, vista la totale disponibilità da lui mostrata per i desideri dei Fieschi, i quali continuarono a tessere la tela per garantirsi anche per il futuro il controllo della Chiesa genovese. Del capitolo di San Lorenzo, infatti, faceva parte (dal 1246) Andrea, figlio di Opizzo, destinato in seguito a divenirne arcidiacono, carica che mantenne sino alla sua morte, avvenuta il 5 marzo 1270. Continuò, poi, la pioggia di richieste, avanzate dai nipoti e avvallate dal papa, per ottenere benefici nella diocesi per i protetti dei Fieschi. Il papa era ancora a Lione (dicembre 1250), quando, su istanza di Giacomo, chiese al prevosto della chiesa di Santa Maria delle Vigne di trovare un beneficio a favore d'Enrichetto, figlio di Guido Barbieri. Durante il suo soggiorno genovese, fece anche in tempo a chiedere a maestro Giacomo, canonico di San Donato di Genova, di trovare un beneficio per un cliente di suo nipote Alberto; a ordinare all'abate di Santo Stefano di Genova di provvedere un beneficio nella cappella di Sant'Andrea di Calvari per un protetto di Tedisio; a imporre al capitolo di San Giorgio di Genova di mantenere per cinque anni agli studi un raccomandato di Giacomo.

Il papa instancabilmente continuò in questa opera di favoritismo fino agli ultimi anni di vita, se nel 1254 da Assisi trovava modo di assegnare, su richiesta di Tedisio II, un canonicato nella chiesa di Santa Croce d'Acri a un genovese e, su richiesta questa volta di Opizzo, la prebenda nella pieve di Cicagna sempre a un chierico genovese (atti del 6 e 7 maggio).

Anche nelle strutture politiche e amministrative del Comune il ruolo dei Fieschi divenne più costante, benché essi dimostrassero un relativo interesse al riguardo, preferendo esercitare la loro influenza col prestigio piuttosto che con un'effettiva partecipazione alle cariche pubbliche.

Se si esaminano gli incarichi rivestiti dalla famiglia nei quattro anni che separano la morte dell'imperatore Federico II da quella del papa, si nota come Giacomo, che pure venne considerato l'ideatore della politica fliscana, compaia solo marginalmente nei documenti ufficiali. Fu piuttosto il giudice Ugo a rappresentare anche in questi anni la famiglia in tutte le trattative e gli accordi più delicati.

Ben più delicata la missione affidatagli sempre nel 1251: incontrare a Lucca i rappresentanti del governo veneziano, per rinnovare l'accordo tra le due città. Dopo un colloquio infruttuoso nel castello malaspiniano di Verrucola, il tavolo della trattativa fu spostato a Portovenere, dove fu raggiunta l'intesa. Fu sempre Ugo a far parte della delegazione che, nel 1254, venne incaricata di stipulare un accordo coi Comuni toscani; nell'agosto si recò a Firenze, cui era stato affidato il compito di dirimere le controversie esistenti tra Genova e Pisa, irriducibilmente schierata nel campo imperiale. Il giorno 4, dopo che le due delegazioni dichiararono formalmente di rimettersi alle decisioni che Firenze avrebbe assunto, fu firmata la pace nella chiesa di Santa Reparata.

Altro autorevole membro della famiglia è Alberto (figlio primogenito di Tedisio I), forse il più focoso tra i nipoti di Innocenzo, il quale lo vorrà presto al suo fianco. Marginale è anche per lui il ruolo rivestito negli incarichi pubblici a Genova, se si eccettua il compito di consigliere nell'accordo con Albenga, firmato il 18 febbraio 1251, e in quello con Savona.

Capo laico indiscusso della famiglia rimase Opizzo, il fratello del papa. Egli non svolse alcun ruolo negli organi politici e amministrativi del Comune, ma bisogna ricordare che doveva essere ormai anziano; fu per questo motivo che i progetti temporalistici di Innocenzo non vennero affidati a lui (e neppure a suo figlio Giacomo, forse poco adatto ad avventure militari), ma ai figli di Tedisio I. Scarsa fu, dunque, l'attenzione che venne dimostrata da Innocenzo verso Giacomo, per il quale non fu progettato nessun piano di conquista feudale, anche se il papa avrebbe a lui concesso il titolo di re di Napoli. Forse, nella strategia familiare disegnata da Innocenzo, Giacomo, rimasto a Genova, ebbe il preciso compito di far fruttare gli enormi capitali monetari, che il ruolo del pontefice e quello del nipote, il cardinale Ottobono, mettevano a disposizione della famiglia.

Prima che Sinibaldo diventasse papa, in realtà, i Fieschi non sembrano disporre di capitali tali da impensierire la classe finanziaria dominante genovese. Tedisio I disponeva di risorse sufficienti a operare sul mercato immobiliare cittadino ma la partecipazione al grande commercio e al movimento di denaro sulla piazza genovese vide i Fieschi relegati in una posizione secondaria.

Quando gli stretti rapporti economici stabiliti dal papa con la Tavola dei Bonsignori di Siena furono messi a frutto all'indomani della morte di Federico II, la famiglia, che aveva compiuto un gravoso sforzo per sostenere la causa guelfa, si vide restituire le somme impiegate e cominciò a operare in modo più massiccio sul mercato genovese.

Marginale a livello economico rimase il ruolo di Alberto, che appare ancora legato a interessi sostanzialmente feudali (mai rinnegati del tutto dalla famiglia). Anche se lo vediamo collaborare con Guido Spinola e Pietro Doria (due mercanti tra i più potenti) in un'operazione di cambio monetario coi Bonsignori, operazione attuata insieme a Opizzo (19 dicembre 1250) e, l'anno dopo, finanziare Guglielmo Doria diretto a Ceuta (13 marzo 1251), Alberto dimostra ancora un interesse eguale per le rendite provenienti dai suoi feudi. Il 22 marzo 1250 si accordò con Corrado Malaspina per sfruttare i pascoli posti nella Val d'Aveto e in Val Trebbia; tale favore fu compiuto dal Malaspina per amore e non *pro iure*. Nel 1251 comperava varie terre a Carranza, presso Varese Ligure, nel territorio controllato dalla famiglia. Anche Alberto collaborò agli affari della curia romana, se nel 1250 Bernardo Zamore di Parma dichiarava a Guido Giovanni Spinola, a nome del cardinale Ottaviano degli Ubaldini e a nome d'Alberto, di aver ricevuto la somma che egli aveva loro prestato.

La gestione dell'economia fliscana: nascono le societas

Nel frattempo, Alberto consolidò la sua presenza a Genova, dove risiedeva nel palazzo di Emanuele Doria, uno dei capi del partito ghibellino, posto vicino alla chiesa gentilizia dei Doria, San Matteo. Alberto acquistò beni immobili presso il palazzo dell'arcivescovo; a vendere gli edifici fu lo stesso arcivescovo, che a ciò fu autorizzato dal papa.

Ben più importante fu il ruolo finanziario svolto da Opizzo e dal figlio Giacomo (che appare spesso agire come procuratore del padre; entrambi, infatti, avevano collaborato sostanziosamente alle spese militari sostenute dal papa). Essi vennero chiamati a svolgere il ruolo di banchieri di fiducia del pontefice, col compito di mettere a frutto le somme che si rendevano disponibili e di raccogliere, tramite altre banche, le rendite ecclesiastiche, che potevano essere in qualche modo utilizzabili per transazioni od operazioni commerciali, prima di finire nelle casse romane.

Allo scopo venne organizzata una *societas*, che vide come titolari Opizzo, Niccolò, figlio di Tedisio I, e Tedisio II. La gestione di questa società finanziaria fu affidata a due esperti uomini d'affari, che tanto peso ebbero nella vita economica della Genova postfredericiana: Guglielmo Leccacorvo e Giacomo Ravaldo. Questi due banchieri erano creature dei Fieschi: il Leccacorvo era di origine piacentina, area su cui la famiglia esercitava un'influenza cospicua, ed era giunto a Genova proprio col trasferimento in città degli interessi fliscani, dopo aver rilevato una delle più potenti banche cittadine e contando sempre sulla collaborazione della famiglia (che nel 1250 lo avrebbe salvato da una difficile crisi finanziaria), prima di crollare in un drammatico fallimento. Il Ravaldo era *scriptor et camerarius* di Opizzo e a lungo mantenne stretti contatti con la famiglia. Già nel 1250 a lui si era rivolto Giacomo per pagare una somma a un gruppo di creditori.

Compito della *societas* era quello di usare le enormi disponibilità finanziarie che i Fieschi ebbero modo di controllare, facendole moltiplicare grazie al finanziamento di mercanti sulla piazza genovese; a usufruirne furono soprattutto i giovani rampolli delle famiglie più illustri cittadine, il cui apprendistato politico passava anche attraverso una fase di attività commerciale.

Nel solo marzo del 1253, ad esempio, la società finanziò con 200 libre Franceschino Camilla, diretto oltremare (secondo l'espressione usata dai notai genovesi per indicare la Terrasanta); con altre 200 libre Giovannino, figlio di Marino, diretto sempre oltremare; con 100 libre Sardenino Sardena, diretto in Spagna; con 150 libre Andreolo, figlio di Giacomo Usodimare, diretto a Tunisi; con 150 libre Baliano di Negro, da trafficare a Tunisi; con 100 libre Ansaldo, figlio d'Idone Mallone, in partenza senza un destinazione prefissata; infine, 150 libre furono versate a Enrico Mallone, diretto a Tunisi.

Particolare interesse riveste un finanziamento, sempre operato dalla società nel marzo del 1253, a favore di Cristiano Grimaldi, diretto verso il porto marocchino di Safi (ricordato per la prima volta in un documento genovese). Qui giungevano le strade carovaniere che portavano l'oro dal centro dell'Africa fino alla costa mediterranea; probabilmente l'interesse dimostrato dal papa in questo periodo perché venisse garantito il commercio coi porti arabi è indizio di un progetto di cui i Fieschi dovettero essere compartecipi per reintrodurre la monetazione aurea nell'Occidente cristiano.

La *societas* si prolungò nel tempo fino al 1254: nell'ottobre del 1253 Lanfranchino, figlio di Martino Marabotto, riceveva dal Leccacorvo 90 libre; nel 1254 abbiamo notizia di commende che la *societas* affidò ancora ad Andriolo, figlio di Giacomo Usodimare (per 170 libre; 22 marzo), a Sardenino Sardena (per libre 122; 13 maggio), a Giovannino, figlio di Pietro De Mari (per libre 116; 14 maggio).

Inoltre, sempre nello stesso periodo, i tre Fieschi agivano finanziariamente anche in modo indipendente: nel 1251 Pietro Doria finanziava un mercante con 50 libre *de pecunia Opizonis*; nel 1253 Tedisio II dava 50 libre in commenda a Giacomino *Coxanus* (19 ottobre); nello stesso giorno Opizzo forniva una somma analoga a Baldovino; sempre Opizzo versava al Ravaldo il capitale per finanziare Solimano Supa (29 ottobre 1253); l'anno dopo, Opizzo forniva in commenda 100 libre a Carbonino Malocello. Sempre nel 1254 Giacomo consegnava in commenda ben 767 libre, dichiarando che la somma apparteneva al padre.

Di straordinaria entità fu la cifra che Niccolò provvide a consegnare a Giacomo Spinola, figlio del fu Oberto: ben 1600 libre.

Il ruolo non più soltanto cittadino assunto dai movimenti finanziari della famiglia dovette suggerire anche il tentativo di dar vita a una zecca, dato che il diploma concesso da Guglielmo d'Olanda lasciava ai Fieschi anche la possibilità di battere moneta.

Nel 1253 (6 ottobre) Giacomo promise a Rofredo Bramanzoni, agente per Genova della Gran Tavola dei Bonsignori, e a Guglielmo Leccacorvo di adoperarsi perché Opizzo concedesse loro per due anni la facoltà di coniare nel feudo di Savignone (fresco acquisto della famiglia) miliaresi del peso della analoga moneta genovese (il cosiddetto *grosso*); in cambio, i due banchieri erano disposti a versare ai Fieschi 100 libre o un quarto dei profitti. La convenzione sarebbe stata valida solo se il Comune genovese avesse dato il suo assenso (ma il consenso non arrivò).

Giacomo investì i suoi capitali anche in altre forme di rendita, quale la riscossione dei pedaggi, che venivano pretesi in vari centri intorno a Genova. Nel 1252, insieme con Oberto Balbo di Soziglia, egli appaltava (tramite Enrichetto di Gavi) il pedaggio di Gavi, che veniva riscosso a Voltri. Nel 1254 (18 aprile) una somma che l'arcivescovo di Milano doveva ad alcuni mercanti fu versata a Giacomo, che la depositò presso il banco di Guglielmo Leccacorvo, spesso utilizzato dalla famiglia per consegnare al papa il denaro ricavato dai benefici spettanti alla curia romana. Un altro membro della famiglia, Macia o Mattia, aveva consegnato al Leccacorvo una forte somma (700 libre), da far pervenire a Innocenzo. Ma il Leccacorvo ritardò l'operazione, tanto da spingere il papa a minacciare la scomunica se il banchiere non avesse fatto fronte immediatamente ai suoi obblighi. Il Leccacorvo si decise, a questo punto, a versare il denaro (30 maggio 1254) alla presenza di Opizzo, ma tale operazione incrinò i buoni rapporti del Leccacorvo con la famiglia.

La disponibilità di capitali, che la *societas* permise di creare, fu in buona parte utilizzata in due direzioni: l'acquisto di feudi alle spalle di Genova e l'acquisizione di nuove aree in città. Tralasciando per il momento il primo aspetto, è possibile notare come soprattutto Tedisio II si sia impegnato nell'investimento immobiliare, dato che i suoi interessi economici si erano focalizzati nell'ambiente genovese. Infatti, nel 1251 comprò da alcuni membri della famiglia Calvo un palazzo *cum iure emboli* nella *ripa*, vale a dire di fronte al porto; l'anno seguente acquistò da Guglielmo Mallono una torre in Piazzalunga. Anche Opizzo fece la sua parte, se nel 1254 un suo castaldo diede in affitto una *domus* di sua proprietà posta sempre *in ripa Ianue*.

Enorme dovette essere diventato il patrimonio immobiliare di Niccolò, che aveva ereditato ciò che suo padre, Tedisio I, aveva provveduto a rastrellare sul mercato immobiliare cittadino o distrettuale. In un primo tempo, a curarne gli affari, perché ancora minorenne, fu la madre Simona, la prima di una serie di donne appartenenti alla famiglia chiamate dalla precoce vedovanza a dirigerne gli interessi. Nel 1254 Simona, definita contessa di Lavagna e vedova di Tedisio I, riceveva da Trencherio di Chiavari, gastaldo di Niccolò, l'enorme cifra di 1901 libre, provenienti dagli affitti e dagli introiti accumulati nei cinque anni precedenti; la somma dimostra efficacemente la notevole dimensione delle proprietà immobiliari (case o terre), che Niccolò controllava sia in Genova sia nel distretto orientale. Ma l'investimento privilegiato fu rivolto all'acquisto di feudi.

Occorre dire che anche per i clan cittadini, che pure del commercio e del capitale mobiliare avevano fatto la loro fonte di ricchezza, il feudo o la signoria (quando non esistevano vincoli piramidali con autorità superiori) rimane l'obiettivo primario delle scelte economiche a lungo periodo. Ovvio che anche i Fieschi si siano comportati in tal senso; è anche significativo il fatto che la zona di creazione del feudo non sia stata tanto la contea di Lavagna, ormai sottoposta alla giurisdizione genovese e con la quale il cordone ombelicale non fu mai reciso del tutto (qui la supremazia della famiglia fu sancita grazie al prestigio e alla creazione di legami con le altre famiglie comitali), ma i territori posti alle spalle di Genova, da una parte, e il nevralgico contrafforte appenninico tra la Liguria e la Toscana, dall'altra. Su quest'ultimo obiettivo strategico si concentrerà l'opera del papa in appoggio al nipote Niccolò; sull'altro obiettivo (costruire *teste di ponte* per il controllo di Genova), che fu più facilmente raggiunto, ci soffermiamo ora.

Il controllo strategico su Genova

Il castello di Savignone, posto alle spalle della città, era controllato da un consortile di visconti, interessati all'esazione di un dazio che era da tempo loro riconosciuto. La situazione era talmente complessa, da prevedere la divisione del possesso in quote, che erano oggetto di compravendita.

Tra il 1242 (anno in cui i visconti di Savignone giurarono fedeltà al Comune) e il 1252 (anno in cui il castello risulta già dei Fieschi), Opizzo e Giacomo vennero in possesso del castello, dove fu poi progettata la costruzione di una zecca familiare. Il castello fu destinato a restare anche l'unico possesso per i membri del ramo di Opizzo, che, alla morte di Innocenzo, fu soppiantato dall'altro ramo, quello di Tedisio I, un cui figlio, Ottobono, come unico cardinale della famiglia, ne assumerà presto la direzione politica.

Sempre alla fine del 1253, anche la Croce (cioè Parissione) cadde sotto i Fieschi, così come il villaggio di Camarza. Negli stessi anni, Niccolò si stabilì a Montoggio, destinato a diventare la sentinella avanzata della famiglia su Genova, punto di partenza per una graduale estensione, attraverso Creto, sino a San Siro di Struppa, entro l'antico dominio del vescovo genovese in Molassana, ormai alle porte della città. Intorno al 1250, Niccolò acquistò Torriglia, che costituiva uno dei punti nevralgici nel sistema daziario alle spalle di Genova. Questa località apparteneva ai Malaspina, che ormai da anni erano costretti a continue alienazioni dei loro diritti anche a favore di uomini d'affari genovesi; probabilmente Niccolò acquistò il castello da un membro dei Malaspina, legato a un ramo cadetto.

Altro castello che passò in questi anni ai Fieschi fu quello di Roccatagliata. Innocenzo volle dare solide basi alla famiglia anche da un punto di vista giuridico, soprattutto in materia ereditaria, dimostrando la sua straordinaria lungimiranza politica. Per questo scopo egli decise la fondazione della chiesa di San Salvatore di Cogorno.

Secondo alcuni storici locali, la chiesa venne iniziata nel 1244; già nel 1248 è ricordato Pietro, ministro della chiesa di San Salvatore di Cogorno, di cui Alberto Fieschi era compatrono; quindi, l'opera di costruzione era già stata avviata negli anni precedenti l'emanazione della bolla di fondazione. In un primo tempo Innocenzo dovette pensare di affidarla ai Francescani, ma, rifiutandosi essi di accettarla, la assegnò ai canonici che seguivano la regola di Sant'Agostino. Nel 1252 tutta la famiglia (Opizzo, Alberto, Giacomo, Tedisio II e Niccolò) si incontrò a Gavi col papa cui chiese di eleggere Pagano, già cappellano papale, a prevosto di San Salvatore. La richiesta fu accolta, con bolla emanata da Perugia il 12 aprile 1252. Pagano, fratello di Ottobono, fu a lungo preposito di San Salvatore e si occupò a più riprese di questioni economiche familiari. Nel 1252, da Perugia, Innocenzo concesse alla chiesa e agli istituti religiosi da essa dipendenti (l'ospedale e il ponte di Santa Maria Maddalena;

la chiesa di San Lazzaro con annesso lebbrosario) molti privilegi, tra cui l'esenzione dalla giurisdizione arcivescovile, collegandoli direttamente alla Santa Sede, e il diritto di *ius patronatus*, per cui a Opizzo e ai nipoti Alberto, Niccolò e Tedisio II, sul cui suolo era stata costruita la basilica, spettava il compito di proporgli la nomina del preposito e dei canonici, oltre quella del priore della chiesa di Santa Maria Maddalena col suo ospedale e quella del rettore della chiesa di San Lazzaro. Contemporaneamente, un altro cappellano papale, appartenente all'ordine di Sant'Agostino, Rodolfo di Zizania, venne nominato priore della chiesa di Santa Maria Maddalena e del ponte di Lavagna. Il 26 aprile 1252 il papa aggiunse l'esenzione dal pagamento delle taglie, delle collette e di qualsiasi tipo di sussidio e aiuto, salvo quelli dovuti a Roma, o ai suoi legati, con facoltà per il preposito di rivalersi sulle chiese di Lavagna, Sestri Levante e Rapallo, nel caso in cui queste richieste fossero troppo gravose; l'8 maggio il papa donò alla chiesa di San Salvatore la chiesa di Sant'Agostino di Monte Alto, nella diocesi di Castro, già appartenente all'ordine cistercense; il preposito di San Salvatore doveva, però, consegnare la metà dei frutti, redditi e proventi alla chiesa di Santa Maria Maddalena. Nel 1253 Guglielmo, prevosto di Genova, su mandato del papa, consegnava a Giacomo Fieschi (a nome del padre Opizzo), a maestro Ianono, canonico di San Salvatore, a nome di Alberto, e a Guglielmo di Camilla, per Niccolò, vari arredi sacri, tra cui un altare in argento dorato, un calice, due ampolle e due antifonari.

La prosperità della chiesa rimase in cima ai pensieri del papa: poco prima di morire, a Napoli, Innocenzo concesse a Pagano il priorato di Calasco, che l'abate del monastero di San Michele della Chiusa gli aveva donato.

Il giuspatronato sulla chiesa divenne il titolo che all'interno della famiglia decretò la superiorità di una dinastia sulle altre che, come Innocenzo prevedeva, si sarebbero formate rapidamente dal ceppo originario. Continue, del resto, saranno le cure che i discendenti del papa mostreranno per la chiesa: nel 1266 Pagano, prevosto di San Salvatore, ricevette da Tolomeo Manenti, della Tavola dei Bonsignori, tre partite di tornesi dall'Inghilterra, che premurosamente erano state spedite forse dal cardinale Ottobono, in quel tempo impegnato in una delicata missione diplomatica nell'isola.

La Basilica dei Fieschi

La Basilica dei Fieschi è il più solenne monumento da ammirarsi in quel di Lavagna – anche se in territorio di Cogorno – quindi d'obbligo è un approfondimento: tanto più che diversi cultori d'arte ne riempiono pagine intere in parecchi trattati.

Giorgio Schiaffino ne scrive come segue: "La basilica è in stile romanico: appartiene più precisamente al terzo periodo di tale stile, comunemente chiamato, sia pure impropriamente, di transizione, in quanto un posteriore vero stile gotico non si ebbe mai in Italia. Raduna in sé elementi di tre diversi periodi, preannunciando il gotico che porterà l'arte cristiana nell'apogeo".

La planimetria differisce da quella romanica: come base non abbiamo il quadrato perfetto, le navate sono tutte rettangolari, l'abside non è curva ma quadrata. Il semplice esterno è tutto in pietra di Lavagna o ardesia. Sulla facciata, nella parte superiore, a tale pietra si alternano strisce in marmo bianco, nella parte terminale vi sono archetti pensili, scolpiti alle basi e all'interno del centro con vari simboli. La stessa decorazione, sia pure più semplificata, viene ripresa nei sottotetti e nel campanile. Al centro della facciata spicca un ampio rosone in marmo bianco a colonnette concentriche, sormontate da archetti gotici e romanici, con capitelli tutti diversi. Ai quattro lati sono situati quattro bassorilievi, anch'essi in marmo bianco, raffiguranti il vitello, il leone, l'uomo e l'aquila. Sono i quattro "viventi" della tradizione apocalittica giudea. Da Sant'Ireneo la tradizione cristiana vi ha visto il simbolismo dei quattro evangelisti.

Sotto il rosone si apre il portale con una leggera strombatura data da sei colonnine: due in pietra e quattro in marmo. L'archivolto tende già al gotico essendo a sesto acuto.

In mancanza delle due porte laterali, l'anonimo architetto ha costruito due lesene e sue oculi poligonali per annunciare all'esterno le tre navate della chiesa. Sull'architrave è situata l'iscrizione latina concernente la fondazione della basilica. Nella lunetta è collocato un affresco attribuito al maestro Giovanni Barbagelata da Rapallo (1484-1508), che ricorda nei lineamenti dei personaggi così vivacemente riprodotti la scuola del Pinturicchio. Contiene al centro il Crocifisso, al lato destro l'Addolorata e il papa Innocenzo; al lato sinistro San Giovanni e il cardinale Ottobono, nipote del papa, in abiti cardinalizi. Sotto ancora tre tondi recanti la Madonna, con il Bambino tra San Pietro e San Paolo.

Un particolare curioso e importante per la datazione dell'affresco è dato dall'abito del cardinale Ottobono. Egli è rappresentato con il *galero* e la *cappa magna*. Il copricapo fu concesso ai cardinali durante il Concilio di Lione da papa Innocenzo, la cappa rossa invece fu concessa da Paolo II nel 1464, per simboleggiare con il suo colore il dovere dei cardinali di difendere con il martirio la libertà della Santa Sede e del popolo cristiano.

Al centro della basilica, al posto della cupola, sul quadrato centrale del piedi croce e le due navate trasversali, si innalza la torre quadrangolare, sostenuta da quattro pilastri portanti quattro archi gotici, con due ordini superiori, marcati da una fitta serie di archetti gotici, sostenuti da doppie colonnine di marmo bianco, con alla sommità un'acuta piramide ottagonale, affiancata da quattro guglie piramidali a base quadrata, di raccordo, e quattro monofore.

In Liguria restano due altre costruzioni simili, a San Fruttuoso di Capodimonte e a San Donato in Genova.

Il francese Michel nella sua *Historie de l'Art* disse che la chiesa di San Salvatore apparteneva, al pari di San Lorenzo in Genova e ad altre della Liguria, a una scuola d'architettura cui diede il nome di Scuola delle Alpi, cioè un misto di gotico francese, romano e lombardo. Cesare Cantù ha detto della basilica: "Opera rara e bellissima, monumento di originalità e della potenza di tempi robusti e credenti".

Dal 1969 al 1970 furono eseguiti alcuni lavori di restauro. Si è provveduto a liberare l'interno delle numerose sovrastrutture e di tutta una serie di elementi architettonici che contrastavano con la purezza delle linee della basilica. Si è rinnovata la pavimentazione poggiando le grandi pietre di Lavagna su uno dei due pavimenti preesistenti, del secolo XIII.

L'interno della basilica è a tre navate. Quella di centro, più alta, gotica nelle sue linee di marmo bianco e di pietra di Lavagna, è sostenuta da sei colonne rotonde e da due mezze poggianti su base attica, con due torri. Esse sono sormontate da altrettanti capitelli a volume sfero-cubico in pietra, alcune a facce lisce, altri a facce con scanalature ornamentali, che sorreggono gli archi, che tendono a essere acuti, sui quali poggiano le mura che si elevano fino al tetto. Al centro dei sei archi si aprono sei bifore dell'altezza di metri 1,70 e della lunghezza di 80 centimetri.

L'altare papale, già ubicato alla parete di fondo, è stato riportato al centro del tempio, sotto il tiburio. Esso, detto della Santa Croce, consiste in una pietra di Lavagna dello spessore di 30 centimetri e di metri 2,45 di lunghezza e 1 metro di larghezza, sorretta da quattordici colonnine di marmo bianco. A sinistra dell'altare basilicale, in apposito tabernacolo, è racchiusa la preziosa reliquia della Santa Croce, donata dal papa Innocenzo IV. Si tratta di tre frammenti: uno di 8, uno di 5 e uno di 3 centimetri. Sono racchiusi in un reliquiario di cristallo di rocca, inserito in una croce pettorale del papa – a forma di croce di Lorena – in argento dorato, sulla quale sono state aggiunte delle cesellature e delle testoline d'argento attribuite al Cellini.

Sul tabernacolo è posta la seguente iscrizione: *Eximia Inn. IIII Pon. M. pietate ligneum salutaris Crucis frustum sacris S. Salvatoris aedibus oblatum dicatum q. Innocentius quilicus ac Paulus aemilius Flisci A. D. 1505 die XV sept.*

Ai lati del presbitero si aprono due cappelle, riportate alla loro originaria strutturazione, con due altari simmetrici; in quello di sinistra è custodita l'Eucarestia. Dal presbiterio è stata rimossa la grande pittura su ardesia raffigurante il Salvatore, che copriva la finestrella centrale, collocandola su la parete laterale di sinistra. Lungo le navate sono stati rimossi gli altari eretti nel 1778.

All'incrocio della navata centrale con le due trasversali, dove si innalza la poderosa torre quadrata, si ammira una volta a crociera che, sostenuta da quattro pilastri, continua la suggestiva dicromia.

Il soffitto della navata centrale è in legno di abete *a capriata*, con travi sagomate e tavole verniciate. Il presbiterio e le absidi sono a volta, quella centrale a crociera e quelle laterali hanno semplici soffitti a botte.

La parete frontale interna è, come l'esterna, in pietra alternata con strisce in marmo bianco.

La chiesa è rischiarata da piccole aperture, alcune in forma di croce.

Sotto il rosone della parete di fondo è situato l'organo, con ampio coro barocco. Esso appesantisce la snellezza e l'austerità dello stile della basilica, impedendo che una maggior luce penetri attraverso il rosone centrale.

A sinistra e a destra del portale d'ingresso sono situati i sepolcreti recanti due archi a strisce bianche e nere, che contenevano le tombe della famiglia Fieschi. La simbologia della basilica è in relazione alla Redenzione. Si hanno fanciullesche deformazioni di animale e di piante, fantastiche figurazione di leoni, arcieri, draghi, chimere e d'altri essere mostruosi di cui l'arte si è servita per decorare, con forti rilievi, cornici di porte e di finestre, sottarchi, pulpiti e altari. Il simbolo più significativo è l'agnello con la Croce, simbolo del Cristo. Così lo additò San Giovanni Battista, quale simbolo dell'innocenza, della mansuetudine, dell'obbedienza e del sacrificio.

Ecco alcuni dati storici che alla basilica si riferiscono.

Una prima comunità cristiana si formò, verso l'anno mille, presso una chiesa che occupava l'area dell'attuale chiesa barocca – San Salvatore "il vecchio" – fronteggiante la Basilica dei Fieschi, che è San Salvatore "il nuovo". Sorsero, quindi, tre chiese. Il Ferretto, nella sua opera sull'origine del Cristianesimo in Liguria, afferma che "già a metà del secolo XII San Salvatore di Cogorno è una parrocchia florida", dipendente dell'Ordinario di Genova: anch'essa aveva il titolo della basilica fieschina. La più antica memoria di un rettore di questa chiesa, prete Opizzo, è del 1201, in Atti del notaio Guglielmo Cassinese.

Ai tanti benefici di cui fu ricca fin dal suo compimento, il papa Alessandro IV con bolla del 16 agosto 1256 aggiunse i beni della chiesa e dell'ospedale di Pietra Còlice – località in Appennino che divide la valle di Carro da quella di Castiglione e il circondario di Chiavari da quello di La Spezia: ora si chiama, l'antica Pietra Còlice, San Nicolò. Della chiesa e dell'ospedale anzidetti sonno ancora visibili le rovine.

La insigne, preziosa reliquia della Croce che, dono del papa Innocenzo IV, si conserva e venera ancora la basilica, fu consegnata da Ottobono Fieschi nel 1276.

Persiste la tradizione secondo la quale Dante Alighieri, che fu ospite del marchese di Giovagallo in Lunigiana, forse gli accompagnò sposa quell'Alagia che ricorda, elogiandola, in Purgatorio XIX 142-4, figlia di Niccolò di Tedisio di Ugone dei Fieschi. La tradizione dice che egli fu in Lavagna, attraversò il Ponte della Maddalena e ammirò la splendida basilica. Avendola vista e ammirata, *la fiumana bella* (allora dalle acque limpide rispecchianti gli arbusti e le piante che ne accompagnavano il corso che s'anima), la ritrasse da par suo nella terzina trentaquattresima del Canto citato.

Dopo le federiciane, la basilica subì anche devastazioni turchesche.

Lo stesso Ottobono, papa Adriano V, nel suo testamento del 28 settembre 1275, ricorda la basilica e legò a essa una cappellania e una *Bibbia* miniata in tre volumi.

CAPITOLO 7

La costruzione del feudo familiare: Niccolò Fieschi

La lungimiranza politica del papa non aveva dovuto attendere la fine del grande imperatore svevo per assegnare un ruolo attivo ai rami della propria famiglia. A Opizzo e al figlio Giacomo, con la collaborazione del giudice Ugo, toccò raccogliere i frutti della vittoria nell'ambiente cittadino, in cui gli Annali genovesi definiscono Giacomo l'uomo più autorevole, all'indomani della sconfitta ghibellina. Le alleanze stipulate in questi anni, in modo particolare con le città guelfe toscane, mirarono a consolidare il controllo fliscano e pontificio su Genova.

Altrettanto ambizioso fu il ruolo scelto da Innocenzo per l'altro nipote, Alberto, che grande riconoscenza si era meritato con la sua determinante partecipazione all'impresa di Sutri. Il papa pensò, infatti, a lui, quando decise di intervenire nelle confuse vicende del Meridione, non solo per aumentare il dominio pontificio, ma anche per ritagliarvi un cospicuo territorio familiare. Morto Federico II, il Regno di Sicilia era stato ereditato dal suo figlio maggiore, Corrado IV, re dei Romani, che, assente dall'Italia, fu rappresentato come balivo o reggente da un altro figlio, sia pure illegittimo, di Federico: Manfredi, principe di Taranto. Manfredi provvide ad allontanare dal potere i più fedeli consiglieri del defunto imperatore, che erano quindi sostenitori del nuovo erede svevo; tra questi vi era il siniscalco Bertoldo, margravio di Vohburg-Hohenburg.

Papa Fieschi e il progetto di espansione al Sud

Innocenzo cercò immediatamente di sfruttare la debolezza del regno, ordinando, mentre ancora soggiornava a Lione, il 25 gennaio 1251, al suo legato Pietro di venire a patti coi signori meridionali e in modo particolare con Bertoldo, sospettoso di Manfredi. Quando seppe che le difficoltà per il reggente erano state accresciute dalla ribellione di varie città del regno, il papa non esitò a lasciare la Francia per recarsi a Genova, dove giunse il 18 maggio 1251, con l'intento di incontrarvi i rappresentanti delle città lombarde, da cui sperava di ottenere aiuto nei suoi progetti di espansione meridionale. I privilegi che il papa si affrettò a concedere a Genova nel Regno di Sicilia non bastarono a inviare truppe o navi per favorire il disegno di Innocenzo. Anche la sua speranza di poter contare sull'appoggio delle potenze settentrionali (a tale scopo egli si era recato a Milano in luglio) o almeno sul contributo di alcune città dell'Italia centrale (in ottobre era a Perugia) per tentare la spedizione meridionale, andò delusa, proprio mentre Manfredi stava soffocando le rivolte scoppiate contro di lui.

Verso la metà di gennaio del 1252 giunse nel regno Corrado, che si affrettò, dietro consiglio di Bertoldo, a indebolire i domini e il potere del fratellastro. Innocenzo dovette rinunciare al progetto di invasione e tentare altre strade. Dopo una proposta avanzata a Corrado, ma respinta, affinché il fratello di questi, Enrico, sposasse una nipote del papa, Innocenzo decise di giocare una carta più ambiziosa: offrire la corona imperiale a un'altra dinastia.

Si trattò di uno sforzo difficile e, a lungo, infruttuoso: in un primo tempo la scelta cadde su Riccardo, conte di Cornovaglia e fratello minore di Enrico III d'Inghilterra (da qui nacquero gli ottimi rapporti tra la corona inglese e i Fieschi, come testimoniano i numerosi privilegi ecclesiastici ottenuti dalla famiglia nell'isola), a condizione che il principe scendesse in Italia. Riccardo rifiutò la proposta, che venne rivolta ad altri principi, finché fu accettata da Edmondo, figlio cadetto del re (l'accordo fu ratificato dal papa il 12 febbraio 1254). La situazione, però, mutò; dapprima per la morte di Enrico di Svevia (forse avvelenato, come si mormorò, per mano del fratello maggiore, re Corrado) e poi per quella dello stesso Corrado, morto di febbri malariche a Lavello il 21 maggio 1254. Deciso a sfruttare gli eventi, il papa si precipitò ad Anagni, dove giunse il 9 giugno, pronto a invadere il regno. Accanto gli erano i parenti più influenti: Guglielmo, cardinale diacono col titolo di Sant'Eustachio, nominato legato generale dell'esercito pontificio e del regno, il nipote Alberto, che dell'esercito era il capitano generale, e il cardinale Ottobono.

Secondo alcuni autori, Guglielmo era figlio di Opizzo; Innocenzo lo aveva creato cardinale il 18 maggio 1244, premiando in tal modo i discendenti di entrambi i fratelli a lui più cari: Tedisio I (di cui era figlio Ottobono) e, appunto, Opizzo. Nulla si sa della carriera ecclesiastica di Guglielmo anteriore alla nomina cardinalizia; egli aveva accompagnato il papa al concilio di Lione, dopo averlo seguito nella sua fuga da Roma. Innocenzo lo aveva poi utilizzato nel 1252 in Toscana, dove lo inviò allo scopo di creare difficoltà alla lega ghibellina, costituita da Siena, Pisa, Pistoia e dai fuorusciti fiorentini e pratesi. Ma Guglielmo possedeva modeste qualità sia diplomatiche sia militari, come i fatti meridionali dimostrarono.

In un primo tempo, nel regno la situazione sembrò evolvere per il meglio: lo stesso Manfredi parve volere trattare un accordo, così come era disposto a fare Bertoldo, che era stato nominato balivo del regno da Corrado. L'esercito pontificio cinse d'assedio San Germano, sulla frontiera del regno, nel settembre del 1254, costringendo Manfredi ad accettare le condizioni poste dal papa. Innocenzo avrebbe governato il territorio, tutelando i diritti futuri di Corradino (figlio del defunto Corrado, che lo aveva raccomandato alla protezione del papa). Manfredi si accontentò di vedersi riconosciuto il vicariato sul territorio a sud del fiume Sele. Ciò non bastò al papa, che intendeva assestare un colpo definitivo alla potenza sveva; perciò, precedendo Manfredi, il cardinale Guglielmo cominciò a esigere giuramenti di fedeltà, senza tenere conto dei diritti riconosciuti a Corradino; il papa, poi, offrì a Pietro Ruffo, vicario della Sicilia e della Calabria, di trasformare i suoi possessi in un feudo della Santa Sede, sottraendoli così alla signoria di Manfredi, ulteriormente indebolito dalla decisione di Bertoldo di sottomettersi al papa (a Capua, il 19 ottobre). Il giorno dopo, il papa nominò Pietro Ruffo vicario della Sicilia e della Calabria, che venivano contemporaneamente annesse allo Stato pontificio. Nel frattempo, confidando anche nelle esitazioni degli altri sudditi di Manfredi, il cardinale Guglielmo e Alberto giunsero ad Ariano. In gravi difficoltà,

Manfredi decise di gettarsi senza esitazioni nella lotta: il 2 novembre 1254 entrò a Lucera, radunò i saraceni e li spinse alla rivolta. Nello stesso giorno, Bertoldo ritornò a Foggia, mentre l'esercito pontificio si accampò a Troia. Vennero intavolate trattative tra le parti, che non evitarono, però, lo scontro tra Manfredi e Ottone, fratello di Bertoldo, presso Foggia, il 2 dicembre. Ottone, che pure il papa aveva creato conte di Chieti, e lo stesso Bertoldo tradirono, permettendo alle truppe di Manfredi di provocare gravi perdite tra i nemici.

La morte di Innocenzo IV

La notizia della sconfitta gettò il panico nell'esercito pontificio: il cardinale Guglielmo e Alberto indegnamente fuggirono da Ariano attraverso i monti innevati, lasciando via libera a Manfredi, che riuscì in breve a riprendere il controllo della situazione. La sconfitta fu irreparabile: il papa, caduto ammalato a Teano, aveva coraggiosamente continuato la lotta, spostandosi a Napoli (27 ottobre), dove era stato trionfalmente accolto. La notizia della rotta pontificia fu per lui il colpo definitivo; Innocenzo IV morì il 7 dicembre 1254, nel palazzo che era stato di Pier delle Vigne. Il cardinale Guglielmo si dimise dall'incarico poco dopo la morte dello zio; egli morì prima del 1° maggio 1256 a Roma, venendo sepolto nella chiesa di San Lorenzo fuori le mura.

La disastrosa esperienza e la poca capacità dimostrata nella campagna militare furono fatali anche per le fortune di Alberto, che venne emarginato dalla sua stessa famiglia. Egli fece ritorno a Genova, dove risulta possedere un palazzo presso San Lorenzo. In questo periodo i documenti genovesi sembrano ignorarlo, dato che egli compare solo due volte: nel 1256, quando ricevette dall'Inghilterra una partita di sterline, destinata a lui e al fratello Niccolò; nel 1259, quando saldò un vecchio debito con la banca di Guglielmo Leccacorvo, alle prese con gravissime difficoltà finanziarie.

Miglior sorte ebbe, invece, il progetto che Innocenzo coltivò per l'altro nipote, Niccolò, anche lui figlio di Tedisio I e ancora in giovane età durante gli anni della lotta contro Federico. Costretto a rinunciare a un'espansione nella zona di origine (la contea di Lavagna), dove ormai il potere giurisdizionale del Comune genovese rendeva, almeno lungo la costa, impossibile ogni progetto, il papa aveva concentrato la sua attenzione su un'area particolare: il versante appenninico tra la Liguria e l'Emilia, compreso tra la Valditaro, la Val di Magra e la Val di Vara. Qui passavano la via Francigena e la via Regia, di importanza fondamentale sia dal punto di vista economico sia dal punto di vista militare per le comunicazioni tra nord e sud dell'Italia. Questa zona vedeva incrociarsi e sovrapporsi diritti da parte di vari enti religiosi o famiglie feudali, nessuno dei quali, nei fatti, era in grado di opporre una seria resistenza alle mire di dominio pontificie.

Nella zona da tempo erano inseriti gli stessi Fieschi, che avevano ricevuto agli inizi del Duecento lo *ius vicecomitatus* dal vescovo abbaziale di Brugnato, la cui giurisdizione era oggetto di pressioni continue da parte di altri enti ecclesiastici. I Fieschi si sostituirono in questo ruolo alla consorteria dei signori di Celasco e di Lagneto e posero così le basi anche per il controllo del patrimonio immobiliare dell'abbazia.

Niccolò alla conquista della Lunigiana

I Malaspina, potenti marchesi della Lunigiana, versavano in gravi difficoltà economiche ed erano disponibili a cessioni di diritti e feudi; egualmente debole era il controllo esercitato nell'area dal vescovo di Luni, in continue diatribe con i potenti marchesi e addirittura incarcerato negli anni dello scontro con Federico. Il costituirsi, poi, di un pericoloso organismo autonomo sotto i Fieschi nella Riviera di Levante, che avrebbe potuto creare una seria minaccia per il Comune genovese, era reso possibile in quegli anni dall'influenza esercitata dalla famiglia proprio sulla politica del Comune stesso, costretto ad assistere passivamente alle manovre che il potente alleato stava attuando. Il progetto di Innocenzo prese corpo gradualmente e sfruttò non tanto la forza delle armi quanto la ricchezza finanziaria, cui l'autorità del papa permise di esplicarsi pienamente. Infatti, Niccolò, ben inserito nella società cittadina, tanto da essere chiamato nel 1251 a far parte della magistratura detta degli Otto nobili, ottenne da Guglielmo d'Olanda (10 aprile 1251) il borgo di Pontremoli, per iniziativa del papa, che aveva appoggiato la elezione di Guglielmo a re dei Romani: per il momento si trattava di un atto puramente simbolico, ma gravido di sviluppi, perché indicava chiaramente le mire di Innocenzo su questo fondamentale nodo di comunicazione.

Un altro passo apparentemente privo di conseguenze, ma indizio di un lucido progetto papale, fu la presenza di Niccolò, come rappresentante del Comune, all'atto in cui gli uomini del castello di Carpena (posto nella Riviera di Levante e destinato a diventare il centro della signoria fliscana) giurarono fedeltà al Comune (settembre 1251).

Su questa località Niccolò vantava qualche diritto, dato che, nel 1247, era intervenuto per vendicare l'uccisione di Gherardino, consignore del castello.

Il primo importante acquisto di feudi fu effettuato verso il 1251: la famiglia degli Adalberti cedette a Niccolò i castelli di Tivegna, Castiglione, Bracelli, il borgo di Padivarma, nella diocesi di Luni, e quanto Matilde di Carpena aveva avuto in feudo dal vescovo di Luni in Carpena, Vezzano, Vesigna e Follo. A tale atto si oppose energicamente Guglielmo, vescovo di Luni, obiettando che gli Adalberti avevano ricevuto in feudo da lui solo un terzo delle località vendute a Niccolò che, quindi, non poteva pretendere il controllo di tutto il territorio. Ma Innocenzo attuò forti pressioni sul prelato perché desistesse dal suo intento: il 25 gennaio 1253 da Perugia chiese esplicitamente a Guglielmo di riconoscere la vendita; l'anno seguente, da Roma, rinnovò l'intimazione, esortando il vescovo a derogare dall'accordo stipulato nel 1203 con quasi tutti i *domini* di Vezzano, in base al quale il vescovo non poteva cedere ad altri ciò che era stato a lui concesso da tale consortile. Il papa riconosceva, tuttavia, i diritti feudali del vescovo, sanciti dal giuramento di fedeltà, che Niccolò avrebbe dovuto prestare a Guglielmo. Al vescovo fu chiesto anche di dichiarare la sua disponibilità all'eventuale cessione a Niccolò del castello di Vezzano. Alla fine, Guglielmo dovette arrendersi: il 29 luglio 1254 incaricò l'arciprete di Marnasco di concedere in feudo le località a Niccolò; il 23 ottobre, a Capua, il procuratore del vescovo procedette all'investitura dei castelli al Fieschi, che venne personalmente informato del successo dal papa. All'atto era presente un fratello maggiore di Niccolò, il cardinale Ottobono, destinato a raccogliere la guida politica della famiglia e a proseguire il progetto di Innocenzo per la costruzione di un feudo per Niccolò.

Ormai prossimo alla morte, Innocenzo volle ratificare (17 novembre 1254), a Napoli, l'atto con cui tali feudi erano riconosciuti al nipote.

Ottobono, l'erede di Innocenzo

Alla morte del papa, il cardinale Ottobono riprese il disegno di espansione in Lunigiana, un progetto dinastico dal cui buon esito dipendeva la possibilità di condizionare non solo la politica genovese, ma anche quella di tutta l'area settentrionale e centrale. Se, infatti, il feudo fosse riuscito a estendersi sino al mare, nel golfo della Spezia, si sarebbe costituito un potere capace di porsi in alternativa allo stesso scalo genovese e in grado di giocare un ruolo capitale nello scacchiere politico italiano. Per raggiungere tale obiettivo occorreva sia svincolare Niccolò dal legame feudale col vescovo di Luni, che per il momento condizionava la libertà d'azione della famiglia, sia mantenere uno stretto controllo sul Comune genovese, per impedire un'azione decisa di esso contro l'ancora fragile progetto.

Furono questi gli obiettivi che il cardinale Ottobono, diventato il capo indiscusso della famiglia, si propose di raggiungere, con l'aiuto economico e personale di Niccolò. Nel frattempo, Ottobono provvide anche a mettere le mani su un castello posto sui contrafforti appenninici alle spalle di Genova: Roccatagliata. Questo castello era appartenuto a una potente famiglia, gli Avvocati, contro cui il Comune genovese a lungo aveva lottato per toglierle il controllo di un cuneo di territorio, comprendente anche Recco e Uscio, strategicamente e commercialmente importante.

Ancora nel 1233 Lanfranco Avvocato manteneva la sua signoria sul territorio, tanto da promettere ai suoi sudditi di adoperarsi perché, in occasione dell'estimo voluto dal Comune genovese, essi ne venissero esclusi. Nel 1259 Oberto Avvocato junior cedette a Niccolò Doria, figlio del fu Manuele, la curia e il castello di Roccatagliata, che poi cadde sotto il controllo del cardinale Ottobono. Negli anni che precedettero la rivoluzione democratica di Guglielmo Boccanegra, la famiglia mantenne la sua posizione di rilievo all'interno dell'ambiente cittadino, conservando la sua unità di intenti anche per la presenza ancora attiva del vecchio Opizzo come capo laico riconosciuto del clan. Niccolò proseguì con grande intensità il suo ruolo di finanziatore del commercio, mentre il giudice Ugo continuò a rivestire il suo ruolo di supervisore delle scelte politiche genovesi, vicine al campo guelfo.

Nel 1256 Ugo venne inviato con Lanfranco Usodimare e Martino Marabotto come ambasciatore, per trattare un accordo con Lucca, Firenze e la Sede apostolica in funzione antipisana e quindi antighibellina. L'obiettivo era quello di includere il marchese di Cagliari, alleato di Genova, nelle trattative che il Comune stava intavolando con la città nemica, costretta sulla difensiva. Ma le città toscane preferirono abbandonare Genova al suo destino, e arrivarono alla pace con Pisa. Genova si trovò, così, ad affrontare una guerra da sola. A questo smacco diplomatico se ne aggiunse un altro, che dovette ferire la suscettibilità dei clan genovesi, gelosi della loro autonomia.

Papa Alessandro IV (che succedette a Innocenzo) aveva incaricato il frate Anselmo, dell'ordine dei Predicatori, di scomunicare la città, perché non aveva accolto nei suoi Statuti le costituzioni contro gli eretici, che erano state emanate dalla Santa Sede. Questa decisione, che l'ambiente mercantile aveva accolto con irritazione, timoroso di vedere ostacolati i commerci coi mercanti anche non cristiani, da tempo attivi in città, provocò l'interdetto contro Genova, che fu tolto solo quando l'ambasceria di cui faceva parte Ugo, raggiunta Roma, si impegnò a ubbidire all'ordine papale entro Pasqua. Il rivolgimento istituzionale, che portò alla nomina di Guglielmo Boccanegra a Capitano del popolo (18 febbraio 1257) dovette essere provocato anche dall'insoddisfazione diffusa nel *populus* (e cioè nel *milieu* mercantile, finanziario e artigiano), davanti a un appiattimento della politica estera genovese sulle posizioni della Curia romana, garantite in città dal ruolo dei Fieschi, i quali, tra l'altro, si erano ormai insediati alle spalle di Genova e sfruttavano lo stesso intenso traffico commerciale col retroterra lombardo, dato che Opizzo si era saldamente stabilito a Savignone.

La rivoluzione genovese di Boccanegra

Anche la lotta che il Comune genovese aveva ingaggiato contro la rivale Pisa, lotta che si era trascinata per anni, si era conclusa con un accordo che, se riconosceva a Genova il controllo di Lerici, metteva sotto la giurisdizione genovese anche un territorio posto a oriente del fiume Magra (tra cui i castelli di Trebbiano e Vezzano), su cui i Fieschi intendevano estendersi. L'accordo lasciava insoluto il problema della Sardegna, che stava più a cuore agli altri clan genovesi. Inoltre, la Sicilia e il meridione, tradizionali luoghi di rifornimento cerealicolo e di scambi commerciali per Genova, erano saldamente controllati da Manfredi. Ovvio, quindi, che il ceto mercantile cittadino vedesse di buon occhio un avvicinamento al re svevo. Nel 1257 si venne a un primo accordo con lui, in base al quale venivano concessi alcuni privilegi fiscali e commerciali al Comune in cambio del suo impegno a non lasciare passare sul territorio genovese nemici del re: una clausola certamente non gradita ai Fieschi.

Occorre dire che è difficile dare un giudizio sulle scelte compiute, dalle varie famiglie, se non si tiene conto che l'aspetto per così dire ideologico gioca un ruolo decisamente secondario; l'appartenere a un campo piuttosto che a un altro è sempre deciso dagli interessi economici e commerciali da difendere, e tali interessi possono essere anche divergenti all'interno dello stesso clan.

È il caso dei Doria che, agli inizi del Duecento, videro alcuni membri essere esiliati dal Comune genovese, schierato coi guelfi, perché preferirono mantenere la fedeltà all'Impero, al fine di difendere i loro possessi in Sardegna. Altri membri dei Doria, di contro, rimasero a Genova indisturbati, dato che i loro interessi commerciali non erano stati toccati dalla scelta di campo del Comune.

La rivoluzione del Boccanegra, pertanto, fu anche favorita dal desiderio di garantire al Comune una maggiore libertà d'azione rispetto alle direttive suggerite dalla Curia romana; il moto rivoluzionario provocò spaccature più o meno profonde all'interno degli stessi clan dominanti, accelerando quel processo di decomposizione dei gruppi familiari che da tempo la società genovese conosceva. Basti accennare al fatto che ancora una volta gli stessi Doria vissero l'avvenimento in modo diverso, dato che Pietro Doria (padre di Oberto, il futuro Capitano del popolo) sostenne il Boccanegra, mentre altri membri della famiglia lo avversarono.

Il ruolo della borghesia nella rivoluzione

Al moto rivoluzionario, che portò alla creazione del Capitano del popolo, dovette andare anche l'appoggio di quelle forze *borghesi* distrettuali che, arricchitesi col commercio e pronte a investire i capitali nell'acquisto di terre o case, sopportavano con crescente fastidio sia la stasi economica che la scelta di campo filoguelfa stava provocando, sia la politica fiscale del Comune genovese. Nel 1256, pochi mesi prima del colpo di stato del Boccanegra, a Chiavari il podestà genovese, Ottobono della Croce, aveva dovuto intervenire energicamente per sventare una *rassa* fomentata dalla *pars Garibaldorum vel Moriscorum*, che si proponeva, appunto, di creare una *Compagna* alternativa a quella su cui si reggeva il Comune genovese. Lo scopo dichiarato era rifiutare le *collectae* imposte dalla città-metropoli. Si tratta di un tentativo curioso, che riporta a quanto avvenuto trent'anni prima con il colpo di stato voluto da Guglielmo de' Mari e significativo degli umori diffusi in un distretto, che risentiva anch'esso dell'immobilismo della politica filoguelfa voluta dai Fieschi.

Salito al potere il Boccanegra, anche all'interno della famiglia dovettero esserci differenze di opinione rispetto all'atteggiamento da tenere nei confronti del Capitano del popolo. All'inizio, essa probabilmente accettò il cambiamento istituzionale, come un prezzo da pagare di fronte alle difficoltà che i Fieschi stavano conoscendo a livello di alleanze dinastiche. Esisteva un reciproco interesse a mantenere buoni rapporti: il Boccanegra e le forze da lui rappresentate, avevano bisogno del cardinale Ottobono, come portavoce degli interessi genovesi presso la Curia romana, e i Fieschi avevano bisogno dell'appoggio del Boccanegra perché direttamente coinvolti nelle turbinose vicende di Tommaso II di Savoia, loro parente, che si trovava in disperata lotta contro il comune di Asti. Niccolò dovette, anzi, appoggiare la nuova politica inaugurata dal Boccanegra, sostenitore di re Manfredi; egli si affiancò così ai Malaspina, altri fautori del re, i quali costrinsero il vescovo di Luni all'esilio, liberando Niccolò dal vincolo di giuramento al presule.

Nel frattempo, il giudice Ugo continuò a essere utilizzato anche dal nuovo governo ghibellino. Nel 1258, davanti alle drammatiche divisioni, che impedivano alle città marinare (Genova Pisa e Venezia) di portare aiuto al regno di Gerusalemme, minacciato dai Saraceni, papa Alessandro IV esercitò forti pressioni perché si arrivasse a un accordo, e chiese alle tre città di inviare alla curia un loro delegato munito di pieni poteri, minacciando l'interdetto per chi si fosse rifiutato. Isolata dall'alleanza veneto-pisana e incerta sulle scelte da compiere, Genova cercò di rinviare ogni decisione, spedendo una delegazione di cui faceva parte Ugo, ma non vincolandola a un assenso alle proposte del papa; nelle istruzioni a essa fornite, qualunque decisione del Comune era subordinata al consenso dei baroni del regno, che, si sapeva, avrebbero perso tempo prima di convocarsi per prendere una iniziativa. Giunti alla fine di maggio a

Viterbo, i delegati genovesi furono invitati a rimettersi all'arbitrato papale, per dirimere i contrasti con le due città nemiche. L'obiezione genovese fu che la loro alleanza coi baroni impediva qualunque accordo senza il consenso di questi ultimi, ma tale scusa venne respinta dalla curia. In quei giorni arrivò la notizia che i baroni avevano rotto l'alleanza con Genova ed erano passati nello schieramento nemico; ciò provocò sconcerto nella delegazione genovese, che si affrettò a chiedere istruzioni al Comune. Dopo alcuni giorni di incertezza, ai delegati fu dato l'incarico di rimettersi al compromesso proposto dal papa, a patto che non venisse messo in discussione il controllo genovese sulla torre di San Giovanni d'Acri. A tale scopo, occorreva, tramite Ugo, attivare il cardinale Ottobono, perché il prelato cui sarebbe toccato esprimere la sentenza papale non nuocesse agli interessi genovesi. Il compromesso venne firmato il 3 luglio: il papa venne scelto ad arbitro delle controversie tra le tre città; tutte le torri e le fortezze possedute dalle parti in Siria dovevano essere consegnate al legato papale fino all'esecuzione della sentenza.

Primi contrasti tra il Capitano del popolo e i Fieschi

Negli anni successivi i rapporti tra il Boccanegra e i Fieschi, rimasti fino ad allora cordiali, subirono un progressivo peggioramento.

Una delle prime misure prese dal Boccanegra fu quella di sospendere le imposte vicecomitali che erano percepite dalle famiglie nobili; inoltre, fu deciso di riscuotere la colletta anche sui beni immobili e mobili appartenenti ai Fieschi, e ciò in deroga al trattato del 1166. Il cardinale Ottobono protestò vivacemente, ottenendo l'appoggio del papa, ma non poté raggiungere alcun risultato se non quello di vedere affidata la questione alla via giudiziaria.

Ancora più mirata fu la decisione, presa dal Boccanegra nel 1258 (20 gennaio) di abolire ogni dazio sulle merci dei mercati genovesi, transitanti per Savignone, Parissione (entrambi punti daziari controllati da Opizzo e Giacomo Fieschi) e la Valle Scrivia. Guglielmo motivò la decisione, perché *non placet quod in districtu Ianue colligatur aliquod pedagium quod non fuerit pro Comune Ianue constitutum.*

Il carattere popolare del governo del Boccanegra si accentuò nel tempo e, di pari passo con tale evoluzione, l'ostilità della famiglia, soprattutto del ramo di Opizzo, finì con l'aumentare. In città stava nel frattempo emergendo un altro membro della famiglia, Tedisio II, figlio di Ugo; questo Ugo era il figlio di Alberto, fratello di papa Innocenzo IV. Infatti, come nipote, Tedisio II è chiamato dal papa in varie occasioni, compresa la bolla in cui ai membri laici della famiglia fu affidato lo *ius patronatus* sulla chiesa gentilizia di San Salvatore (24 aprile 1252).

Tedisio II era ben inserito nella vita commerciale genovese e fu accanto ai due cugini Giacomo e Niccolò nella *societas* che amministrò gli enormi capitali della famiglia. Integrato nell'ambiente cittadino, si impegnò a fondo nell'attività pubblica, sia collaborando con gli altri membri della famiglia sia cercando di intessere rapporti con Carlo d'Angiò. Caduto il Boccanegra, Tedisio II rivestirà ancora una volta una carica pubblica, quando si recherà nell'aprile del 1266 a Roma per colloqui con Carlo. Tedisio II appare come il primo Fieschi completamente integrato nel tessuto economico e sociale della città, dove aumentò il suo patrimonio immobiliare. Egli si unì a una famiglia emergente, gli Zaccaria, e diede in moglie sua figlia Clarisia (o Clarice) a Manuele Zaccaria, fratello del celebre ammiraglio Benedetto, portandogli in dote 550 libre.

In questi anni anche nell'ambiente mercantile i malumori verso il Boccanegra dovettero cominciare a farsi sentire e vennero accresciuti dalle burrascose vicende che portarono al fallimento del potentissimo banco di Guglielmo Leccacorvo; nel *crac* del banchiere furono coinvolti molti potenti uomini d'affari, a cominciare dagli stessi Fieschi.

Nel marzo del 1259 il Boccanegra aveva nominato tre liquidatori (il Leccacorvo morirà alla fine di luglio o agli inizi d'agosto) per vigilare che i soci del Leccacorvo restassero custoditi nel fondaco di uno dei liquidatori, Ido Lercari; tale decisione non piacque a Giacomo Fieschi, che invitò il Boccanegra a una vigilanza più stretta. I rapporti del Capitano del popolo con l'ambiente oligarchico (composto non solo dai *nobiles*, ma anche dai *divitiores plebis*, per usare le definizioni annalistiche) vennero ancor più turbati dalla decisione di consolidare il debito pubblico, che era in larghissima parte sfruttato dai clan dominanti. Si trattava di un provvedimento di portata dirompente, tanto che furono indubbiamente anche queste misure democratiche a spingere i nobili alla reazione contro il governo del Boccanegra.

Sempre per il 1259 gli Annali (scritti dopo la caduta del Boccanegra) registrano come il Capitano abbia iniziato a comportarsi *insolencius*, prorogando i suoi poteri ed esautorando le altre cariche istituzionali. Fu organizzata una congiura *ex nobilibus pluribus*, che però venne rivelata al

Boccanegra; l'ultimo giorno di febbraio la congiura venne scoperta e il 1° marzo soffocata. I nemici abbandonarono la città e vennero banditi. Significativamente, il Boccanegra trasferì la sua dimora nel palazzo di Opizzo Fieschi, in piazza San Lorenzo, segno che la famiglia aveva avuto una parte da protagonista nel tentativo insurrezionale. Peraltro, alcuni membri del clan, come Ugo, Alberto e Federico, rimasero indisturbati in città. Contemporaneamente, la famiglia fu costretta a un difficile equilibrismo per mantenere i possessi appenninici, dove l'obiettivo agognato rimase il controllo di Pontremoli.

Niccolò alleato con i Malaspina per il controllo di Pontremoli

Le vicende al riguardo non sono chiare: Alberto e Giacomo avrebbero tenuto il borgo per i guelfi, salvo poi schierarsi con Manfredi, da cui avrebbero ricevuto l'ordine di custodire il borgo e il castello. Più defilato fu, invece, il ruolo giocato dall'altro ramo dei Fieschi, quello del defunto Tedisio I, anche perché continuava a essere fondamentale per il regime del Boccanegra non rompere i rapporti con la Curia romana, entro la quale il cardinale Ottobono continuava a mantenere la sua influenza. D'altra parte, il ramo fliscano era interessato a sua volta a conservare un alleato nel Comune, per aiutare Tommaso II di Savoia, che aveva sposato Beatrice, sorella di Ottobono e di Niccolò, nella sua dura lotta contro il comune di Asti. Il 31 maggio 1257 Niccolò e Tedisio II vi si recarono per assistere al trattato di pace tra Giacomo Del Carretto, procuratore di Tommaso, e il Comune, che aveva imprigionato il conte.

L'anno dopo Ugo affiancò il cardinale nella difficile impresa di ottenere la liberazione dei due figli di Tommaso, che egli aveva consegnato ad Asti in cambio della sua scarcerazione. La morte improvvisa del conte, che non aveva rispettato gli accordi e aveva ripreso la lotta, aveva impedito il rilascio dei due, per cui il cardinale Ottobono chiese ufficialmente l'aiuto del Comune genovese. Vennero immediatamente inviati ad Asti alcuni ambasciatori, tra cui Ugo, per arrivare a un accordo. Il cardinale Ottobono volle, per l'occasione, passare per Genova, ma, alla notizia del suo arrivo in città, scoppiarono tumulti, perché si temeva che la sua presenza potesse minacciare il Boccanegra, le cui ultime decisioni erano sempre più orientate in senso popolare; ciononostante, il 12 ottobre 1259 il cardinale poté entrare in città senza opposizioni.

Per Niccolò i rapporti col regime ghibellino rivestivano un rilievo del tutto particolare rispetto agli altri membri del clan, perché gli aprivano la possibilità di sganciarsi dal legame feudale col vescovo di Luni. Niccolò poté, così, proseguire nella sua lenta opera di erosione a danno delle piccole consorterie stabilite *ab antiquo* nella Lunigiana, senza che Genova intervenisse, collaborando anzi ancora col Comune, dato che il 5 giugno 1256 fu teste, presso Levanto, all'atto in cui il podestà genovese, Filippo Della Torre, promise il suo aiuto agli uomini di Lerici. Egli rimase accanto ai Malaspina, che si erano schierati per Manfredi e che avevano obbligato Enrico da Fucecchio, vescovo di Luni, all'esilio, liberando il Fieschi da un pericoloso avversario. Niccolò non poté evitare la scomunica, lanciatagli dal papa per il suo appoggio a Manfredi. L'alleanza con la potente casata dei Malaspina fu, poi, rinsaldata nel 1259 con l'acquisto del pedaggio di Madrignano (in parte comperato anche dai signori di Vezzano), che permetteva il controllo della strada transitante per l'alta Val di Magra, verso Calice. Niccolò era anche vicedomino della chiesa di Brugnato, il che metteva sotto il suo controllo i passi appenninici che dall'alta Val di Vara collegano la Valditaro.

Nell'ottobre 1259 il cardinale Ottobono acquistò dai signori di Carpena i diritti sul castello, che trasmise poi al fratello Niccolò. A Carpena Niccolò aveva posto la sua residenza, dato che l'atto di acquisto dei diritti su tale castello, effettuato dal cardinale Ottobono, venne firmato nel castello stesso, dove si trovava la camera del conte. Egli scelse proprio Carpena per farne il centro amministrativo della signoria che pazientemente si stava conquistando, provvedendo anche a fortificarla, facendovi costruire una torre. Ottenuto lo svincolamento dal vescovo, Niccolò, consigliato dal fratello, preferì assumere una posizione di neutralità nel conflitto ormai imminente tra Manfredi e l'astro nascente guelfo, Carlo d'Angiò. Questa scelta gli permise di vedere cancellata la scomunica; infatti, il 24 dicembre 1261, come grazioso dono di Natale, il legato del papa invitò Percivalle Fieschi, altro fratello di Niccolò, ad assolverlo, togliendo contemporaneamente l'interdetto alle sue terre proprio in cambio del giuramento di fedeltà e dell'impegno a non aiutare Manfredi o gli alleati di Manfredi, i Malaspina. Percivalle comunicò la decisione allo stesso Niccolò, che risiedeva già a Carpena. Quando crollò il regime del Boccanegra nel 1262, Niccolò poté così trovarsi in una situazione ottimale: saldamente radicato nell'attività finanziaria della città, protetto dai castelli di Torriglia e di Montoggio, disponibile ad appoggiare il nuovo governo di simpatie guelfe, egli era in grado di rivolgere tutte le sue energie, anche economiche, a completare il progetto ambizioso a lungo coltivato: costruire una signoria fliscana di enorme importanza strategica nell'area appenninica già individuata da Innocenzo IV.

La famiglia in Terrasanta

Il crollo dell'Impero latino, che capovolgeva la situazione politica anche per ciò che riguardava l'influenza commerciale (a essere colpita fu Venezia, mentre Genova ebbe un nuovo ruolo di rilievo), avvenne mentre la sede apostolica era vacante. Appena nominato, nel 1261 papa Urbano IV spedì lettere a Genova, chiedendo l'invio immediato di ambasciatori, per chiarire i termini dell'alleanza tra il Comune e l'imperatore greco, anche se l'*ultimatum* del papa riguardava un episodio minore. Toccò ancora a Ugo rappresentare la famiglia e quindi lo schieramento guelfo (l'altro ambasciatore era Lanfranco di Carmadino) a Roma, dove l'ambasceria genovese si rifiutò altresì di sottostare ai comandi della Chiesa circa l'alleanza col Paleologo, non potendo impedire così che il papa lanciasse l'interdetto sulla città.

In questi anni, si concludeva l'avventura in Terrasanta di un importante esponente della famiglia, Opizzo, nominato da Innocenzo IV alla prestigiosa carica di patriarca di Antiochia. Recatosi in Terrasanta, Opizzo si era trovato di fronte a una situazione in rapido deterioramento: gli Stati cristiani erano sottoposti alla pesante pressione saracena e non trovavano di meglio che scontrarsi tra loro; le stesse repubbliche marinare, accecate dalla rivalità, contribuivano a rendere sempre più precario il controllo cristiano sui Luoghi Santi. Nel 1252 da Perugia, Innocenzo aveva affidato a Opizzo l'incarico di concedere la maggiore età a Boemondo VI, che aveva allora compiuto quindici anni, liberandolo in tal modo dalla tutela della madre, Luciana di Segni. Nel 1254, mentre il regno antiocheno veniva devastato dai Musulmani, il papa affidò a Opizzo anche l'amministrazione della chiesa di Nicosia; nello stesso giorno, in ragione delle spese sostenute dal patriarca per i suoi viaggi presso la curia romana, egli ebbe la facoltà di trattenere una parte dei redditi spettanti al defunto vescovo di Norwich e la metà dei sussidi inviati in aiuto di Antiochia.

Morto Innocenzo, anche Alessandro IV, provvide a confermare Opizzo nella legazione nel patriarcato (23 marzo 1255). Quando si trattò di nominare il patriarca di Gerusalemme, essendo vacante questo prestigioso incarico, tre canonici di tale chiesa proposero proprio Opizzo, nonostante l'opposizione degli altri membri del capitolo. La nomina di Opizzo fu, perciò, annullata dal papa, che preferì eleggere il vescovo di Verdun.

Gli assalti musulmani rendevano sempre più precaria la situazione, tanto che il papa si impegnò a concedere a Opizzo la prima sede vacante nel regno antiocheno o nel regno di Cipro. Dopo aver ottenuto dal vescovo di Tortosa e dal vescovo di Tripoli di Siria la somma che era stata depositata da Innocenzo presso i Templari e gli Ospitalieri, allo scopo di aiutare il patriarca, egli ebbe l'amministrazione della chiesa di Limassol, da poco vacante, dato che ormai tutto il territorio intorno ad Antiochia era saccheggiato. Ma il trattamento di favore garantitogli dalla curia finì: Urbano IV tolse alla sua giurisdizione il priorato di San Lazzaro di Tripoli, per assegnarlo al patriarcato di Gerusalemme (13 gennaio 1262) e, forse scontento per il disimpegno che Opizzo stava dimostrando per la sua carica, gli ingiunse di visitare la diocesi di Tortosa personalmente. Probabilmente, la sempre più precaria situazione nel regno cristiano aveva consigliato a Opizzo di allontanarsi dalla diocesi, perché nel 1264 risulta rappresentato ad Antiochia da un vicario. Antiochia fu, infatti, assediata da Baibars, sultano d'Egitto, e venne conquistata il 15 aprile 1268 con grande spargimento di sangue. Opizzo, però, da tempo era lontano dalla diocesi, dato che il fratello Ottobono lo aveva richiamato prudentemente accanto a sé.

CAPITOLO 8

La famiglia nell'età dei Capitani del Popolo

La caduta di Guglielmo Boccanegra fu dovuta all'insoddisfazione generale, sia perché il Capitano avrebbe attuato una politica personalistica sia perché i nobili e i più anziani della città erano stati esclusi del tutto dagli uffici pubblici. Pertanto, cancellato ogni dissenso, si creò un coacervo di forze, che si dimostrarono unite dall'obiettivo comune, ma furono pronte di nuovo a frantumarsi, non appena il Boccanegra venne abbattuto. Il clan che più di tutti si oppose al Capitano fu quello dei Grimaldi, contro il cui quartiere il Boccanegra aveva tentato inutilmente una controffensiva il giorno della rivolta destinata ad abbatterlo (9 maggio 1262). Proprio i Grimaldi costituiranno negli anni seguenti un asse privilegiato con i Fieschi, rafforzato anche da opportuni matrimoni; a spingerli a questa stretta unione doveva essere un'evidente convergenza di interessi. Da una parte, i Fieschi potevano vedersi assicurata la loro posizione dominante nelle strutture ecclesiastiche della città e del distretto solo attraverso una stretta unione con la Curia romana, entrata nell'orbita del re di Francia. Infatti, il 29 agosto 1261 era stato eletto papa Urbano IV (Jacques Pantaléon di Troyes), che diede subito alla sua politica un indirizzo filofrancese, mantenendo l'interdetto su Genova, rea di aver appoggiato l'imperatore scismatico Paleologo. D'altro canto, i Grimaldi stavano costituendo la loro signoria in Provenza e avevano quindi interesse a buoni rapporti con la corona francese.

Uno dei primi atti compiuti dal nuovo governo fu quello di stipulare un accordo con Carlo d'Angiò, il 21 luglio del 1262, e firmato, come legati genovesi, da Marchesino di Cassino, Tedisio II Fieschi e Bovarello Grimaldi. In base a tale atto, sottoscritto ad Acqui, Genova riconosceva a Carlo alcuni castelli nella contea di Ventimiglia e riceveva, a sua volta, il riconoscimento dei possessi di Ventimiglia, Roccabruna e Monaco, località destinata a diventare la roccaforte grimaldiana. L'anno dopo, il matrimonio tra Giacomina Fieschi, figlia di Niccolò, e Opizzo d'Este, potente alleato di Carlo, segnò un ulteriore avvicinamento al re. Presso la Curia romana era sempre attivo il cardinale Ottobono, ma stava emergendo anche un'altra figura appartenente alla famiglia Fieschi, Percivalle.

Figlio di Tedisio I e di Simona e quindi fratello di Ottobono e di Niccolò, è ricordato per la prima volta in un documento del 1248, quando papa Innocenzo IV, suo zio, lo autorizzò a mantenere dignità e benefici ecclesiastici di diversa specie, benché fosse già canonico di Bayeux. Entrò poi a far parte, già nel 1255, del capitolo della cattedrale di San Lorenzo. In effetti, il 14 dicembre 1255 fu presente all'atto in cui l'arcivescovo riconfermò ai canonici il diritto di riscuotere le decime sulle navi provenienti dalla Sardegna e dalla Provenza. Fu anche canonico di Parma, come segnala un documento del 24 dicembre 1261, in cui veniva invitato ad assolvere il fratello Niccolò dalla scomunica. Grazie ai buoni uffici del cardinale Ottobono, egli divenne cappellano di Urbano IV e poi canonico di Lincoln, in Inghilterra, dove ottenne anche l'arcidiaconato *de Bekingamia* e un canonicato a York. Fu l'uomo di fiducia del cardinale nelle sue transazioni finanziarie; il 25 gennaio 1262 era a Genova, dove prese a prestito una somma in tornesi, insieme con Guifredo, cappellano del cardinale; cinque giorni dopo, ricevette 300 libre di genovini da una società fiorentina, impegnandosi a restituirle in tornesi entro maggio: questi atti segnalano il suo ruolo di intermediario tra i Fieschi e la corte francese, ruolo che anche il papa Urbano finì con l'assegnargli.

Genova in mano alle famiglie

Ritornando alle vicende genovesi, all'indomani della fuga del Boccanegra la città fu affidata a un gruppo di rettori, che comprendeva sia Luca Grimaldi sia Tedisio II Fieschi. In questo organismo provvisorio vennero rappresentati anche altri potenti clan (gli stessi Doria vi parteciparono col ramo sardo, tramite Ansaldo, mentre Pietro Doria, padre del futuro Capitano del popolo Oberto, sostenne sino all'ultimo il Boccanegra).

Sullo scacchiere internazionale, intanto, stava prendendo corpo il disegno papale di formare un'alleanza guidata da Luigi IX contro Manfredi, re di Sicilia. Tutto questo significava porre ancora una volta la classe mercantile e finanziaria genovese davanti all'alternativa drammatica tra l'accordo con il papa e quello col re svevo, con tutte le conseguenze che i buoni rapporti con quest'ultimo comportavano (presenza sul mercato siciliano, scali aperti per l'Oriente, esenzioni daziarie).

La situazione interna rimase esplosiva: nel 1264 Simone Grillo, sospettato di voler "fare il popolo", fu bloccato dalla pronta reazione dei Fieschi, i quali erano probabilmente rientrati in città subito dopo la fuga del Boccanegra. Già il 9 luglio 1262 Giacomo fu presente come *consiliator* alla nomina di alcuni procuratori da inviare a Carlo d'Angiò, che si stava creando un suo dominio nel Piemonte meridionale. Tale intervento è il primo contatto tra i Fieschi e quello che diventerà il loro più importante sostenitore. Anche Alberto si era ormai trasferito a Genova. Il 29 marzo 1263, Manfredi, dopo estenuanti trattative col papa, per niente desideroso di arrivare a un accordo con lui, venne scomunicato con l'approvazione di Luigi IX.

Il ruolo dei Fieschi nello scacchiere internazionale

Urbano aveva le idee chiare: da tempo stava tentando di convincere Carlo d'Angiò a scendere in Italia, accantonando Edmondo di Inghilterra, che era stato a lungo il candidato di Innocenzo IV e dei Fieschi per la conquista del Meridione. La famiglia non condivise in un primo tempo la scelta attuata dal pontefice e rimase incerta tra Carlo e Manfredi. Il 5 agosto 1263 Urbano IV scrisse a Percivalle di Lavagna, canonico di Bayeux, ricordando come i Fieschi fossero stati ammoniti a non appoggiare Manfredi e a non attaccare Lucca, fedele al papa; per questo venivano scomunicati, con alcune eccezioni. Sappiamo che in un primo tempo Alberto e Jacopo ebbero la tanto agognata Pontremoli confermata loro proprio da Manfredi; sempre Alberto, fratello di Ottobono, si sarebbe alleato, ancora agli inizi del 1264, con Ugo di Baux per sobillare alla rivolta antiangioina Marsiglia, sperando nell'aiuto aragonese. A convincere i Fieschi a una netta scelta di campo filo-angioina fu il cardinale Ottobono, il cui ruolo nella Curia romana stava acquistando sempre maggior peso.

Dopo la morte di Urbano IV (2 ottobre 1264), era stato eletto il 15 febbraio 1265 Guido Folques, ex cancelliere di Luigi IX, col nome di Clemente IV. Nell'aprile venne firmato l'accordo tra lui e Carlo: l'Angioino si impegnava a tenere separato il suo futuro regno dall'Impero e a non avere cariche di alcun genere nell'Italia centro-settentrionale; Carlo avrebbe in cambio pagato 50000 marchi al momento della conquista oltre che un tributo annuo di 8000 once d'oro alla Curia romana. Il 26 febbraio 1265 il cardinale Ottaviano Ubaldini e il cardinale Ottobono sottoscrissero una bolla in cui si dichiarava che Enrico, re di Inghilterra, e suo figlio Edmondo non avevano mai avuto il possesso del Regno di Sicilia, che veniva offerto in feudo a Carlo d'Angiò. Nello stesso anno il cardinale Ottobono fu inviato in Inghilterra, forse per far digerire alla corte inglese le scelte compiute dal papa Clemente IV, ma anche per predicare la crociata, riordinare le finanze ecclesiastiche e trattare coi baroni ribelli al re. Egli soggiornò così a Genova dal 19 luglio alla metà di agosto prima di partire per la sua missione; fu forse in questa occasione che egli persuase di persona i familiari ad appoggiare Carlo. Contemporaneamente, tentò di convincere il Comune a concedere libero transito alle truppe angioine, ma senza raggiungere il risultato, voluto fortemente dallo stesso papa. Il 5 agosto 1265, Clemente IV, rivolgendosi a Simone, cardinale del titolo di Santa Cecilia e legato apostolico, manifestava la sua ansia per le sorti di Carlo, mentre Manfredi teneva saldamente la Toscana. Il papa invitava a far pressioni sul cardinale Ottobono e su Opizzo, patriarca di Antiochia, perché ottenessero dal comune di Genova che l'esercito angioino potesse passare nel suo territorio. È probabile che la lunga permanenza del cardinale in città, rimproveratagli dal papa, sia stata causata anche dalla necessità di mettere a fuoco il progetto per permettere al fratello Niccolò di costruirsi una signoria in Lunigiana. Nello stesso anno, Alberto Fieschi comperò dai signori Da Passano il castello di Groppoli in Lunigiana, dove, attraverso i due figli Manuele ed Egidio, controllava anche Arcola.

Partito da Genova, Ottobono giunse alla fine di agosto nelle vicinanze di Parigi, dove si incontrò col re Luigi IX e dove gli arrivò la notizia della morte di Simone di Montfort. Passò quindi in Inghilterra, dove il suo soggiorno presso il re Enrico III si protrasse sino all'estate del 1268, periodo durante il quale Ottobono dimostrò tutta la sua abilità diplomatica, acquistando anche l'amicizia del re. Nel frattempo, senza attendere il ritorno del suo leader indiscusso, la famiglia si era allineata prontamente al nuovo candidato papale, Carlo.

A tessere i rapporti con la corte francese era rimasto Percivalle, che dovette, infatti, risiedere a Parigi, dato che a lui si era rivolto Urbano nel 1263 quando, per ottenere i finanziamenti necessari per la spedizione angioina, aveva deciso di far pressione sulle compagnie fiorentine, che operavano lucrosamente in Francia. Infatti, Firenze era stata colpita da scomunica per aver aiutato Manfredi, per cui il papa incaricò Percivalle e l'abate di Sainte Geneviève di assolvere quei mercanti fiorentini, che avessero fatto atto di sottomissione alla Chiesa. Il timore di vedere colpiti i fiorenti traffici commerciali e finanziari con la Francia indusse ben 146 soci di case bancarie fiorentine a promettere obbedienza entro due anni.

Se ritorniamo alla situazione genovese all'indomani della caduta del Boccanegra, i colpi di mano per riprendere il controllo della città, compiuti dai popolari, cui erano ormai legate due famiglie (o meglio, due rami staccatisi dai clan originari) appartenenti all'oligarchia dominante, quella di Oberto Spinola e quella di Pietro Doria, possono leggersi anche in questa ottica: un tentativo estremo di impedire che la politica comunale decisa dai clan filo-papali (Fieschi) o filofrancesi (Grimaldi) compromettesse i fiorenti traffici con la Sicilia.

Furono i Fieschi nel 1264 a sventare un'insurrezione popolare, favorita dall'ammiraglio Simone Grillo, cui erano ostili gli stessi Grimaldi. I motivi precisi di tale rivalità ci sfuggono, anche se sia i Grillo sia i Grimaldi avevano fortissimi interessi nel Mediterraneo orientale, soprattutto a Costantinopoli. Pertanto, il coacervo di forze, formatosi all'epoca dello scontro con il Boccanegra, si disintegrò. Nello stesso anno, Oberto Spinola, il futuro Capitano del popolo, organizzò un'altra insurrezione, che venne sventata dal Podestà; ne uscì una nuova distribuzione delle cariche (due tra gli Otto nobili dovevano appartenere ai Grimaldi, due ai Fieschi, due alle consorterie dei Doria e degli Spinola, due ai restanti clan cittadini), che in realtà ribadì il predominio guelfo sul governo, dato che la metà delle cariche era controllata da questo partito.

Nell'elenco degli Otto Nobili non compare nessun Fieschi, perché la famiglia era alleata con altre, che ne curavano gli interessi all'interno delle magistrature comunali. È in questa occasione che prese forma una netta spaccatura tra i clan dominanti in città: da una parte, si trovò il gruppo di famiglie legate alla Francia e alla Curia romana; dall'altra, i clan interessati al commercio siciliano e a quello orientale.

I rami laici ed ecclesiastici della famiglia

La discesa di Carlo (nel novembre del 1265 il suo esercito attraversò le Alpi e si radunò ad Alba) aprì nuovi orizzonti ai Fieschi, che si vedevano a portata di mano l'obiettivo di controllare definitivamente Pontremoli e la Lunigiana. Ad accompagnare Carlo fu probabilmente Percivalle, sempre più investito del ruolo di portavoce degli interessi fliscani presso l'Angioino. In un primo tempo, Oberto Pelavicino, alleato di Manfredi, affidò anche il vitale nodo stradale di Pontremoli a Giacomo Fieschi e a Isnardo Malaspina (1266). Quando Carlo ebbe la meglio su Manfredi (Benevento, 26 febbraio 1266), il re preferì riconfermare il feudo a Giacomo Fieschi, affiancato questa volta da Alberto, fratello del cardinale Ottobono.

In questo lasso di tempo morì Opizzo, il vecchio capo laico dei Fieschi, l'unico tra i fratelli di Innocenzo IV a essere ancora in vita. I suoi figli, fatta eccezione per Giacomo e Ugolino, vennero destinati alla carriera ecclesiastica e continuarono a ottenere prebende e titoli, ma nessuno di loro, dopo la morte di Guglielmo, riuscì a indossare il cappello cardinalizio: un grave handicap, che finì col relegare il ramo di Opizzo in una posizione secondaria rispetto a quello derivato dal fratello Tedisio I. Difatti, Enrico, che fu canonico del capitolo di San Lorenzo e poi, dal 1263, vicario generale dell'arcivescovo Gualtieri, venne confermato in tale carica anche dal suo successore, Bernardo degli Arimondi. Enrico morì nel 1277, senza raggiungere traguardi più prestigiosi. Andrea riuscì a diventare arcidiacono del capitolo della cattedrale genovese, ma non proseguì oltre, mentre un altro figlio di Opizzo, Tedisio, fu soltanto chierico.

Ritornando agli avvenimenti genovesi, la vittoria di Carlo obbligò gli ambienti di governo cittadini, a lungo cullatisi nella speranza di poter restare neutrali, a venire a patti sia con il papa sia con l'Angioino; per questo, già nell'aprile partiva verso Roma una ambasceria, di cui faceva parte Tedisio II, per un avvicinamento che però non avvenne, perché il papa mantenne prudentemente la sua scomunica su Genova e Carlo, come gesto di ritorsione, non rinnovò gli accordi commerciali che i Genovesi avevano ottenuto dagli Svevi. Anche Niccolò, che abbiamo visto in un primo tempo schierarsi dalla parte di Manfredi, si era poi allineato alle scelte politiche compiute dal suo mentore, il cardinale Ottobono. Grazie all'enorme disponibilità di capitali, che gli giungevano sia dalle sue speculazioni finanziarie sia dal fratello, egli poté attuare indisturbato una serie di acquisti di terre nell'area appenninica, abbandonando la finzione del feudo oblato. Il 14 settembre 1263 aveva ottenuto per 250 libre di genovini da Grimaldino Bianco dei signori di Vezzano i diritti di *capitaneus* su Vezzano, Polverara, Vesigna, Beverino e Carpena; nel marzo del 1265 comperò dal vescovo di Luni, cui aveva prestato 100 libre, un quinto di Vezzano.

La famiglia padrona in Lunigiana: nasce lo Stato Fieschi

Nello stesso anno (21 aprile) i figli del defunto marchese Corrado Malaspina (Moroello, Federico e Alberto) cedettero a Niccolò, a titolo ipotecario, per la enorme somma di 1968 libre parecchie località in Lunigiana. Il 4 febbraio 1266 Moroello, a nome anche dei fratelli, dichiarava di aver ricevuto 500 libre come parte della somma dovutagli, ribadendo la possibilità di riottenere quei luoghi, qualora la famiglia fosse riuscita in tre anni a restituire la somma con gli interessi (ben 2532 libre): atto clamoroso, perché segna il rovesciamento del rapporto di sudditanza feudale tra il Fieschi e i Malaspina, costretti, in pratica, ad alienare buona parte dei loro feudi lunigianesi a vantaggio dell'emergente loro vassallo. Il matrimonio tra Alagia, figlia di Niccolò, e Moroello Malaspina permise un accomodamento tra le due famiglie. Il 15 marzo 1266 Niccolò comperò per 700 libre da Albertinuccio dei signori di Vezzano tutti i possessi da Pietra Colice a Vezzano sino al mare, che erano stati ceduti l'anno prima al cardinale Ottobono. Albertinuccio, tuttavia, prestava al Fieschi 200 libre per cinque mesi, a garanzia delle quali ottenne in pegno le località appena vendute: una boccata di ossigeno, che nascondeva in realtà la sicura cessione dei feudi. Veniva così compiuto l'audace disegno che l'intelligenza di Innocenzo aveva formulato: creare una signoria prerinascimentale, da affidare al nipote Niccolò, in una zona strategicamente vitale per la stessa Chiesa; l'accesso al mare, poi, costituiva un corollario di enorme importanza, perché avrebbe potuto creare anche uno scalo in concorrenza con Genova.

Del feudo (il primo serio tentativo di dare vita a ciò che verrà chiamato nel Cinquecento lo Stato Fieschi) fecero parte circa 80 Castelli, la cui situazione giuridica, però, non era chiara – elemento che costituì il punto debole del nuovo Stato. In realtà, alcune comunità, come gli uomini di Vesigna e della Spezia, erano legate da vincoli di dipendenza a Genova, che in questi anni era paralizzata dalle lotte interne, ma che avrebbe sempre potuto rivendicare i suoi diritti. Anche piccoli consorti locali (come i signori di Vezzano, quelli di Isola e di Beverino), legati da vincoli feudali con Genova, si erano piegati malvolentieri al predominio fliscano, ma erano pronti a protestare, non appena gliene fosse data occasione.

Niccolò tentò di dare un'organizzazione omogenea alla sua signoria: si attribuì la carica di *potestas* e organizzò una curia che amministrasse giuridicamente il territorio. A Carpena, scelta come capitale della sua nuova signoria, fece costruire una torre, fortificò il poggio di Vezzano e nominò vassalli per creare una rete di appoggi locali. In seguito, l'incarico di podestà passò a un uomo di fiducia del Fieschi. Nel 1273, nel momento della spedizione genovese contro il suo feudo, podestà era Spino di San Salvatore. Contemporaneamente, Niccolò mantenne il suo controllo su Torriglia e Montoggio, altra residenza abituale, e iniziò a costruire sulla collina di Carignano il suo palazzo, quasi una sentinella avanzata sulla città, dove egli infaticabilmente continuava a incrementare il suo vasto patrimonio immobiliare.

Accanto a lui è sempre Gerardo di Martino Strumbi da Pontremoli come amministratore e gastaldo dei suoi beni. Le proprietà del conte comprendevano edifici posti nella *ripa*, in Soziglia, nel *carugio dritto* (l'attuale via di Canneto il lungo) oltre che nel quartiere di elezione, San Donato. Restando neutrale nello scontro che consumò il Comune genovese, Niccolò poté mantenere per alcuni anni il controllo di questa potente signoria.

L'espansione in Riviera e nell'entroterra

L'espansione immobiliare della famiglia non trovò ostacoli nella Riviera di Levante, dove ormai essa era saldamente penetrata nei *burgi* che la Repubblica aveva fondato proprio contro i Conti di Lavagna. Acquistarono terre, mulini, case un po' ovunque, affiancando questo patrimonio ai beni già di proprietà della famiglia: un'opera di riconquista allodiale del distretto, che non trovò alcun ostacolo. Formidabile fu il contributo dato alla crescita del prestigio familiare dal cardinale Ottobono, davanti al quale dovette piegarsi lo stesso arcivescovo di Genova, Gualtieri da Vezzano, che, il 6 aprile 1266, fu costretto a cedere terre e diritti nella pieve di Lavagna, Sestri Levante e in altre località al cardinale, rappresentato da Ugo Fieschi. Queste terre finirono in dotazione al monastero delle clarisse di Sant'Eustachio di Chiavari.

Nota importante: la tutela dei Fieschi sull'arcivescovo era stata rafforzata, almeno a partire dal 1263, dalla presenza accanto a lui, come vicario generale, di Enrico Fieschi, figlio di Opizzo.

È difficile valutare quali conseguenze giuridiche o economiche questo portentoso prestigio della famiglia abbia provocato nel territorio. Le podesterie costituite da Genova, guidate da un podestà scelto tra i clan cittadini, affiancato da un giudice, anche lui estraneo all'ambiente locale, continuarono a funzionare egregiamente. La giurisdizione dei Fieschi dovette rassegnarsi a controllare le zone periferiche, nell'entroterra appenninico, dove i montanari costituiranno poi la massa di manovra su cui conterà la famiglia nei suoi saccheggi contro i borghi rivieraschi. *Borghesi* erano, insomma, costretti ad accettare la presenza fastosa dei Fieschi al loro interno ed erano sottoposti al ricatto dei montanari ostili nel distretto, ma mantennero piena la loro autonomia giuridica e politica rispetto alla famiglia.

Intanto continuava lo sforzo compiuto dai Fieschi per fondare enti religiosi e assistenziali sia per motivi di prestigio sia per riorganizzare e controllare il patrimonio familiare. A Chiavari, Sestri Levante e a Rapallo, membri della famiglia risultano avere palazzi.

Genova tra guelfi e ghibellini

A Genova i Fieschi raccolsero i frutti della loro scelta vincente nello scontro tra la corona francese e quella sveva. Ormai consolidatosi il regno angioino, in città divenne sempre più forte la spinta, alimentata anche dai Grimaldi, perché si arrivasse a un accordo con il re. Nel 1267 vennero intavolate trattative con lui, attraverso due ambasciatori, Dabadino di Negro e Ugo Fieschi. Queste trattative fallirono, perché continuavano a essere vive in Genova le resistenze a ogni accordo con l'Angioino, che non intendeva ammorbidire le sue pretese.

Anche Clemente IV premeva perché la città si schierasse. Nel 1267 l'arcivescovo genovese Gualtieri da Vezzano (che era una creatura dei Fieschi) segnalò al papa l'emanazione di alcuni statuti da parte del Comune, che sarebbero stati contrari alla libertà della Chiesa. Il papa lanciò l'interdetto su Genova, che fu costretta a piegarsi, vedendosi così tolta la pena ecclesiastica. Nel frattempo, con bolla del 23 novembre 1267, Clemente richiamò dall'Inghilterra il cardinale Ottobono, permettendogli di visitare San Giacomo di Compostela. Ma Ottobono non poté raggiungere subito l'Italia, dato che ancora nel giugno del 1268 era presente a Northampton al solenne sinodo in cui il principe Edoardo d'Inghilterra promise di prendere la Croce. Solo nell'agosto riuscì a mettersi in viaggio, facendosi precedere da un procuratore. Intanto, Carlo dovette fare i conti con un nuovo pericoloso avversario, Corradino, col quale si era subito schierata l'altra potenza navale tirrenica, Pisa. Anche l'Angioino vide, pertanto, accrescere il suo interesse per un accordo con Genova. Carlo poteva, per il momento, contare proprio sull'appoggio dei Fieschi. Per non scontrare la suscettibilità della famiglia alleata, nel febbraio del 1268, egli intervenne presso i suoi ufficiali di Angiò e di Provenza, invitandoli a non molestare Opizzo Fieschi, patriarca di Antiochia.

Mentre Corradino era ormai arrivato a Pavia, nel marzo del 1268 Carlo, avanzando verso il nord Italia, occupò Mutrone e Sarzana grazie all'alleanza coi Malaspina e coi Fieschi, che mantenevano sotto il loro controllo Pontremoli. Sempre nello stesso mese (6 marzo 1268), giunto a Pietrasanta, l'Angioino scrisse a Elia, canonico di Beauvais, e ad altri suoi ufficiali perché ricevessero il giuramento di fedeltà da Alberto e Giacomo Fieschi per Pontremoli, concesso loro in feudo, purché essi si obbligassero a rispettare i patti stipulati a loro nome da Ugolino e Manuele Fieschi, figlio di Alberto. Il blocco dei passi appenninici fu efficace: Corradino si vide costretto a dirigersi da Pavia verso le terre dei marchesi del Carretto, facendo una lunga deviazione. Da qui, raggiunta la costa, si imbarcò sulla flotta pisana in attesa vicino a Savona. Un figlio di Alberto Fieschi, poi, uccise Giovanni Luxardo che aveva accompagnato l'erede svevo nella sua marcia attraverso la Lunigiana, atto di cui Carlo si dimostrò grato, perché concesse a Ugolino e Manuele Fieschi, figli di Alberto, il titolo di cavaliere nel marzo del 1268. Il riconoscimento del ruolo ormai giocato dalla famiglia nello scacchiere settentrionale venne sancito nel testamento del potente marchese Oberto Pelavicino, che affidò i figli alla protezione proprio di Alberto, Giacomo e Niccolò, oltre che di altri feudatari (23 aprile 1269).

A Genova, ancora una volta, i clan cittadini si trovarono di fronte alla scommessa se appoggiare il giovane Corradino o accettare le pressanti richieste di Carlo. Il risultato fu un nulla di fatto: quando Corradino morì a Tagliacozzo (23 agosto 1268), Carlo, da vincitore, poté presentare il conto al riottoso Comune. Nel giugno del 1269 la città fu costretta a un accordo, che conteneva alcune clausole pesanti: nessun privilegio fiscale era concesso ai mercanti genovesi nel regno e il podestà genovese doveva essere scelto tra gli amici di Carlo. Genova, insomma, era costretta a entrare nello schieramento guelfo. Il 12 agosto 1269 gli ambasciatori angioini giunsero a un'alleanza col Comune in funzione antipisana e antisenese, in cui Genova si impegnò ad allestire dieci galee per Carlo in cambio della restituzione delle terre occupate dal siniscalco di Lombardia.

Il ritorno di Ottobono Fieschi

Nell'estate del 1268 era rientrato in Italia il cardinale Ottobono dopo il lungo soggiorno inglese; egli sperava di ottenere molto da Carlo, dato che si era fatto precedere dal fido Opizzo col compito di difendere e recuperare il possesso dei beni che erano appartenuti a Pier delle Vigne a Napoli o nell'Italia meridionale e che al cardinale erano stati donati da Innocenzo IV. Carlo accettò formalmente tale atto, il 2 novembre 1268, ma che in effetti questi beni passassero ai Fieschi non è chiaro, visto che ancora il 1° giugno 1269, dall'assedio di Lucera, Carlo ordinava ai baiuli, ai maestri reazionari e ad altri ufficiali del regno di restituire tali beni al cardinale o a Bonanno, suo procuratore nel regno. Il cardinale Ottobono, comunque, mantenne la stretta alleanza con l'Angioino, facendo sentire la sua influenza anche durante il conclave a Viterbo che seguì la morte di Clemente IV (1270).

Durante il conclave morì il giudice Ugo, che vi si era recato per aiutare il fratello cardinale. Da Ugo giudice nacquero Opizzo, Tedisio, Sinibaldo, Bertolino, Raimondino, Enrico e Alberto, personaggi ben inseriti nella società genovese e destinati a confondersi con essa. Alla fine del 1269 la presa della famiglia sulla vita economica, politica ed ecclesiastica di Genova si presentava come formidabile. In città, Giacomo (i cui figli costituiranno poi il ramo di Savignone) e Tedisio II (già integrato nell'ambiente cittadino) potevano vantare il controllo di vaste aree urbane. Niccolò univa al possesso di quartieri edificati intorno a San Lorenzo e a San Donato anche il palazzo-fortezza costruito in Carignano, su una collina dominante il porto, a simbolo del controllo che la famiglia di fatto esercitava sulla città. Il palazzo doveva essere terminato in questi anni, dato che nel 1272 Niccolò vi ospitò un personaggio prestigioso come Edmondo, figlio di Enrico III d'Inghilterra, offrendo i suoi uffici per un forte prestito in tornesi fatto al principe da due soci genovesi e da un banchiere lucchese. Alle spalle del nucleo urbano, sui primi contrafforti, la famiglia controllava Savignone, il cui possesso, frazionato in quote, verrà a lungo gestito dai discendenti di Giacomo e del fratello Ugolino. Saldo fu anche il controllo su Montoggio esercitato da Niccolò, il quale era in possesso di un altro castello, Torriglia, entrambi destinati a venire usati come teste di ponte contro Genova. Anche il cardinale Ottobono poteva vantare il dominio di un castello nell'entroterra genovese, Roccatagliata, oltre ad altri beni (prima di tutto, il castello di Vigolone) nella diocesi di Parma e nel territorio di Corneto.

Nelle riviere restò al Comune genovese il controllo delle podesterie e dei loro abitanti, ma la famiglia non solo riaffermò il suo prestigio all'interno dei borghi, ma esercitò diritti giurisdizionali nelle zone franche, nelle valli interne, cioè, da dove gli abitanti erano impossibilitati a adire alla giustizia podestarile; era questa la situazione nei castelli di Zerli, Godano, Carranza e negli altri piccoli insediamenti che si inerpicavano nelle valli appenniniche. Il feudo di Niccolò poi costituì per alcuni anni un formidabile cuneo nel distretto genovese, nonostante il Comune avesse lottato a lungo nel secolo precedente perché gli venisse riconosciuto il pieno controllo della antica *marca* della riviera orientale.

La potenza del ramo di Niccolò fu dovuta anche alla lungimiranza e all'abilità del cardinale Ottobono, che, seguendo l'esempio dello zio papa, volle regolare anche per il futuro i problemi ereditari della famiglia. Egli provvide a fondare la chiesa di Sant'Adriano di Trigoso, allo scopo di amministrare gli enormi beni immobiliari da lui accumulati. Il 26 aprile 1270, da Viterbo, ricordando come avesse già ordinato di porre la prima pietra dell'edificio sacro nei suoi possedimenti, Ottobono istituì il prevosto e i canonici della chiesa e volle, inoltre, che nel giuspatronato gli subentrasse il fratello Percivalle o i figli di Niccolò e di Federico. Questo titolo, affidato al membro ecclesiastico più autorevole della famiglia, stabilì anche in seguito a chi spettasse la sua guida politica.

A Genova la pesante egemonia fliscana finì con l'essere sempre meno tollerata dagli altri clan cittadini, che assistevano con crescente ostilità al radicarsi, nel territorio orientale, di una signoria pericolosa e strategicamente delicata, perché in grado di condizionare in senso univoco anche le scelte politiche del Comune. Del resto, che i *potentes* cittadini mirassero a investire i loro capitali nell'acquisto di feudi non era fatto inconsueto; la gestione privatistica del Comune non intendeva certo opporsi a obiettivi largamente condivisi dai clan cittadini. Il feudo costituiva il naturale sbocco, l'agognato traguardo anche in una società di cui a lungo si è sottolineata ed enfatizzata la componente precapitalistica. Per citare ancora una volta i Doria, le cui vicende sono destinate a incrociarsi con quelle dei Fieschi, fin dall'inizio del secolo essi si erano impegnati a fondo nel controllo della Sardegna, senza che il Comune minimamente intervenisse nella questione.

Per il feudo di Niccolò, invece, la situazione era radicalmente diversa. Ad allarmare il ceto dirigente cittadino non era tanto il pericolo rappresentato da questa entità, ma il fatto che attraverso essa si alterava profondamente la politica genovese, gelosamente attenta a mantenere libertà d'azione tra le varie potenze, onde creare le migliori situazioni di vantaggio sui mercati mediterranei. L'appiattimento della politica cittadina sulle scelte angioine volute dai Fieschi dovette risultare particolarmente indigesta al *populus*, al ceto mercantile non direttamente coinvolto nella direzione politica del Comune e che, tra l'altro, dal controllo di Carlo sulla Sicilia aveva ricavato ben pochi privilegi. Tuttavia, la scelta di campo filofrancese sembrò – temporaneamente – fornire una ghiotta occasione di affari per il ceto mercantile cittadino, disposto a dimenticare a tale scopo la sua diversità di vedute con i Fieschi. Infatti, Luigi IX aveva preso la Croce una seconda volta e si era rivolto di nuovo a Genova per ottenere l'armamento delle sue navi.

Il contributo genovese fu ancora più massiccio rispetto alla Crociata del 1248, perché venne allestito un piccolo esercito, onde collaborare al successo di una spedizione, che era ufficialmente diretta contro l'Egitto e da cui si potevano sperare cospicui vantaggi doganali. Quando la flotta crociata, partita da Aigues Mortes il 2 luglio e arrivata a Cagliari l'8 dello stesso mese, finì col dirigersi non contro l'Egitto, ma contro Tunisi, un emirato legato da ottimi rapporti commerciali con Genova, la delusione patita in città fu enorme.

A esacerbare ulteriormente il *populus* si aggiunse la voce di un accordo privato tra Carlo e le famiglie guelfe genovesi (Fieschi, Grimaldi, Malocello), cui venivano concesse condizioni privilegiate nel commercio col regno. In questo periodo Alberto, ritornato sulla scena familiare, era impegnato nel difendere le posizioni della famiglia sul versante padano (a Parma le radici dei Fieschi non erano venute meno, tanto che nel 1269 Giacomo aveva nominato un procuratore per difendere il possesso di un palazzo situato *in platea Parme*). Alberto aveva arruolato un piccolo contingente di 150 *milites*, rafforzati da balestrieri e da soldati piacentini, per invadere il territorio della Valditaro, a lui conteso dai Luxardi, che si erano alleati con gli *extrinseci* di Piacenza. Ma il campo fu sorpreso da un improvviso attacco nemico e Alberto fu imprigionato insieme a Macia Fieschi e a Niccolò Doria. In città esplose il rancore contro i clan filofrancesi. A creare la situazione favorevole al colpo di mano antiguelfo sarebbero stati i dissapori tra Luchetto Grimaldi e Ughetto Doria, ma indubbiamente ad alimentare il clima adatto fu la violenta insoddisfazione per le scelte politiche del governo, che avevano favorito le mire angioine senza alcuna contropartita. Toccò al *populus* reagire, sotto la guida di due esponenti di clan potenti, Oberto Spinola e Oberto Doria, la cui presenza alla testa del moto insurrezionale non deve far dimenticare che il vero artefice della rivolta fu l'ambiente mercantile, desideroso di controllare più strettamente le scelte compiute dal governo e intenzionato a non lasciare ai Fieschi e ai Grimaldi il monopolio delle iniziative politiche e militari compiute dal Comune. Il 28 ottobre del 1270 il colpo di stato venne realizzato con successo, cogliendo impreparati i Fieschi.

Giacomo risulta presente in città ancora nell'aprile di quest'anno. Fu nel palazzo da lui posseduto davanti alla cattedrale di San Lorenzo che trovò rifugio durante l'insurrezione il podestà, Rollando Putagio (che proveniva da Parma, dove i Fieschi avevano numerosi aderenti); Giacomo fu costretto all'esilio, in un luogo non precisato. Alberto fu sorpreso dalla rivolta quando era ancora prigioniero dei Luxardi o era stato liberato da poco. Si rifugiò a Roma, dove collaborò col fratello, il cardinale Ottobono, nel tentativo di organizzare una reazione. Nel 1272 il suo palazzo era diventato la sede del Capitano del popolo Oberto Spinola. Più abile fu, ancora una volta, Niccolò o forse più difficile da colpire, fatto sta che egli non solo continuò a risiedere in città, ma si vide implicitamente riconosciuti anche dal nuovo governo i suoi diritti comitali. Nel settembre dello stesso anno egli ebbe l'onore di ospitare nel suo palazzo in Carignano Edmondo, figlio di Enrico III d'Inghilterra. La famiglia, se usciva sconfitta dalla rivoluzione dei Capitani del popolo, poteva vantare ancora il controllo sulle istituzioni ecclesiastiche cittadine, grazie al prestigio di cui continuava a godere il cardinale Ottobono.

Anche in questi anni la presenza di membri della famiglia nel più potente organismo religioso cittadino, il capitolo della cattedrale, è massiccia. Dopo la morte di Guglielmo da Lavagna, che ne era stato il prevosto alla metà del secolo, era toccato ad Andrea (figlio di Opizzo) diventarne il più alto esponente, come arcidiacono, dopo esserne stato canonico almeno dal 1246, Tedisio vi era *magiscola*, Percivalle vi faceva parte sin dal 1255. Quando il 5 marzo 1270 Andrea morì, i canonici (tra i quali la famiglia contava almeno quattro membri: Percivalle, Tedisio, Opizzo e Leonardo) si spogliarono del loro diritto di nominare il successore, sia pure limitatamente a quella circostanza, e invitarono il cardinale Ottobono a compiere la scelta, che cadde, ovviamente, su un Fieschi, Leonardo, figlio di Alberto. Altro potentissimo membro religioso della famiglia fu Percivalle, intermediario tra il re di Francia e la Curia romana; egli era considerato il più ricco ecclesiastico della cristianità. Figlio di Tedisio I, aveva sfiorato più volte le cariche più prestigiose, senza, peraltro, riuscire a ottenerle. Nel 1270, Percivalle appare in veste di candidato alla cattedra arcivescovile di Ravenna. Nel settembre di quest'anno, infatti, era morto l'arcivescovo Filippo. Benché papa Clemente IV avesse avocato a sé il diritto di provvedere alla sede ravennate fin dal 30 luglio 1268, il capitolo della cattedrale decise di procedere autonomamente con l'appoggio del potente vescovo di Parma, Opizzo Sanvitale (la cui diocesi era suffraganea dell'arcidiocesi ravennate). Il Sanvitale era parente dei Fieschi, per cui naturale fu il suo appoggio alla candidatura di Percivalle. Ma un numero consistente di voti nel capitolo confluì sull'arcidiacono bolognese Ruggero Ubaldini, provocando una situazione di stallo, che si prolungò per la vacanza della cattedra romana dopo la morte di papa Clemente (dal 1268 al 1271).

Il cardinale Ottobono si adoperò, perché il collegio cardinalizio arrivasse alla nomina senza attendere la scelta del nuovo papa, ma non riuscì nel suo intento. Infatti, quando il capitolo ravennate comunicò a Roma la nomina di Percivalle, i cardinali evitarono di pronunciarsi. Gregorio X decise di intervenire, nel 1275, dichiarando nulla la elezione di Percivalle e avocando a sé la nomina del nuovo arcivescovo. Il papa operò la sua scelta nell'ambito della famiglia, creando Bonifacio, la cui collocazione nella genealogia dei Fieschi è controversa. Percivalle era il membro ecclesiastico di fiducia di Ottobono; nel 1272 fu scelto dal capitolo della cattedrale di Genova per nominare il rettore della chiesa di Santa Maria Maddalena. L'anno seguente, fu vicino al cardinale nell'incontro, avvenuto a Ceprano, con Carlo d'Angiò e re Edoardo d'Inghilterra. Fu poi nel giugno del 1273 a Firenze, affiancando Gregorio X e i cardinali, tra cui Ottobono, diretti al concilio di Lione. A Firenze, si adoperò coi suoi più potenti accompagnatori per un accordo tra le fazioni fiorentine e fu in questo soggiorno che egli poté maturare la conoscenza della situazione politica toscana, per cui verrà scelto più tardi per una rischiosa operazione politica. Tornando agli avvenimenti genovesi immediatamente successivi al colpo di mano del 1270, la neutralità di Niccolò non riuscì a durare a lungo. Carlo continuò a esercitare forti pressioni sul giovane governo dei Capitani, perché si allineasse alle sue scelte politiche, attuando atti intimidatori, come quello di far valere lo *ius naufragii* sulle navi crociate genovesi sorprese da una tempesta nel porto di Trapani. Davanti al rifiuto opposto dai Capitani del popolo a un accordo con lui, l'Angioino decise di consolidare i suoi legami coi fuoriusciti genovesi. Nel 1272 fu firmata un'alleanza formale che assicurava al re la signoria di Genova, se egli avesse appoggiato il cambio di regime a favore dei guelfi. In effetti, a Roma, mentre Ottobono era ammalato, toccò al fratello Alberto incontrarsi con Carlo; a sottoscrivere l'accordo sarebbero stati Pietro Grimaldi e Alberto Fieschi. Nell'agosto dello stesso anno, i guelfi iniziarono le ostilità.

Declino fliscano sui territori lunensi

Alberto, aiutato dal figlio Manuele, organizzò una serie di incursioni dai suoi castelli appenninici (Godano, Carranza e Castelnuovo) sulla riviera orientale, puntando soprattutto sul borgo di Sestri Levante. A muoversi contro di lui fu il Capitano del popolo Oberto Doria, che, nel settembre, attaccò Castelnuovo, costringendo il castello alla resa. Anche i castelli di Groppo e di Carranza decisero di arrendersi. Solo Godano resistette, ma non per molto, per cui Alberto fu condannato all'esilio e i suoi beni vennero confiscati. Gli uomini di Pontremoli tentarono di ribellarsi al controllo fliscano e il 28 gennaio 1273 Carlo, come vicario della Chiesa in Toscana, fu costretto a ordinare agli abitanti del borgo di non molestare Alberto. Carlo decise di passare al contrattacco: il 28 novembre del 1272 ordinò al suo vicario di Marsiglia di confiscare tutte le navi e i beni dei Genovesi che si trovavano nelle sue terre, fatti salvi i Genovesi fuorusciti. Poi attaccò le riviere, potendo godere dell'appoggio di Niccolò, che permise alle truppe guidate dal vicario della Toscana di invadere il distretto orientale. L'attacco guelfo su Lerici ebbe successo, ma non impedì l'immediata reazione genovese, che vide lo stesso Oberto Doria assalire via mare il castello di Manarola, nel dominio fliscano, e incendiare La Spezia. La fragilità della signoria costruita da Niccolò apparve in tutta la sua evidenza: il Doria indisturbato avanzò su Vezzano e ottenne la resa immediata dei castelli controllati dal Fieschi. Oberto Doria provvide subito a organizzare una podesteria, con centro a Carpena, che era stata la sede dell'ormai distrutto dominio fliscano e dove si era concentrato l'estremo tentativo di difesa di Niccolò, mentre la miriade di piccoli signori locali si affrettò a giurare fedeltà a Genova. Nell'aprile, un'indagine conoscitiva, utilizzando testimoni all'uopo convocati, permise di stabilire le reti di relazioni che Genova poteva vantare sul territorio. I signori di Carpena risultarono vassalli del Comune da più di 30 anni; i signori di Vezzano erano stati investiti del loro feudo da Genova nel lontano 1223, mentre i signori di Isola si erano sottomessi 40 anni prima; a 24 anni risaliva la sottomissione dei signori di Beverino; gli uomini di Vesigna e quelli della Spezia avevano giurato fedeltà da 25 anni. L'inchiesta accertava inoltre la palese ribellione di Niccolò (che sarebbe stato per 10 mesi nell'esercito guidato dal vicario regio in Lunigiana) e del cardinale Ottobono, di cui, però, i Capitani del Popolo intendevano rispettare le proprietà, valutate in oltre 20000 libre nelle riviere, oltre che il castello di Roccatagliata.

Gli uomini dei borghi accettarono subito la nuova situazione e, in cambio di varie concessioni, si impegnarono a non scegliersi a podestà nessun membro dei Fieschi. E così fecero gli uomini di Carpena, Biassa, Volastra e Manarola il 23 giugno 1273. Niccolò venne dichiarato ribelle, mentre i suoi parenti dovettero lasciare Genova e finirono con l'essere abbandonati dallo stesso Carlo, cui premeva troppo arrivare a un accordo con il governo dei Capitani. La confisca, almeno temporanea, dei beni familiari, voluta dal governo genovese, creò anche difficoltà finanziarie ai Fieschi, visto che il 7 ottobre 1273 il cardinale Ottobono, mentre si trovava a Piacenza accanto al papa, dovette ricorrere alla società Beccori di Lucca per ottenere 4.000 tornesi, da versare a Niccolò. La confisca dei beni fu effettivamente compiuta dal governo genovese e riguardò anche i titoli di stato posseduti dai Fieschi; nel luglio del 1274 risulta che nella *Compera salis*, di cui il Comune doveva pagare gli interessi, nulla era dovuto per le 3325 libre possedute da Federico Fieschi e per le 828 libre di Niccolò. Lo stesso controllo su Pontremoli venne messo in discussione anche per l'ostilità degli abitanti del borgo, tanto che già il 28 gennaio 1273, Carlo era dovuto intervenire per ordinare loro di non molestare Alberto. Nello stesso anno, una campagna militare guidata da Oberto Spinola portò alla caduta anche dell'ultimo centro di resistenza fliscano, Godano. La partita era ormai persa per i Fieschi, date anche le enormi difficoltà in cui i guelfi vennero a trovarsi nell'Italia settentrionale. La famiglia tentò di utilizzare il loro prestigio nella Curia romana per far pressioni sul Comune genovese, ma inutilmente. Il 7 maggio 1274 venne solennemente aperto da Gregorio X il concilio di Lione, cui presero parte il cardinale Ottobono e il patriarca Opizzo; il giorno dopo, il papa lanciava la scomunica contro i Capitani del popolo, accusati di aver fatto lega con Pavia contro Carlo d'Angiò, vicario della Chiesa in Toscana. Le due parti in lotta si apprestarono nei mesi successivi ad arruolare le flotte per lo scontro decisivo. Quando la flotta angioina si presentò al largo di Genova, essa fu affrontata prontamente dalle navi di Oberto Doria e costretta a desistere (agosto 1274). Il 18 novembre Gregorio riconfermò la scomunica su Genova, accusata di occupare illegalmente terre appartenenti al cardinale Ottobono. Alla fine, anche i Fieschi furono costretti ad arrendersi all'evidenza: nel gennaio del 1274 Alberto, che dovette trovare ospitalità a Sarzana, provvide a nominare un procuratore per colloqui informali a Roma con il Comune genovese. Il 30 luglio 1275 i Capitani elessero tre ambasciatori per trattare con Carlo, che, a sua volta, il 9 agosto provvide a nominare i suoi procuratori.

11 luglio 1276: Ottobono Fieschi è eletto papa

Nel 1276 (13 marzo) il Comune indicò i suoi plenipotenziari con l'incarico di recarsi presso Innocenzo V, al fine di arrivare a una intesa. L'accordo venne firmato il 18 giugno in Campidoglio, alla presenza dello stesso Carlo d'Angiò. Apparentemente, le clausole dell'accordo risultarono favorevoli ai Fieschi (a Roma erano presenti il cardinale Ottobono, considerato a tutti gli effetti il capo dei ribelli, Niccolò e Federico, mentre Alberto era rappresentato da un procuratore). I delegati del Comune genovese si impegnarono a restituire tutti i castelli e le ville che erano state occupate, fatto salvo un certo numero di essi, che vennero affidati alla custodia di Spinolino o di Albertino, figli di Guido Spinola, per due anni; veniva fatta poi piena e ampia remissione delle offese e degli eventuali danni patiti. Ai Fieschi, in quanto Conti di Lavagna, furono riconosciute le convenzioni in antico stipulate col Comune genovese, che assicuravano alla famiglia l'immunità fiscale. In realtà, l'accordo fu un'abile mossa di Carlo per scaricare gli ormai scomodi alleati, per potersi avvicinare al potente Comune, lasciando i Fieschi isolati nello sterile tentativo di reclamare il rispetto dei patti.

La famiglia si sforzò almeno di mantenere il suo prestigio nelle istituzioni ecclesiastiche cittadine. Quando nel settembre del 1274 morì l'arcivescovo Gualtieri da Vezzano, il più autorevole candidato alla successione appariva Percivalle, fratello di Ottobono, benché ufficialmente egli fosse stato scelto ad arcivescovo di Ravenna. Tale situazione allarmò fortemente i Capitani del popolo, che temevano gli effetti dell'arrivo sulla cattedra genovese di uno dei più fedeli seguaci di Carlo d'Angiò. Gregorio X appoggiò decisamente la scelta di Percivalle, tanto che il 2 giugno 1275 si rivolse al *magiscola* Tedisio Fieschi, perché ingiungesse ai Capitani del popolo di non far pressioni sul capitolo della cattedrale per una nomina a loro gradita. Alcuni canonici, anzi, dovevano partire immediatamente per Beaucaire, affinché procedessero alla scelta del nuovo arcivescovo direttamente alla presenza del papa. Ma il governo genovese si irrigidì nel suo rifiuto e bloccò la nomina di Percivalle, che vide svanire il suo progetto; egli dovette restare accanto al fratello cardinale fino ai suoi ultimi anni di vita. A Viterbo, Percivalle fu presente alla sentenza pronunciata da Ottobono nella lite vertente tra il vescovo di Luni e i Malaspina. L'anno prima, ancora cardinale, Ottobono aveva provveduto a stendere il suo testamento a Valence, in Francia. Vale la pena di ricordare in dettaglio il documento che è interessante per mettere a fuoco il ramo di Tedisio I. Ottobono ricorda come suoi fratelli Percivalle (cui lasciò una Bibbia postillata), Niccolò, Federico, Alberto (a ognuno dei quali venne dato un anello); sue sorelle sono Beatrice, Agnese e un'altra, il cui nome non è leggibile.

A Niccolò e a Federico Ottobono lasciò il suo palazzo di Trigoso, il castello di Roccatagliata e altri beni in Genova, esclusa la torre con case nel quartiere di Sant'Ambrogio; al fratello Percivalle toccò il castello di Vigolone con tutti i possessi situati a Parma e a Corneto; Niccolò si vide lasciati i castelli di Carpena, Vesigna, Isola, Vezzano (sui quali, evidentemente, il cardinale si era riservato una quota dei diritti) e altri beni nel vescovato di Luni; a Federico, infine, toccarono tutti i possessi in Sicilia, con l'obbligo di istituire una cappellania all'altare presso il sepolcro dello zio Innocenzo IV nella chiesa maggiore di Napoli.

Ottobono divenne papa – come Adriano V – l'11 luglio 1276, ma fece solo in tempo a ratificare l'accordo che il suo predecessore, Innocenzo V, aveva faticosamente concordato tra Genova e i Fieschi; il 22 luglio scrisse a Genova per approvare la pace, morendo il 18 agosto. Ma la Repubblica si guardò dal rispettare la clausola dell'accordo, che prevedeva la restituzione dei castelli ai Fieschi, ai quali fu soltanto concesso di ritornare in città. Anche la sede arcivescovile riebbe il suo titolare nella persona di Bernardo degli Arimondi di Parma, che era stato arcidiacono di Narbona ed era stato scelto all'alto incarico da Innocenzo V; egli entrò a Genova il 6 settembre 1276. Niccolò seppe compiere la scelta più realistica: mantenne il controllo su Montoggio e Torriglia, ma preferì, piuttosto che spremersi in una lotta impari, venire a un accordo finanziario con Genova.

Niccolò vende i suoi possedimenti in Lunigiana

Il 14 novembre 1276 i Capitani del popolo nominarono il notaio Enrico Dardella procuratore per un primo abboccamento col conte. Venne poi scelta la commissione arbitrale perché procedesse a elencare le terre e i diritti che sarebbero stati oggetto della transazione, fissandone il prezzo. Il 18 novembre, nel suo palazzo in Carignano, Niccolò nominava il fido Gerardo, figlio di Martino Strambi da Pontremoli, suo procuratore, per trattare l'accordo. I confini del feudo, che Niccolò si accingeva a vendere, erano precisati in tal modo: da Pietracolice sino al Magra e di lì al borgo di Sarzana e dal castello di Godano sino al mare. A essere scelti per formulare l'accordo furono Simone Grillo, Lanfranco di San Romolo e Pasqualino di Albaro, invitati ad agire di comune accordo, valendo il principio della unanimità delle decisioni prese. Il 24 novembre la sentenza arbitrale fu pronunciata: il Fieschi cedette tutte le località in suo possesso nella Riviera di Levante, tranne lo *ius vicecomitatus* di Brugnato, per l'enorme cifra di 25000 libre genovesi, da versare in cinque rate (5000 libre entro febbraio, il resto entro due anni dal successivo 1° febbraio). L'elenco dei beni è impressionante. Niccolò vendette i suoi possessi in Portovenere e Marola; il castello di Carpena, il castello di Manarola, Volastra, una serie di località minori (Montenegro, Calcinagola, Casciano, Cerroco, Biassa, Fabiano, Poggio, Pegazzano, Montale, Debio, Carrega, Montetenero, Coegia, mentre Niccolò manteneva il controllo di un ventesimo di tale giurisdizione), tutta la Spezia, il castello di Vesigna, altre località minori (Maiano, Lama, Serramari, Nixello, Foce, Lugulo, Torraca, Guerzedo); il castello di Isola (ma un quarto della giurisdizione restava al Fieschi), la giurisdizione su Vallerano e Fo, un terzo della giurisdizione di Vezzano, i *casamenta* costruiti sul poggio di Vezzano, compreso il castello nuovo, quasi portato a termine, il castello di Polverara, la villa di Amelia, la villa di Casola, la villa di Carnea; tutto Beverino (tranne un quarto della giurisdizione); i diritti a lui pervenuti dal cardinale Ottobono su Tivegna, Castiglione e Bracelli; il *burgum* di Pedevarno, metà di Zignago, i suoi diritti su Boarono, metà di Serramaggiore, i suoi diritti su metà del castello di Rivalta, i suoi diritti sulla villa di Albiano e sul pedaggio di Madrignano. Cedeva anche i diritti vassallatici sugli uomini di Corniglia, Vernazza, Corvara, Pignone e Ponzolo, ma escludeva lo *ius vicecomitatus* in Brugnato.

Lo stesso giorno, Niccolò sottoscrisse l'accordo nel palazzo degli eredi del fu Oberto Doria dove si radunava il *consiliummaius* genovese. Contro tale vendita ci fu solo un timido tentativo di opposizione da parte del vescovo di Luni, i cui diritti su alcune località erano stati dimenticati, ma l'intervento in suo favore di papa Giovanni XXI (18 gennaio 1277) non ebbe effetti. Il Comune, infatti, provvide immediatamente a organizzare una *vicaria* con centro a Carpena, per amministrare questo territorio. Niccolò vide le tranche previste (5000 libre nel febbraio; il resto in due rate entro due anni) regolarmente versate, come egli provvide a dichiarare alla Repubblica il 25 marzo 1279. Niccolò poté così mantenere gli altri suoi possessi e assistette da spettatore, nel suo palazzo di Carignano, ai vani sforzi compiuti dagli altri membri della famiglia per riottenere la loro posizione di predominio in città.

Nel 1277 accusati di tramare contro il governo, i Fieschi furono nuovamente costretti a lasciare Genova e vennero mandati in esilio perpetuo.

CAPITOLO 9

Il riflusso

Il crollo repentino e inaspettato del feudo di Niccolò non può essere spiegato solo in termini militari, data l'enorme superiorità bellica del Comune genovese, qualora fosse intenzionato a fare sul serio e a mobilitarsi in pieno contro un nemico pericoloso. In effetti, piccoli feudatari o signorie più consistenti (si veda il caso, nella riviera di Ponente, dei Del Carretto) poterono a lungo sopravvivere, se non esisteva una vera consonanza di interessi fra i clan cittadini per eliminarli. Al contrario, il feudo fliscano dovette preoccupare fortemente il nuovo governo dei Capitani del popolo, che, nel più ampio quadro della lotta contro l'Angiò (a favore del quale i Fieschi erano schierati), riuscirono a organizzare la pronta e concorde reazione militare della città. Tuttavia, la mancanza di una seria resistenza da parte dei sudditi di Niccolò merita un approfondimento, che analizzi i bruschi cambiamenti (economici e sociali) che avevano investito proprio in quel periodo non solo Genova, ma anche il distretto orientale, e che in parte possono spiegare perché il feudo fliscano sia rapidamente crollato.

Superate le difficoltà dovute alla lotta contro Federico II (con la conseguente chiusura del mercato siciliano) e i contraccolpi finanziari successivi alla fine delle ostilità, il commercio genovese aveva conosciuto nella seconda metà del secolo uno sviluppo esponenziale. A favorirlo non furono soltanto i tradizionali mercati occidentali (Francia e Fiandre, innanzitutto) od orientali (i paesi del cosiddetto Oltremare, vale a dire gli Stati cristiani, o ciò che restava di essi, in Terrasanta), la politica di Guglielmo Boccanegra aveva aperto l'enorme sbocco commerciale rappresentato dalla Romania (come era definito negli atti notarili genovesi l'Impero bizantino), cui si aggiunse presto il mar Nero, con la colonia di Caffa e le altre *Zenoe* create lungo le sponde di questo mare.

Genova caput mundi

La supremazia genovese nel commercio internazionale divenne, proprio nella seconda metà del secolo, evidente. I Genovesi furono i primi nel ricavare interessi dalla riconquista portoghese e castigliana della Spagna meridionale.

I primi a stabilire comunicazioni dirette via mare attraverso Gibilterra con Londra e Bruges e i primi nell'aprire le regioni occidentali della Persia e la Russia del sud al commercio europeo; i primi nel prolungare questo commercio con le regioni cinesi.

Il flusso di merci transitanti attraverso il porto di Genova risultò enorme. Si è calcolato che nel 1293 il ricavato delle tasse gravanti sul commercio marittimo prevedeva uno scambio imponibile di circa quattro milioni di libre genovesi, vale a dire dieci volte le entrate del tesoro reale francese dell'anno precedente. Questo enorme flusso di ricchezza rafforzò alcuni fondamentali tratti, che avevano caratterizzato la società medievale genovese anche nel secolo precedente. Prima di tutto, la liberalità nella politica di immigrazione seguita dal Comune, poi, il carattere democratico, ovviamente nel limite medievale dell'aggettivo, che la società cittadina si diede. Tale fisionomia si spiega con la particolare natura che ebbe in città il commercio, basato non solo sulla iniziativa delle grandi famiglie, ma anche sul finanziamento diffuso concesso ai traffici mercantili. Infatti, occorreva che il mercante avesse a disposizione un abbondante flusso di denaro, per comprare le merci e vincere l'eventuale concorrenza straniera. Questo finanziamento fu realizzato a Genova attraverso la *commenda*, una formula che permetteva a tutti gli abitanti cittadini, anche per piccole somme, di contribuire alla circolazione del denaro e alla distribuzione degli interessi guadagnati. Qualunque giovane marinaio o mercante poteva, poi, ottenere credito facilmente in un periodo in cui vaste erano le opportunità di arricchirsi.

Questa grande circolazione di capitali, superiore alla media medievale, dovette anche produrre una crescita nel benessere e un miglioramento nelle condizioni di vita, certamente più che altrove. Anche Genova, come un po' tutta l'Italia, nel corso del secolo non conobbe epidemie endemiche di particolare gravità; fu solo Genova, però, a ignorare anche la carestia, che pure periodicamente si affacciò sulle stesse regioni padane. Ciò venne reso possibile dalla enorme quantità di cereali che erano scaricati nel porto, dove arrivano navi dai granai più lontani.

Orgogliosamente, l'annalista ricorda che, nel 1276, mentre infuriava la carestia in tutta l'Italia settentrionale, Genova mantenne costante il prezzo del grano e riuscì ad aiutare nei limiti del possibile le regioni più colpite. In città, il tenore di vita si alzò notevolmente, dando spazio anche a un artigianato capillare e sofisticato. Se a Genova mancò la presenza massiccia di un'industria precapitalistica come l'arte della lana fiorentina, lo sviluppo di botteghe specializzate nei più svariati settori (compreso, come ricorda il Lopez, il fabbricante di calamai o quello di vasi da notte...) dimostra che la popolazione genovese godeva di un benessere certamente ignoto altrove.

A livello sociale, si produssero cambiamenti altrettanto interessanti. Il secolo XIII vide la lenta ma inesorabile presa di coscienza del *populus*, di quella parte della società cittadina che era stata tradizionalmente esclusa dalle cariche pubbliche e dalla gestione della politica. Il *populus* divenne sempre più importante nella misura in cui crebbe l'economia genovese.

È la rivoluzione del 28 ottobre 1270 l'occasione attesa dal *populus* per affermarsi. Anche se a guidarla furono due membri di clan tradizionali, è indubbio che toccò ai mercanti, agli armatori, ai banchieri, agli artigiani, alla gente, insomma, ricca, ma non ancora in grado di esercitare un vero potere, imprimere un carattere democratico al nuovo regime. Inoltre, l'ambiente cittadino rappresentò nel corso del secolo per i distrettuali non solo *"l'aria che rende liberi"*, secondo una nota formula medievale, ma l'occasione concreta per arricchirsi e innalzarsi socialmente. Anche nel XII secolo e agli inizi del Duecento i cartolari notarili dimostrano il grado di attrazione esercitato da Genova sui distrettuali. Spesso i contadini vendevano a speculatori attivi nelle campagne il loro piccolo appezzamento di terreno per tentare fortuna in città. Già agli inizi del secolo XIII si era formato un quartiere fuori dalle mura del Barbarossa, presso l'abbazia di Santo Stefano, dove le officine dei lanaioli erano spesso di proprietà di immigrati del distretto; botteghe dedite a ogni tipo di attività artigianale vennero aperte da individui che provenivano dai più sperduti villaggi dell'entroterra appenninico. È difficile quantificare questo flusso migratorio, che non dovette conoscere mai pause; con la seconda metà del secolo, questo esodo non si indirizzò più soltanto verso la città metropolitana, ma anche verso le altre colonie del Mediterraneo genovese.

Lo sviluppo della Riviera di Levante

Attraverso contatti personali, rimesse di denaro, iniziative finanziarie e commerciali, la rete di rapporti tra città e distretto divenne formidabile. Oltre a ciò, la caduta della Riviera di Levante sotto il dominio genovese e la nascita di strutture amministrative e militari locali (le podesterie), anche se dovettero suscitare qualche malumore fiscale, permisero anche a chi restava nei borghi di partecipare comunque al traffico cittadino. Ciò era già avvenuto nel secolo precedente, ma ora il fenomeno dovette coinvolgere più a fondo il distretto. Lo sviluppo di un mercato distrettuale e l'intensificazione negli scambi sono testimoniate efficacemente da un dato: nella seconda metà del secolo, e precisamente negli anni 1282/1285, erano attivi nella zona di Chiavari almeno 23 notai, a testimoniare del peso crescente che le transazioni economiche stavano acquistando anche nei territori extraurbani. Questo è dato sorprendente, se si pensa che in un porto assai frequentato come

Bonifacio in Corsica in un trentennio i notai erano una quindicina e che in una fiorente colonia come Pera, vicino a Costantinopoli, i notai in questi anni non arrivavano a venti. A ricavarne benefici dovette essere la stessa agricoltura distrettuale, liberata, dato il prezzo relativamente basso del grano, dalla necessità di risolvere il problema dell'autosufficienza alimentare. Fu incrementata l'agricoltura intensiva, specializzata soprattutto nella produzione di vino e olio, che contribuì a elevare il tenore di vita dei piccoli e grandi proprietari.

Nelle zone collinari meglio esposte (ad esempio, sulle colline di Leivi, di Ri, di Santa Giulia, di Bacezza, di Breccanecca) si trovavano le fattorie attive nella produzione di olio e di vino, fornite di torchi e di frantoio. Nello stesso tempo, anche il prezzo della terra, se messa a coltura, si alzò notevolmente, suscitando un interesse speculativo prima sconosciuto. Pure nel distretto si formò, così, una classe media, la *borghesia* (anche nel senso etimologico del termine), residente nei borghi rivieraschi, interessata in prima persona al commercio e al suo finanziamento, ma attenta anche allo sfruttamento agricolo delle sue proprietà. Legata da rapporti di interesse con Genova, essa era decisa ad amministrare direttamente il borgo di residenza; il *possidere idoneam substanciam* costituì un requisito irrinunciabile per assumervi cariche pubbliche, come quella di estimatore del Comune.

Questo coinvolgimento economico nella vita cittadina aveva un prezzo, in quanto il Comune genovese chiedeva agli abitanti delle podesterie di militare sotto il vessillo di San Giorgio, chiamando gli uomini a un impegno personale certamente più pressante rispetto agli anni di predominio signorile. Inoltre, ai beni dei distrettuali fu esteso il sistema fiscale cittadino, provocando anche resistenze e malumori, rispetto ai quali, però, doveva pesare di più l'interesse a mantenere stretti i rapporti con la città-madre. In caso di arruolamento sulle galere genovesi, si trattava anche per i distrettuali non di difendere interessi estranei, magari per soddisfare oscure vendette feudali, ma di collaborare attivamente alla crescita economica della metropoli e all'apertura di nuovi mercati, vincendo militarmente la concorrenza di altre città.

La guerra contro Pisa, con l'epopea della Meloria e con la grande campagna navale dell'anno successivo, non si possono comprendere, se non si tiene conto del contributo decisivo che le podesterie della riviera diedero in navi e marinai. Questo rapido quadro complessivo dimostra quanto l'orizzonte fosse mutato dagli anni in cui i distrettuali vedevano nei *cives* i loro antagonisti e preferivano rifugiarsi sotto la protezione feudale; questo spiega anche perché gli *homines* e gli stessi piccoli vassalli rivieraschi si siano affrettati ad abbandonare al suo destino Niccolò Fieschi e il suo precario Stato.

Le conseguenze della sconfitta di Niccolò

La sconfitta di Niccolò segna anche la fine del controllo politico fliscano sulla riviera o almeno sui borghi costieri. L'esperienza bruciante dovette marcare come una stimmata anche le scelte politiche della famiglia nei secoli successivi. I Fieschi saranno sempre sordamente ostili alla borghesia cittadina o distrettuale, che essi videro come la principale nemica nella costruzione di un feudo rivierasco autonomo da Genova. La famiglia finì per essere respinta di nuovo verso l'interno, nelle vallate appenniniche, dove il richiamo della città non arrivava, e fomentò periodici saccheggi contro i borghi costieri e la stessa metropoli. Abbandonati anche da Carlo d'Angiò, privi dell'appoggio del papa, mentre nessun ecclesiastico della famiglia (neppure Percivalle) dimostrava le capacità di comando dei grandi prelati vissuti nei decenni precedenti, i Fieschi videro disattesa la clausola dell'accordo col Comune, che prevedeva la restituzione dei castelli occupati da Genova alla famiglia. Nel 1277, anzi, ai Fieschi e ai Grimaldi venne confermato l'esilio in perpetuo. Fu questa ennesima sconfitta a spingere i Fieschi a un disperato tentativo per rovesciare la situazione.

Nel 1278, il 26 marzo, dopo essersi alleati con gli eredi del fu Corrado Malaspina e coi Grimaldi, Alberto e i suoi figli Manuele ed Egidio, con l'appoggio del fratello Federico, misero insieme 1200 fanti e 300 cavalieri per attaccare il borgo di Chiavari, dove entrarono abbandonandosi ad atti di vandalismo, distruggendo, quasi simbolicamente, quei prodotti (olio e vino) che avevano segnato l'irruzione del mercato nel distretto e la dissoluzione dei legami feudali. La risposta genovese fu immediata: Oberto Doria con una efficace campagna militare riottenne il controllo del borgo e occupò anche Arcola, castello posseduto dai Malaspina. Ai Fieschi non rimase malinconicamente che la strada delle pressioni diplomatiche sul Comune, utilizzando la Curia romana, dove, ahimè, la famiglia non era più rappresentata da personalità autorevoli. Il 13 agosto 1278, da Viterbo, Niccolò III accolse la richiesta, che venne avanzata da

Alberto, da Federico e da Manuele, figlio di Alberto, e intimò ai Capitani del popolo genovesi di dare attuazione alle clausole previste dalla pace firmata due anni prima. Lo stesso giorno, il papa incaricava il vescovo di Forlì di dirimere la questione. Alla risposta negativa del Comune il papa replicò lanciando l'interdetto sulla città, ma senza che ciò piegasse Genova (21 dicembre 1278). Il 27 febbraio 1279 Rodolfo, vescovo di Forlì, diede effettiva esecuzione al decreto, contro cui i Capitani si opposero; il papa attribuì allora la causa al cardinale Jacopo che, a sua volta, si pronunciò contro Genova. La sentenza venne ratificata dal papa il 28 gennaio 1280. Si trattò di una magra consolazione per i Fieschi, perché l'interdetto finì disatteso e venne tacitamente ignorato dalle parti. Lo stesso Alberto non resse all'ennesima sconfitta e morì proprio nel 1278.

Alla spedizione punitiva contro Chiavari non aveva partecipato, significativamente, Niccolò. Abbandonato il progetto di costruirsi una signoria in Lunigiana, preferì consolidare il suo dominio sugli altri centri rimastigli: Montoggio, Torriglia e Roccatagliata. In questo modo, una strada di fondamentale importanza per il rifornimento della città rimaneva sotto il suo controllo. Ancora nel 1282 nominò un procuratore perché trattasse col comune di Piacenza e col Capitano della società dei mercanti di tale città, probabilmente per definire i pedaggi da pagargli. Nel 1284 ospitò nel suo palazzo gli ambasciatori del comune di Pavia, incaricati di stipulare un accordo coi Malaspina e con altri mercanti genovesi, che controllavano i pedaggi sulla strada della Val Trebbia e della valle Staffora – lo stesso Niccolò appare tra i collettori di dazi pretesi lungo tali strade. Inoltre, grazie agli enormi capitali che la vendita dei castelli gli aveva procurato, il Fieschi partecipò in modo significativo ai traffici genovesi, proprio mentre l'economia cittadina conosceva un boom di eccezionale dimensione. Diversi atti lo vedono impegnato, spesso tramite il suo uomo di fiducia, Gerardo da Pontremoli, in cambi monetari di notevole entità stipulati sulle fiere della Champagne. È proprio in questa prevalenza netta dell'attività finanziaria il motivo centrale della potenza economica, ma anche della fragilità politica, di Niccolò e poi della sua famiglia. Se enorme fu il patrimonio liquido e immobiliare accumulato con le manovre speculative e finanziarie, sostanzialmente nullo fu il suo apporto al traffico commerciale della città, ad esempio con la partecipazione all'attività armatoriale. La ricchezza creata non solo non creava altra ricchezza per un largo strato della città, ma, anzi, assumeva un aspetto sostanzialmente statico e conservatore.

La borghesia mercantile e imprenditoriale, il *populus*, restò estranea ai traffici di Niccolò, quando non contraria; mentre i rapporti commerciali di Genova conoscevano una espansione e un orizzonte mai fino ad allora raggiunto, mentre stavano facendosi largo tra la borghesia cittadina altri clan, più radicati nel *milieu* economico, perché capaci di distribuire ricchezza a una folla di individui, la potenza di Niccolò e poi dei suoi discendenti non si estese ad altri. Questo spiega la rapida sconfitta della famiglia in città, dove nei decenni seguenti, sia pure con sussulti e colpi di coda, andò emergendo un nuovo strato dirigente e dove non ci fu più posto per i Fieschi. Alla famiglia toccò ripercorrere il cammino opposto, ritirarsi nel distretto appenninico, crearsi una clientela di montanari e contadini, che verranno usati come arma di pressione sulla città, ma senza scalfire il processo di emarginazione avviato in questi anni. Per il momento, comunque, nulla lasciava intravedere una sconfitta così pesante. Niccolò mantenne la sua residenza nel palazzo di Carignano, una sorta di castello cittadino, perché costruito immediatamente fuori delle mura, in una posizione di eccezionale rilievo strategico e simbolico: una vigile sentinella sulla città, che divenne nel tempo un punto di riferimento per le fazioni cittadine. Enorme era il suo patrimonio immobiliare, concentrato soprattutto intorno alla chiesa di San Donato, presso la quale si trovava il palazzo dove il Fieschi abitò, in attesa che fosse terminata la sua residenza in Carignano. Nel 1277, grazie anche al denaro versatogli dal Comune, Niccolò acquisì, proprio davanti alla chiesa, un altro palazzo confinante con le sue proprietà per la cospicua somma di 750 libre. Lungo la strada commerciale di Canneto acquistò una *stacio*, presso la quale si trovavano numerose botteghe date dal Fieschi in affitto. In questi anni passò sotto il suo controllo anche la torre vicino alla porta di Sant'Andrea (alle cui spalle si trovava il palazzo di Carignano), un tempo appartenuta agli Embriaci.

Importanti sono anche le proprietà terriere che Niccolò vantava nel distretto, soprattutto nella zona di Chiavari. Nonostante l'increscioso atto banditesco compiuto nel 1278, alcuni membri della famiglia continuarono a risiedere nel borgo (nel 1284 è ricordato il portico del palazzo degli eredi di Ugo Fieschi). I Fieschi vantavano, inoltre, cospicue proprietà allodiali (da Macia a Giacomo allo stesso

Niccolò) sparse nelle varie vallate e mantenevano ancora in locazione terre (Niccolò risulta avere in concessione terre dal monastero di San Colombano nella villa *de Iurnelia*). Così, ancora nel 1284, Giacomo si fece riconoscere i diritti che vantava su due coniugi, che avevano preso in affitto e venduto terre di suo padre, Opizzo, tramite il fattore del Fieschi, Pietro *de Petraclaunna*, morto da poco; inoltre, Nicolò possedeva una parte del bosco posto nella villa di Costacalderaria, dove erano situate alcune ferriere.

Anche i Fieschi, peraltro, furono costretti ad accettare la giurisdizione genovese, rappresentata dal podestà di Chiavari. I diritti vantati da Giacomo Fieschi e provenuti a lui dal padre gli furono riconosciuti grazie all'intervento del giudice del podestà di Chiavari, che permise agli eredi del fattore di Opizzo di rinunciare a ogni loro pretesa, nonostante non avessero compiuto i 25 anni richiesti dalle norme statutarie. Nel 1284 Ottobono Fieschi (figlio di Niccolò), che era stato nominato tutore dei figli del fu Parente De Turri, curò l'inventario dei beni lasciati dal defunto, in buona parte situati nella podesteria, ma fu costretto a rivolgersi al giudice del podestà per ottenere che venisse confiscata una casa, come rimborso di un debito che Parente vantava su un abitante del borgo.

Ritornando ora alle vicende della famiglia, impegnata in vani tentativi di riscossa, il coinvolgimento di Niccolò rimase limitato. Nel 1280 Rodolfo d'Asburgo (legato già da tempo ai Fieschi anche da rapporti di parentela) gli confermò i privilegi e le immunità che erano state concesse in precedenza alla famiglia; passando per Parma, come vicario imperiale e conte palatino, il Fieschi creò cavalieri a speroni d'oro Ugolino e Guglielmo dei Rossi. Morto Alberto, ormai anziano e assimilato all'ambiente cittadino Tedisio II (che morì prima del 1288, lasciando un solo erede, Rollando) e morto anche Giacomo, il figlio di Opizzo (anche lui prima dell'aprile 1288), toccò a Federico difendere gli interessi della famiglia.

Federico era il più giovane dei fratelli del cardinale Ottobono. Fu avviato alla carriera ecclesiastica, cominciando a collezionare prebende, ma poi dovette ritornare allo stato laicale e divenne *miles regis Angliae* nel 1253. In tal veste, fece costruire una cappella dedicata a San Bartolomeo, nella chiesa di San Francesco di Castelletto a Genova. Federico era stato nominato erede dei beni che il cardinale Ottobono possedeva, per cui gli toccarono proprietà a Trigoso, Roccatagliata e a Genova; inoltre, ebbe anche tutto ciò che il cardinale possedeva nel Regno di Sicilia. Questo patrimonio, formato dalle confische dei beni che avevano colpito i consiglieri di Federico II, fu rivendicato dal Fieschi anche dopo la morte del fratello; su istanza di Giovanni XXI, Carlo d'Angiò, per riguardo verso Percivalle Fieschi, fratello di Federico e suo consigliere, promise di restituirgli tali beni, che il re aveva incamerato.

Ancora nel 1285 tutti i membri più autorevoli della famiglia (Niccolò, Giacomo, Tedisio II, Andriolo, figlio di Alberto, Percivalle, figlio di Ugolino, Alberto e Ottobono, figli di Niccolò), avevano protestato presso il papa Onorio IV perché il Comune genovese impediva loro di nominare i consoli a Sestri Levante (dove ormai da decenni, in realtà, funzionava una efficiente podesteria). La famiglia lamentava anche il fatto che fossero costretti al pagamento delle imposte, nonostante la esenzione di cui godevano. Inoltre, sottolineavano come i castelli loro confiscati non fossero stati restituiti come stabilito dagli accordi precedenti. In tal modo ottennero un ennesimo intervento da parte del papa sui Capitani del popolo. I risultati pratici di questi tentativi furono nulli, così come fallì il progetto politico affidato dal papa al membro ecclesiastico più autorevole della famiglia, Percivalle.

Percivalle e il "progetto" toscano

Percivalle era stato uno stretto collaboratore del cardinale Ottobono, di cui fu cappellano e che aveva seguito al concilio di Lione, accompagnando papa Gregorio X. In questa occasione lo abbiamo visto soggiornare a Firenze, dove la Curia si stava adoperando per arrivare a un accordo tra le fazioni cittadine.

Percivalle, pur senza arrivare al titolo di cardinale, era personaggio di grande prestigio anche per altri motivi: egli sarebbe stato cancelliere di Rodolfo d'Asburgo ed ebbe un incarico diplomatico presso lo stesso Rodolfo da parte di Onorio IV. In aggiunta fu eletto arbitro in una controversia tra il Delfino di Vienne e il conte di Savoia, sentenziando a favore di quest'ultimo. Soggiornò a lungo a Roma, facendo saltuariamente ritorno nella sua città, Genova.

Nel 1285 scoccò il suo grande momento. Nel novembre Rodolfo d'Asburgo, interessato nuovamente a conquistare la corona imperiale, decise di nominare Percivalle come suo vicario per la Toscana, con l'intenzione di usare la regione come merce di scambio con la Chiesa, per ottenere l'appoggio romano ai suoi sogni imperiali. Il fatto che a tale carica venisse chiamato un ecclesiastico, e non un laico, segnala il desiderio di Rodolfo di avere l'aiuto di Onorio IV. All'inizio Rodolfo sembrò sul punto di cambiare idea, forse perché le prime decisioni prese dal Fieschi rivelarono la sua debolezza sia come politico sia come uomo d'azione. Infatti, Rodolfo concesse al vescovo Arrigo di Basilea, che era stato mandato in Italia, pieni poteri per concludere col cardinale Matteo Orsini un compromesso con lo scopo di convincere l'Orsini ad accettare il vicariato per la Toscana al posto del Fieschi (1° febbraio 1286). L'Orsini preferì rinunciare, per cui Rodolfo, in accordo col papa, appoggiò definitivamente Percivalle nel suo tentativo di sottomettere le città toscane. Il 17 aprile Onorio intimò a Firenze di giurare fedeltà al vicario imperiale e l'ordine fu comunicato anche a Siena il 27 giugno. Il papa, poi, forse anche lui non troppo fiducioso nelle capacità del Fieschi, decise di affiancargli maestro Pietro di Piperno, canonico di Soissons e futuro cardinale.

Alla pronta reazione dei Comuni toscani, Percivalle rispose pretendendo per sé prerogative che corrispondevano a quelle che erano state concesse a suo tempo a Carlo d'Angiò come vicario imperiale. Tuttavia, Percivalle dimostrò scarso senso delle proporzioni, perché poteva contare su pochi aiuti (compresi quelli che i fratelli Niccolò e Federico si dichiararono disposti a dargli), cosicché il suo disegno ambizioso si rivelò subito assai debole. Siena preferì mettere a tacere il Fieschi con una somma di denaro e con l'impegno ad accettare le sue richieste, se Firenze avesse fatto altrettanto. Nella prima settimana di luglio, Percivalle entrò a Firenze e intimò al Comune una piena obbedienza; si trasferì poi a San Miniato (antica sede del potere imperiale in Toscana), dove, convocato un Parlamento, pretese da tutti i Comuni toscani, entro il mese di ottobre, il giuramento di fedeltà e la cessione dei diritti imperiali. I delegati toscani rifiutarono, perché ricordarono l'impegno a suo tempo preso da Rodolfo di nominare vicario solo un suo suddito di lingua tedesca e con almeno 500 cavalieri della sua nazione. Percivalle replicò, mettendo al bando Firenze e Siena, oltre ad altre città, condannando la prima a una ammenda di 50000 marche d'argento e la seconda a versarne 30000. Temendo le difficoltà economiche che tale decisione avrebbe potuto provocare, Firenze inviò un sindaco a San Miniato, per opporsi ufficialmente alla sentenza e Siena fece lo stesso, quando Percivalle si era ormai trasferito ad Arezzo. Agli inizi del 1287 i Comuni toscani spedirono un'ambasceria a Rodolfo, senza nulla ottenere; pertanto, Lucca si piegò e preferì arrivare a un accordo (dopo l'8 marzo), mentre gli altri Comuni decisero di riunirsi in una lega contro il vicario. A tale scopo, sempre nel marzo, a Ranuccio di Peppo Farnese fu affidato il compito di arruolare 500 cavalieri, da affiancare ai 1500 messi in campo dalle città.

Due avvenimenti resero ancora più complicato il progetto di Percivalle: Onorio IV improvvisamente morì e Rodolfo decise di rimandare la sua discesa in Italia, abbandonando a sé stesso il Fieschi. Percivalle stabilì, pertanto, di recarsi personalmente dal re per ottenere la riconferma dell'incarico. Durante la sua assenza, ad Arezzo la parte ghibellina, appoggiata dal vescovo, prese il sopravvento, provocando la immediata reazione di Firenze, che promosse un accordo contro la città passata nello schieramento opposto. Nell'autunno del 1287, Percivalle ritornò in Italia, dopo aver reclutato cavalieri nella regione di Ginevra; con l'appoggio dei ghibellini di Arezzo, iniziò le ostilità, dando il guasto alle campagne fiorentine nel febbraio del 1288. Il nuovo papa, Niccolò IV (eletto il 22 febbraio), si interpose come paciere e intimò alle città toscane di nominare plenipotenziari e allo stesso Percivalle di presentarsi a Roma, per arrivare a un accordo. Nel frattempo, le ostilità dovevano essere sospese (13 aprile). Percivalle ubbidì e si impegnò a non intervenire di persona nelle operazioni militari. La lega guelfa, invece, riprese la iniziativa, provocando la reazione del papa, che si trovava a Rieti in compagnia del Fieschi.

La richiesta di sospendere immediatamente le ostilità cadde nel vuoto. Alla fine di giugno, il conte Ugolino della Gherardesca venne abbattuto a Pisa con soddisfazione di Percivalle, che si affrettò ad accordarsi con l'arcivescovo Ruggiero. I due prelati fecero arruolare nella regione tra Roma e Napoli 300 cavalieri, che sarebbero dovuti arrivare a Pisa, ma questo contingente fu intercettato dai Fiorentini e sbaragliato il 15 agosto. L'anno seguente (1289), a Campaldino, si svolse lo scontro decisivo tra le due fazioni: la sconfitta dei ghibellini fu pesantissima e costrinse Percivalle a un frettoloso ritorno a Roma. A questa umiliazione Percivalle non sopravvisse a lungo: nel luglio rinunciò a ogni suo diritto sull'arcivescovato di Lione, a cui era stato eletto, ma con l'opposizione di un altro candidato. Agli inizi del 1290 fu autorizzato dal papa a far testamento. Morì poco dopo. Nell'aprile Niccolò IV invitò l'arcivescovo di York ad assegnare la cappellania, che era stata di Percivalle, a un inglese in *theologica facultate magister aut in decretis doctor aut in iure civili professor*. Nello stesso anno il papa ordinò al vescovo di Lincoln di assegnare l'arcidiaconato di *Bekingamia*, con relative prebende, dato che Percivalle era da poco morto a Roma (22 aprile 1290). Quasi nello stesso tempo si concludeva, ancora una volta amaramente, la parabola di altri due influenti membri ecclesiastici dei Fieschi, il magiscola Tedisio e Opizzo, patriarca di Antiochia. Nel 1280 (1° aprile), Opizzo era stato nominato da Niccolò III amministratore della chiesa di Trani; questa scelta fu avallata da Carlo d'Angiò che, il 26 agosto, ordinò ai *secreti* di non impedire a Opizzo di esigere le decime spettanti a tale diocesi; la decisione fu ribadita dal re il 26 maggio 1281.

Genova chiude la porta in faccia ai Fieschi

Nel 1286 morì Bernardo, arcivescovo di Genova: era l'occasione tanto attesa per collocare un Fieschi al vertice della Chiesa cittadina e per iniziare di lì un'opposizione più efficace al governo ormai solido dei Capitani del popolo. In realtà, Genova stava conoscendo un momento di coesione politica e sociale straordinaria. La lotta contro Pisa, conclusasi con la vittoria della Meloria, aveva dimostrato una tenuta dell'alleanza tra il *populus* e i due clan (Doria e Spinola) tradizionalmente egemoni; questa unione stava avendo una ricaduta fruttuosa sui traffici commerciali della città e sulla sua stessa autonomia di indirizzo politico. Ovvio quindi attendersi un'opposizione aspra e intransigente della nuova classe di governo a ogni manovra compiuta dai nemici di un tempo per riprendere fiato in città. Lo scontro fu subito violento all'interno dello stesso capitolo della cattedrale, dove, nonostante la presenza di alcuni canonici vicini ai Fieschi, non si raggiunse l'accordo per la nomina del nuovo arcivescovo. Il candidato favorito era il magiscola Tedisio Fieschi, ma su di lui non si verificò l'accordo anche per l'opposizione di un altro candidato, Ottobono Spinola, membro della famiglia al potere in città. Il lungo conclave seguito alla morte di Onorio IV aggravò la situazione, finché, forse come atto di compromesso, il nuovo papa, Niccolò IV, decise nel 1288 (4 giugno) di eleggere Opizzo come amministratore della diocesi genovese. Opizzo fu per questo sostituito a Trani (5 novembre). Egli ne approfittò per richiamare in vigore l'interdetto che nel lontano 1279 Niccolò III aveva lanciato contro il Comune su pressione dei Fieschi; l'interdetto era stato tacitamente dimenticato, senza che vi fosse una sua formale abolizione sotto Martino IV. Ora Opizzo ottenne da Niccolò IV che esso fosse sospeso fino a un termine prefissato, sotto il pretesto di voler personalmente assolvere i sacerdoti che erano diventati irregolari a causa della interruzione dei servizi divini. Qualora il governo genovese non si fosse accordato col Fieschi per ottenere tale perdono, l'interdetto sarebbe tornato in vigore. Si trattava, peraltro, di un'arma debole, per cui la famiglia preferì tentare un'azione di forza.

Tra la fine del mese di marzo e i primi giorni d'aprile del 1288, nel refettorio posto accanto alla chiesa di San Salvatore, i membri laici più autorevoli della famiglia nominarono due arbitri, il *magiscola* Tedisio e l'arcidiacono Leonardo, per stabilire le somme, che ciascuno avrebbe dovuto versare, ufficialmente per intraprendere un'azione presso la curia papale, ma, più probabilmente, per finanziare un colpo di mano su Genova. Niccolò si impegnò a versare ben 30000 libre di genovini; Federico ne promise 14000, come fecero anche i fratelli Manuele e Andrea (figli di Alberto), i fratelli Guglielmo, Andrea, Manfredino, Franceschino e Luchino (figli di Giacomo), Percivalle con i fratelli (da identificare coi figli di Ugolino, figlio di Opizzo); per una somma minore (5000 libre) si impegnarono Ottobono (il figlio maggiorenne di Niccolò), i fratelli Raimondino, Opizzino ed Enrico (figli di Ugo, fratello del papa Adriano) oltre che Bonifacio coi fratelli: in tutto venne messa insieme l'enorme cifra di 100000 libre di genovini, quattro volte la cifra che era stata pagata dal Comune genovese a Niccolò per la sua signoria in Lunigiana.

Il 1° gennaio 1289 fu tentato il colpo di mano sulla città: gli insorti (secondo gli Annali parteciparono alla rivolta anche i Grimaldi, i Di Negro e molte altre famiglie, puntigliosamente elencate dall'estensore della cronaca, Jacopo, fratello del capitano Oberto Doria) occuparono la cattedrale di San Lorenzo, attaccarono il palazzo dell'abate del popolo (magistrato che era chiamato a guidare il *populus*) e cercarono di catturare i due Capitani, mentre essi stavano organizzando la risposta. Il tentativo fallì miseramente: i rivoltosi furono costretti ad asserragliarsi nella cattedrale, alle cui porte, con gesto inaudito, diedero fuoco, salvo poi arrendersi.

Opizzo, su cui cadeva il sospetto di aver organizzato il colpo di mano, fu costretto a lasciare Genova. Alle minacce di scomunica da lui lanciate i Capitani replicarono, difendendo la loro linea davanti al papa, che fu costretto ad abbandonare al suo destino Opizzo; già nel febbraio, egli risulta sostituito dal suo vicario generale, Bartolomeo de Regio. Il governo genovese, non ancora soddisfatto, protestò con energia presso Niccolò IV, accusando Opizzo di essersi adoperato per abbattere il legittimo potere. Il papa si limitò ad annullare tutte le decisioni di Opizzo, ma rifiutò di rimuoverlo dalla carica di amministratore. Si trattava di una magra consolazione, perché il peso politico del membro religioso più autorevole dei Fieschi era ormai azzerato; egli ebbe ancora nel 1291 dal papa l'incarico di comminare la scomunica a quei mercanti che intrattenevano rapporti commerciali con l'Egitto, facendo inserire tale divieto negli statuti cittadini (23 agosto). Gli vennero poi riconosciute varie prebende, per consolarlo della sua imminente destituzione. Infatti, alla fine dell'anno alla cattedra genovese venne chiamato Jacopo da Varagine, cui anche il *magiscola* Tedisio Fieschi dovette giurare fedeltà. Opizzo si spense poco dopo. Nello stesso lasso di tempo, moriva anche un altro membro ecclesiastico di nome Tedisio; infatti, il 22 giugno 1290, papa Niccolò IV dichiarò vacante il vescovato di Reggio, cui era stato eletto Tedisio, ricordato come ormai defunto.

Un triste fine secolo per la famiglia

Con l'insuccesso di Percivalle in Toscana e con il fallimento di Opizzo a Genova il secolo stava tristemente tramontando per i Fieschi: la sconfitta sarebbe stata catastrofica per la famiglia, se il ramo di Niccolò non fosse stato retto, di lì a poco, dalla mano ferma di un altro autorevole personaggio, Luca, diventato cardinale alla fine del secolo. Luca ottenne, forse per ragioni politiche, il favore di Bonifacio VIII e poté ereditare canonicati e prebende alla morte del fratello Brancaleone, nonostante *quod defectum in etate et in ordinibus patitur*. Gli altri esponenti della famiglia ebbero una sorte meno felice: in piena crisi, furono costretti a rinchiudersi malinconicamente nei loro castelli (è il caso di Federico) o vennero assorbiti nella vita cittadina, ormai messi in condizione di non nuocere, o finirono per ritornare a radicarsi nel distretto. Se il prestigio politico della famiglia era gravemente compromesso, ciò non impedì a Niccolò di continuare a muoversi in città, per accrescere il suo patrimonio immobiliare: nel 1292 era impegnatissimo nel costruire una *domus* proprio nel quartiere di San Lorenzo, perché si procurò da un *claparolius*, Lanfranco di Lavagna, tramite il fido procuratore Gerardo da Pontremoli, 1000 *abaini*, lastre di ardesia, destinati al suo nuovo edificio. Dentro le mura cittadine la sua residenza rimase il palazzo in San Donato: qui nel 1292 nominò il notaio Giacomo de Vegio suo procuratore per dare in affitto i beni che il conte possedeva in Val Polcevera, Rapallo, Chiavari, Sestri Levante e Voltri.

Nel dicembre del 1295 ci fu l'ultimo colpo di coda, favorito da Federico Fieschi. I guelfi, che erano insorti in città, vennero ancora una volta vinti e a Federico, insieme a Percivalle, figlio di Ugolino, e ad altri membri della famiglia non restò che la via dell'esilio, con la temporanea confisca dei beni, nel febbraio 1296. Negli anni successivi, tali beni vennero restituiti alla famiglia. Il 9 gennaio 1297, infatti, il procuratore di Clara, moglie di Federico Fieschi, non solo ottenne dal podestà di Genova di poter recuperare le terre e le case sequestrate, ma anche reclamò il fitto o la pensione dovute per tali proprietà immobiliari. Federico morì non molto dopo e stese il suo testamento, quando era già gravemente ammalato, il 6 febbraio 1303, a Sarzana, dove si trovava ospite di maestro Bartolomeo. Benché, quindi, non vi possedesse un palazzo, egli era circondato da una piccola corte, formata da un donzello, due cuochi, una serva, uno scudiero. Privo di eredi maschi, Federico nominava suo erede il fratello Niccolò, cui fu lasciata la torre di San Donato a Genova. Alla moglie Clara toccarono gli edifici nel quartiere genovese di San Tommaso, come restituzione della dote; la figlia Andriola venne affidata alla protezione del cardinale Luca, suo nipote, ed ebbe 300 fiorini, mentre all'altra figlia Eleonora (che aveva sposato Bernabò Doria) fu consegnata la sua dote, oltre a 200 libre di genovini.

Federico fu sepolto, secondo il suo desiderio, nella chiesa genovese di San Francesco di Castelletto.

CAPITOLO 10

Fieschi genovesi e Fieschi feudali

Niccolò rimase per scelta o per necessità spettatore degli avvenimenti cittadini, proprio mentre l'alleanza stretta tra Doria, Spinola e *populus* stava per conoscere violente convulsioni. Esemplare fu il lacerante scontro che divise il gruppo dirigente quando, dopo la ribellione siciliana (1292), giunse in città il sempre più pressante invito di Carlo II d'Angiò perché Genova collaborasse nel recuperare l'isola perduta. Le offerte vantaggiose, ancora una volta fatte balenare davanti agli occhi del ceto mercantile, trovarono, tuttavia, violenta opposizione da parte di altri clan che traevano maggiori guadagni dalla nuova situazione, nonostante essa implicasse una sempre più consistente presenza catalana nell'area tirrenica.

La crisi, che il Capitanato del popolo conobbe in tale occasione, non permise, però, ai Fieschi un recupero di peso politico. Niccolò preferì osservare gli avvenimenti con distacco, ora occupandosi della costruzione di un palazzo presso San Lorenzo, ora curando l'amministrazione delle immense proprietà distrettuali dal suo castello di Torriglia. Il figlio maggiore di Niccolò, Ottobono, entrò in conflitto con il padre, forse ribellandosi o, in ogni modo, creandogli seri problemi; infatti, Ottobono fu protagonista di uno strano episodio (rubò gli arredi sacri alla chiesa di Sant'Onorato di Torriglia), che costrinse l'ormai anziano padre a punirlo nel suo testamento.

A consolare Niccolò fu, piuttosto, un altro figlio, Luca, destinato a diventare cardinale il 2 marzo 1300 per volere di Bonifacio VIII. Poche le notizie su Niccolò nei suoi ultimi anni di vita; dal matrimonio con Leonora ebbe numerosa prole: oltre ai già citati Ottobono e Luca, i suoi figli furono anche Carlo, Federico, Alberto (che divenne arcidiacono di Reims) e Brancaleone. Sue figlie furono Alagia, il personaggio reso noto dal celebre episodio dantesco, sposa di Moroello Malaspina, Frisca, che sposò Alberto Malaspina e Giacomina, che andò sposa a Opizzo VI d'Este. Niccolò stese il suo testamento a Torriglia il 26 ottobre 1304; stabilì d'essere sepolto nella chiesa di Sant'Adriano di Trigoso, fondata dal fratello cardinale Ottobono, dove egli aveva fatto costruire una cappella. Suo figlio Alberto, canonico di Reims, fu obbligato a versare 500 fiorini d'oro per la fabbrica della chiesa. Niccolò volle, poi, che vi si costruisse un monumento funebre, destinato ad accogliere anche il corpo della moglie, che era già deceduta.

Come eredi istituì i figli maschi, senza ricordare il più giovane, Brancaleone, e nominò come esecutore testamentario il figlio cardinale Luca. A Gabriele, suo nipote e figlio di Carlo, evidentemente amato dal nonno, lasciò ben 10000 libre di genovini, da depositare in un banco, fin quando il bambino non avesse compiuto 14 anni; suoi tutori furono nominati Manuele Zaccaria e Meliaduce dei Salvatici. Ordinò poi che dai beni del figlio Ottobono venissero tolti 400 genovini da destinare alla chiesa di Sant'Onorato di

Torriglia, dalla quale Ottobono aveva tolto il tabernacolo, la cassa d'argento e l'immagine del santo. Niccolò morì prima del 1310, e le sue spoglie furono trasportate a Genova e ivi inumate nella chiesa di San Francesco di Castelletto, accanto alle tombe del fratello Federico e della moglie Leonora. Mentre Luca era impegnato presso la curia papale, a guidare la famiglia furono Ottobono e Carlo; quest'ultimo aveva sposato nell'ultimo scorcio del secolo Teodora, parente del re di Sicilia Carlo II d'Angiò.

Genova agli inizi del XIV secolo

Prima di procedere nel racconto delle vicende fliscane, occorre dare uno sguardo alla situazione economica genovese nel trapasso dal secolo XIII a quello successivo, per cogliere le ragioni che spiegano la crisi di prestigio con cui la famiglia dovette confrontarsi per quasi un secolo. Il formidabile sviluppo dell'economia cittadina, sostenuta dalla penetrazione capillare in tutto il bacino del Mediterraneo, tanto da dar vita a una sorta di Commonwealth, anche se venne favorito più dall'iniziativa dei singoli che da un progetto politico collettivo, vide i Fieschi in un ruolo sostanzialmente subalterno.

Se alcuni rami della famiglia si inserirono nell'ambiente genovese e poterono partecipare ai traffici mercantili o monetari non riuscirono a recitare un ruolo economico di rilievo, scavalcati sia dalle grandi famiglie patrizie di origine cittadina, che non avevano mai abbandonato l'attività commerciale, sia dai nascenti clan popolari, pronti a rivendicare un ruolo sempre più attivo sulla scena pubblica. Inoltre, gli interessi ancora sostanzialmente feudali del ceppo principale dei Fieschi, quello di Niccolò, i cui enormi capitali erano stati investiti in attività parassitarie (acquisto di beni immobili, investimento nei *loca* delle Compere cittadine, speculazioni finanziarie, acquisizione di quote nei pedaggi) avevano impedito alla famiglia di crearsi solide radici clientelari al di fuori del ristretto ambito ecclesiastico. Su questa forma parassitaria di investimento praticata dai Fieschi (e non solo da loro) è il caso di soffermarci. Se da un lato il perverso meccanismo portò le casse del Comune genovese a essere continuamente e cronicamente in debito di denaro, dall'altro era presente la rapacità di una politica fiscale gravante essenzialmente su imposte indirette, date sistematicamente in appalto, ma costretta con sempre maggiore frequenza a ricorrere a prestiti forzosi sui beni dei cittadini.

I Fieschi, per antico privilegio accanitamente difeso, erano esenti da ogni forma di imposizione diretta. Non solo: il sistema delle *Compere*, attraverso la riscossione di denaro con la vendita di *loca* (ognuno dei quali pari al valore di 100 libre, ma oscillante secondo la congiuntura economica) permise ai responsabili del disastro finanziario dello Stato (costretto a sostenere spese enormi per guerre, lotte intestine ecc.) di sfruttare gli interessi derivanti dal debito pubblico. Se ci fu una misura inapplicata o tentata solo in via eccezionale fu proprio la confisca di tali rendite, che vennero quasi sempre garantite ai proprietari, prescindendo dalla loro posizione politica o dai risultati dei conflitti interni. L'investimento nelle *Compere* della Repubblica assunse dimensioni vertiginose durante il secolo, indipendentemente dall'esito dello scontro cittadino. Per convenzione, oltre che per legge, almeno con Simone Boccanegra, la Repubblica si rifaceva sì dei danni subiti dalle famiglie nemiche, confiscando gli interessi maturati sui *loca*, ma non ne cancellava la proprietà. Questa posizione di rendita permise ai Fieschi un vantaggio considerevole, evitando loro, grazie alle fortune accumulate nell'epoca aurea duecentesca, di mettere a repentaglio i loro beni nella mercatura, ma bloccando la famiglia su posizioni conservatrici e antipopolari (nel senso medievale del termine *populus*). Un dato per tutti a dimostrare l'immenso capitale posseduto dalla famiglia: i Fieschi possedevano *loca* pari a quelli vantati dai due rami degli Spinola e a quasi il doppio di quelli vantati dai Grimaldi e dai Doria. I capitali nelle mani della famiglia venivano intestati spesso alle donne o ai membri ecclesiastici, che godevano già della collazione di ricchi canonicati. Proprio mentre gli *infirmiores et populares* stavano diventando una massa di manovra per i clan nobili nelle ormai imminenti feroci lotte interne, i Fieschi non furono in grado di contrapporre eguali clientele in città, dai cui giochi finirono con l'essere a lungo esclusi.

La famiglia tenta la carta mercantile

Per salvare ciò che restava dei loro possedimenti distrettuali (i castelli di Savignone per un ramo della famiglia; i castelli di Torriglia, Montoggio e Roccatagliata, posti lungo un crinale appenninico che si protendeva verso la Valditaro, dove stava venendo ricostruito il castello di Varese, antico centro di una *curtis* signorile appartenuta ai Conti di Lavagna), divenne obbligata per la famiglia la via di una stretta simbiosi con la politica di una potenza internazionale, capace di garantire ai Fieschi il ruolo militare e politico, che non erano più in grado di esercitare da soli. Quest'alleato non poteva essere che la Francia, visti i rapporti già stabiliti nei decenni precedenti e le simpatie filofrancesi che il nuovo capo politico della famiglia, il cardinale Luca, stava nutrendo. Attraverso questa ferrea collaborazione, destinata a non conoscere incertezze per più di un secolo, fu possibile per la famiglia, se non giocare ancora una volta la carta della creazione di un feudo, che controllasse un corridoio dagli Appennini sino al mare, almeno cercare di impadronirsi di un nodo di comunicazione altrettanto delicato, la Lunigiana, dove i Malaspina, in preda a una gravissima crisi economica e a laceranti lotte intestine, non sembravano garantire a sufficienza le potenze interessate a questa delicata posizione strategica.

I Fieschi appariranno per tutto il secolo XIV costantemente collegati allo schieramento guelfo, con l'avvertenza di non considerare tale collocazione come una scelta ideologica, ma come l'appartenenza a ciò che è stato efficacemente chiamato un contenitore fluido da cui si può travalicare, se la politica familiare lo richiede, così come farà la famiglia, a metà del secolo, col suo avvicinamento ai ghibellini Visconti. Ritornando ai membri della famiglia vissuti nel secolo XIII, il ramo di Savignone era stato fondato da Opizzo; da lui nacquero Giacomo e Ugolino. Giacomo (morto prima dell'aprile 1288) ebbe come figli Guglielmo (che sposò Andriola, figlia di Lanfranco Vento, e, in seconde nozze, Floria; giurò fedeltà a Enrico VII, morì prima del 1312 e suoi figli furono Giorgio, Raffaele, Percivalle, Matteo e Gregorio), Andrea (ricordato nell'accordo familiare del 1289), Manfredo (che fu tra i rappresentanti dell'Albergo dei Fieschi nel 1319), Francesco (che è ancora sotto tutela nel 1288) e Luchino (assai giovane; infatti, nel 1292 risulta ancora sotto tutela della madre, Bellavia, vedova di Giacomo).

Ugolino, l'altro figlio di Opizzo, aveva steso il suo testamento l'8 settembre 1279 ed era morto poco tempo dopo. Da lui nacquero Percivalle (che sposò Pietrina, figlia del fu Mariano Doria), Pietro (ancora minorenne nel 1288; sposò Caterina figlia di Luchetto Grimaldi e morì prima del 1302), Tedisio (che fu chierico ed è ricordato come procuratore dell'albergo dei Fieschi nel 1319) e Giacomo (questi tre figli erano ancora minorenni nel 1280). Sempre figli di Ugolino furono Sorleone (maggiorenne nel 1288, era canonico della chiesa maggiore di Brugnato e in lite nel 1280 con la nonna, Simona, vedova di Opizzo, perché egli aveva chiesto l'annullamento del testamento steso dal padre Ugolino) e Guido, ricordato come podestà di Ravenna nel 1277. Figlia di Ugolino fu Simonina (che sposò Saladino Doria, figlio del fu Mariano).

Il ramo di Savignone continuò per secoli a vantare il controllo del castello e della giurisdizione annessa, fatta eccezione per alcune quote (nel secolo XVI calcolate complessivamente a un ottavo). I comproprietari eleggevano il podestà di comune consenso ma si erano divisi in quote ben determinate i contadini loro sudditi e gli eventuali affitti, onde evitare discussioni. Il feudo fu confermato alla famiglia anche dopo le drammatiche vicende da essa conosciute alla metà del secolo XVI.

Ormai insediatisi nella società cittadina, insieme con altri rami della famiglia (come quello di Tedisio II), questi Fieschi, che potremmo definire genovesi, si dedicarono anche all'impresa armatoriale, allestendo galere, sia per commercio sia, in caso di richiesta, per scopi militari. Ma la partecipazione della famiglia ai grandi traffici mercantili in Romania o nelle Fiandre fu esigua, e certo non paragonabile al ruolo che altre famiglie aristocratiche antiche (come gli Spinola) o più recenti (come i Lomellini) continuavano a svolgere.

Zona privilegiata di commercio rimase la Francia e, in particolar modo, la Provenza, dati gli stretti rapporti con la corona angioina e francese. I Fieschi furono attivi, agli inizi del secolo, nel traffico di grano e, in misura economicamente meno importante, anche nello scambio di prodotti alimentari (formaggio e carne), dalla Corsica. In tale attività potevano agire in condizioni di esenzione fiscale, basandosi sull'accordo stipulato tra il Comune e i Conti di Lavagna nell'ormai lontano 1166. Infatti, nel 1306, fu sollevato un interessante caso davanti al giudice del podestà. Il 14 aprile, Percivalle, figlio del fu Ugolino, Luchino, figlio del fu Giacomo, e anche Lavagnino Ravaschieri (appartenente a una famiglia della piccola nobiltà distrettuale, derivata dai Conti di Lavagna), in nome di tutti gli altri conti, protestarono contro Pietro da Vignolo e Guglielmo de Lando, sovrastanti e collettori della *tolta grani* e contro Ideto, collettore dell'introito della carne e del formaggio, invitandoli a rispettare le immunità fiscali concesse dal Comune genovese ai conti nell'accordo del 1166. I collettori, due giorni dopo, replicarono che a essere danneggiato da tale situazione era il Comune genovese e invitarono il vicario a nominare un sindaco per difendere gli interessi del Comune. Il giorno dopo, i Fieschi si opposero a tale richiesta, facendo osservare che non esisteva *pregiudicium Communis*, in quanto il

Comune stesso aveva riconosciuto tali privilegi, e proposero, pertanto, di rigettare la richiesta dei collettori. Il 26 maggio 1306 Lapo de Bonfiliis da Prato, giudice vicario di Brancaleone de Andalò, podestà di Genova, accolse la protesta della famiglia.

Il commercio con la Provenza continuò anche in seguito. Gli storici ricordano, tra i Fieschi genovesi, il caso di Tedisio, la cui galera, in viaggio per la Provenza, risulta nel 1324 catturata dagli *extrinseci* ghibellini. È anche il caso di Federico, cui nel 1329 l'ambasciatore di re Roberto d'Angiò diede l'incarico di allestire, con Manuele e con Egidio (i figli di Alberto), una nave per la flotta del re. È il caso, infine, di Brancaleone e Lorenzo, attivi nel commercio di grano tra la Provenza e Genova. I Fieschi genovesi dovettero, quindi, creare una piccola flotta privata, che verrà utilizzata alla fine del secolo nella guerra contro Venezia.

Il ramo di Savignone seguì, in tal modo, in parte la strada di altri rami di antiche famiglie (i Salvago, i Grimaldi) che, convertitisi al commercio o a lucrose attività intellettuali (in primo luogo, quella giuridica), arricchiti dalle rendite immobiliari in città e nel distretto, oltre che dagli interessi sul debito pubblico, preferirono convivere pacificamente con la emergente aristocrazia mercantile. Sempre alla Francia fu legata anche l'attività finanziaria dei Fieschi genovesi.

La famiglia padrona del Levante

Altra fonte di reddito rimase la enorme proprietà immobiliare fliscana nella Riviera di Levante. Valga per tutti un atto: l'11 agosto 1302, Giacomino, figlio del fu Ugolino, anche in nome di suo fratello Percivalle, e Iane, figlio ed erede del fu Pietro, suo fratello, concessero a titolo di retto feudo numerose terre poste nella zona di Rapallo, comprese case e mulini, a un gruppo di fratelli, discendenti del fu Ambrogio conte, che aveva venduto tali beni ai Fieschi nel 1246. Giacomino morì prima del 1318; infatti, in quest'anno, il 14 gennaio, Percivalle, fratello di Giacomino, che risulta dall'atto defunto, e tutore dei suoi nipoti Antonino, Simonino e Galeotto, nominò un procuratore per la podesteria di Varese Ligure, dove la famiglia vantava terre e beni. A Chiavari, poi, i Fieschi mantennero le loro proprietà immobiliari, rafforzando quel piccolo quartiere che la famiglia aveva già organizzato nella seconda metà del secolo XIII; infatti, nel 1324, sulla di San Giovanni, il cuore religioso e amministrativo del borgo, risulta che si affacciassero le case dei fratelli Ettore e Paride, figli di Francesco, quella di Percivalle e quella di Giorgio, figlio di Raffaele.

Considerevoli erano anche le proprietà immobiliari a Genova; il 23 febbraio 1312, Floria, vedova di Guglielmo, riconobbe la vendita di una casa a un accimatore di Asti. Per avere un quadro approssimativo, ma comunque indicativo della varietà di interessi economici, entro cui gli investimenti immobiliari ebbero un peso determinante, è utile il testamento steso il 19 gennaio 1326 a Genova da Gabriele, figlio del fu Andrea. Gravemente ammalato, assistito da alcuni esponenti della nobiltà rivierasca (Simone di Casanova, conte di Lavagna, e Manuele Cardinale, anche lui conte di Lavagna), Gabriele si impegnò a dettare alcune disposizioni per salvare la sua anima da scrupoli di coscienza. Provvide per questo a richiedere ai suoi esecutori testamentari (suo fratello Opizzino, l'arcivescovo di Genova e frate Benedetto di Corniglia dei frati predicatori di Genova) di donare alla Curia romana il profitto (16 libre) e, eventualmente, anche il capitale (100 libre) di una *commenda* a suo tempo affidata a Giacomo Penello (anche lui conte di Lavagna) e trafficata, a insaputa di Gabriele, ad Alessandria d'Egitto, nonostante il divieto ecclesiastico. Inoltre, ordinò di compensare la chiesa di San Salvatore di Cogorno, perché danneggiata da una permuta di terra, che si sarebbe risolta a vantaggio di Gabriele. Egli decise anche di restituire la somma (400 libre) da lui illecitamente trattenuta sui beni dei ribelli del Comune, nel periodo in cui egli ne fu sindaco, colpendo in modo particolare il fattore di Bernabò Doria.

Sempre per cancellare un rimorso dell'ultima ora, Gabriele rinunciò a favore del Comune ai suoi diritti sull'introito di tre denari ogni *libra possessionum*, acquistato dal fu Luchino Fieschi nel 1318.

Per gli stessi motivi, rinunciò ai proventi di una partita di olio; all'affitto della *logia feni* posta presso Fontemaroso, sul cui edificio (dove si trovava una pesa pubblica) egli ammetteva di non avere alcun diritto; al guadagno ottenuto da una procura per l'acquisto di terra in Cornigliano, evidentemente gestita in modo poco onesto; agli introiti illecitamente ottenuti sul pedaggio della valle Scrivia e di Savignone; al danno che Lavagnino Ravaschieri, Conte di Lavagna, poteva aver patito, quando comperò da lui una terra posta a San Salvatore di Cogorno. Egli restituì, inoltre, alcune terre acquistate da due coniugi, evidentemente danneggiati da tale vendita, e provvide a far consegnare 400 fiorini d'oro alla chiesa di Brignali, danneggiata *ex causa simonie* da lui. Anche se Gabriele si limita poi a ricordare i suoi eredi senza ulteriori chiarimenti patrimoniali (alla moglie Macencia, nominata *domina et donna* in attesa che i figli giungano a maggiore età, viene lasciata la somma di 1200 libre, se resterà vedova; alle due figlie Selvaggina e Isabella ciò che la moglie e il fratello Opizzino riterranno giusto; eredi sono Lazzarino, Lorenzo e Papiniano, cui tocca però restituire allo zio Opizzino la metà di quanto Gabriele aveva acquistato da un altro fratello, Manuele, a Savignone e nella podesteria di Chiavari), appare evidente la politica economica di Gabriele: pur non disdegnando l'investimento nel commercio, la fonte di reddito rimane la proprietà immobiliare, sia in città sia nel distretto, e la rendita finanziaria, col controllo dell'appalto di alcune tasse indirette o di alcuni pedaggi. Interlocutori privilegiati di Gabriele appaiono sia i nobili distrettuali, cui la famiglia era collegata da antica origine comune, sia gli enti ecclesiastici, utilizzati spesso a fini personali.

Bertolino, il benefattore

Se ora, tornando indietro nel racconto delle vicende familiari, passiamo alla discendenza degli altri fratelli di Opizzo (e quindi di papa Innocenzo IV), incontriamo prima di tutto Alberto (morto nel 1226). Suoi figli furono Macia e Ugo.

Macia nel 1288 chiese a Bellavia, vedova di suo cugino Giacomo, figlio di Opizzo, e tutrice di Francesco e Luchino, suoi figli, che gli venissero riconfermati i *feuda* e le terre per la metà concessi a lui dall'avo Opizzo. Macia morì prima del 1303, quando la sua vedova, anche a nome dei figli, ottenne da Tedisio, suo cognato, alcuni diritti. Figli di Macia furono: Ottobono (che sposò una certa Andriola e morì prima del 1308), Alberto, Tedisio (da identificare col *magiscola* di San Lorenzo, carica rivestita a partire almeno dal 1268; canonico di Beauvais; nel 1292 giurò fedeltà al nuovo arcivescovo Jacopo da Varagine; nel 1297, il 3 marzo, papa Bonifacio VIII gli diede licenza di risiedere nel borgo di Chiavari, perché gravemente ammalato; qui aveva provveduto nel 1291 a restaurare e ampliare la antichissima chiesa di Bacezza, dotandola dei paramenti e di una sacra icona; morì prima del 1303). Da Ugo nacquero Albertino, Guido, Ugolino e, probabilmente, Tedisio II.

Altro fratello di papa Innocenzo IV fu Tedisio I; da lui nacque Alberto (morto nel 1278), i cui figli furono Egidio, Andriolo (ricordato a Roma nel 1285; partecipò all'accordo familiare del 1289 e ereditò metà dei beni paterni), Leonardo (arcidiacono di Genova; nel 1288 fu creato cappellano papale e poi canonico di Parigi, preposito di Bruges, fino a diventare vescovo eletto di Catania nel 1304) e Manuele.

Figlia di Alberto fu, oltre a Caterina, Lionetta.

Altro figlio di Tedisio I fu Ugo giudice, da cui nacquero Opizzo (morto prima del 1313), Raimondo ed Enrico (questi tre sono ricordati nell'accordo familiare del 1289), oltre che Tedisio, Sinibaldo (o Sigembaldo), Bertolino (che fu chierico) e Alberto (ricordato in un atto del 1276, quando il padre era già morto).

Bertolino merita alcune parole: diventato canonico della cattedrale, nel 1313 (2 febbraio) stese il suo testamento; in esso, dopo aver lasciato una somma per ciascuna delle sue nipoti (Carenzia ed Elisia, figlie di Tedisio, suo nipote;

Simonetta Marietta Viviana e Andriola, figlie di suo fratello Enrico; Cassandra, figlia di suo nipote Federico, figlio di Opizzo), egli destinò una somma perché venisse pagato un cappellano con l'incarico di insegnare la grammatica, affinché, come egli scrive, *scientia et eruditionis porta multis pateat*; inoltre, egli nominò suoi eredi i poveri della diocesi genovese, incaricando il suo esecutore testamentario, il fratello Leonardo, vescovo di Catania, di procedere alla distribuzione di tali rendite; questo gesto nobile, tuttavia, diede vita a un lungo contenzioso giudiziario, perché il testamento fu impugnato dalla famiglia.

Di Niccolò, si è già a lungo parlato.

Niccolò e il ramo di Torriglia

Proprio su Niccolò e sui suoi discendenti si concentrerà la nostra analisi, perché da lui ebbe origine il ramo di Torriglia, che fu destinato a giocare a lungo un ruolo importante sulla scena genovese. I vari rami in cui la famiglia si divise mantennero un coordinamento di carattere politico e patrimoniale, attribuendo la supremazia e la leadership a quel membro ecclesiastico, che fosse chiamato a rivestire il giuspatronato sulla chiesa di San Salvatore di Cogorno. Nel 1310 parecchi membri della famiglia, tutti *patroni* della chiesa, cedevano al cardinale Luca il diritto di eleggere i canonici di questa. L'elenco è interessante per capire la struttura familiare dei Fieschi. A essere ricordati sono prima di tutto Guglielmo (figlio di Giacomo, uno dei capi storici della famiglia, appartenente al ramo di Savignone) e Ottobono (il figlio di Niccolò, capo del ramo di Torriglia); seguono poi Guglielmino, Manfredo (figlio di Giacomo del ramo di Torriglia), Odoardo (il figlio di Andreolo di Alberto), Enrico e Sigembaldo (figli di Ugo giudice, altro ramo storico) col figlio di quest'ultimo, Alberto, Francesco (figlio di Giacomo dei signori di Savignone), Giacomino), Luchino, anche a nome di Gabriele (sono i figli di Carlo, altro capo del ramo di Torriglia) e Giorgio (figlio di Guglielmo di Giacomo), Percivalle (figlio di Guglielmo), Manuele (figlio di un'altra figura storica della famiglia, Alberto), Tedisio (figlio di Ugo giudice), Federico, Raffaele (figlio di Guglielmo), Niccolò (figlio di Luchino di Carlo), Opizzino (figlio di Andrea di Giacomo), Marcino, Ianotto (figlio di Manfredo figlio di Giacomo) e Iane (figlio di Pietro). Appare evidente che il patronato sulla chiesa di San Salvatore costituiva il collante capace di coordinare i vari rami in cui la crescita demografica della famiglia aveva distribuito i Fieschi.

L'Albergo dei Fieschi

I rami rimasti inseriti nella società genovese (sia il ramo di Savignone sia i discendenti di Tedisio II), che abitavano nella *vicinia*, costituita presso la cattedrale di San Lorenzo, confluirono nell'Albergo, che anche la famiglia, come altre, costituì in città per difendere i suoi interessi. Di particolare importanza è l'Albergo dei Fieschi. Se per altre casate, appartenenti alle *quattuor gentes*, ma inserite *ab origine* nel tessuto cittadino, l'organizzazione di questo tipico aggregato demotopografico deve risalire alla metà del secolo XIII (del 1267 è la prima notizia sull'Albergo degli Spinola, ma nello stesso anno si ricorda la progenie dei Grimaldi, la cui prima citazione in un atto notarile risale al 1295; si tratta di famiglie da tempo organizzatesi in quartieri cittadini; del 1293 è la notizia dell'Albergo dei Doria), è invece probabile che i Fieschi abbiano tardato a riunirsi secondo questo schema cittadino. Infatti, prima di tutto, il gentilizio risultava già aggregato intorno alla chiesa di San Salvatore di Cogorno; inoltre, il titolo di conte palatino isolava ulteriormente un ceppo rispetto ad altri. Infine, il radicamento nell'ambiente genovese, con la conquista conseguente di uno spazio proprio, era stato più lento e non lineare rispetto agli altri clan già inseriti nel tessuto cittadino.

Del 1319 è il primo atto che ricordi l'Albergo dei Fieschi e alcuni suoi esponenti. Tra i personaggi citati nel documento, Manfredo è sicuramente il figlio del fu Giacomo (ramo di Savignone); Sigembaldo il figlio di Ugo giudice (cioè di uno dei primi Fieschi assorbiti dalla società genovese); Leonardo il figlio del fu Alberto, mentre più difficile è individuare chi siano Tedisio (forse il figlio del fu Ugolino), Federico e Stefano. Questi esponenti della famiglia, come rappresentanti di tutto l'Albergo, chiesero al vicario regio, Bonifacio Farra, di essere immuni dalle collette imposte dal Comune, facendo valere il vecchio accordo del 1166; a tali privilegi periodicamente si opponeva il Comune genovese, che intendeva sottoporre a colletta anche gli smisurati beni immobiliari della famiglia; nell'occasione, il vicario regio accettò la richiesta dei Fieschi, ma senza che il rappresentante del comune di Genova si presentasse ad ascoltare la sentenza. È assai probabile che l'Albergo abbia raccolto solo i Fieschi genovesi, escludendo i Fieschi di Torriglia, mentre tutto il gentilizio sembra riconoscersi solo nel patronato di San Salvatore, come rivela l'atto del 1310. Ne dovette derivare una certa autonomia di politiche familiari, perché non sempre gli interessi dei Fieschi genovesi coincisero con quelle dei Fieschi, che potremmo chiamare feudali.

Fermenti cittadini e il ruolo della famiglia

Agli inizi del Trecento i Fieschi erano stati emarginati dalla vita politica cittadina. Infatti, mentre infuriavano le lotte tra i Doria e gli Spinola, un tempo alleati, il 15 marzo 1306 fu eletto un consiglio di conestabili di cui fecero parte 200 membri, nessuno dei quali apparteneva però ai Fieschi.

Anche la carica di arcivescovo, nonostante la presenza di alcuni membri della famiglia nel capitolo della cattedrale, fu ancora una volta loro sottratta. Difatti, alla morte di Jacopo da Varagine, il 15 luglio 1298, papa Bonifacio VIII aveva preferito nominare come arcivescovo Porchetto Spinola, allo scopo di dividere l'unione tra i Doria e gli stessi Spinola, trascurando le pretese fliscane.

Comunque, i Fieschi genovesi poterono continuare i loro traffici anche con le zone (la Provenza) dove si annidavano gli *extrinseci*, ma che costituivano un fondamentale punto di approvvigionamento cerealicolo per la città. Nel frattempo, i clan tradizionalmente dominanti (i Doria e gli Spinola) stavano conoscendo crescenti rivalità feroci e lacerazioni interne, mentre il *populus* aveva ormai chiara coscienza della necessità di non delegare più il potere ad altri. Il tentativo compiuto da Opizzino Spinola di dar vita a una signoria personale, nel 1309, segnalò lo scollamento evidente tra le forze che avevano guidato Genova per quasi quaranta anni; i Fieschi poterono temporaneamente riaffermare un loro ruolo, perché contribuirono all'abbattimento di Opizzino e rientrarono in Genova, collaborando col governo dei Dodici governatori, ma non riuscirono a rendere stabile il loro ruolo politico in città. Nel settembre del 1309 Francesco Fieschi, il figlio di Giacomo, nominato vicario generale della città, compì una campagna militare contro gli Spinola che lo portò a incendiare Busalla. La famiglia, nel frattempo, cercò di riorganizzare ciò che restava della signoria, a vario titolo posseduta dai suoi membri, e concentrò i suoi sforzi sui castelli dell'Appennino ligure e toscano, da dove due secoli prima si era mossa per la conquista della città.

A essere rafforzato fu il castello di Varese Ligure; tale iniziativa provocò qualche timore da parte del governo genovese, che aveva già intimato di non procedere nelle opere di fortificazione (atto del 16 dicembre 1295) e che, in seguito, tentò di creare nella zona una podesteria, anche se destinata, probabilmente, a vita breve.

Lungo la costa, la presa della famiglia fu ridotta al minimo, anche per l'impetuoso sviluppo conosciuto dalla borghesia locale; è stato notato come tra Due e Trecento, mentre in altre regioni italiane si assiste a un processo di ricomposizione del territorio, per Genova si deve parlare invece di un progressivo indebolimento, di uno scollamento tra centro e periferia. Tale situazione fu meno avvertita proprio nella riviera orientale, da tempo integrata organicamente nel Dominio e organizzata in podesterie in modo bene accolto dalla popolazione locale. La Repubblica si limitò a pretendere obblighi finanziari e militari, ma lasciò l'amministrazione del territorio ai gruppi emergenti di ricchi proprietari terrieri e commercianti, che assunsero il ruolo dirigente nei vari vicariati. Proseguì, pertanto, l'afflusso di distrettuali a Genova, che continuava a offrire anche un'occasione di miglioramento sociale, soprattutto per chi aveva scelto la strada del notariato. Si è visto in questa professione, proprio durante il Trecento (quando poi si sarà costretti a creare un collegio notarile a numero chiuso), una netta preminenza di immigrati dai piccoli centri della Riviera di Levante, forse perché nella zona erano attivi, come concorrenti, anche i notai creati dai Fieschi conti palatini.

La riscossa fliscana

Un'area in cui ai Fieschi fu possibile ancora un margine di iniziativa, fu, invece, la Lunigiana, terra tanto povera economicamente quanto preziosa dal punto di vista strategico e militare. Qui, si contendevano ferocemente il controllo del territorio un ente ecclesiastico in cronica difficoltà (il vescovo di Luni), una famiglia marchionale, i Malaspina, in preda a un endemico bisogno di denaro, per difendere "il pregio della borsa e della spada", oltre che divisa al suo interno da odi feroci, potenze comunali o regionali che ambivano al controllo della via regia e della via Francigena, per assicurarsi un comodo transito verso il sud della penisola. Gli stretti rapporti feudali e poi anche familiari che con una politica attenta avevano unito i Malaspina ai Fieschi, non impedirono a questi ultimi di perseguire una loro politica autonoma. Nel momento più caldo della lotta tra guelfi e ghibellini, il fondamentale nodo di Pontremoli fu affidato nel 1266 da Oberto Pelavicino a Isnardo Malaspina e ai Fieschi, anche se sembra che di fatto fossero questi ultimi a controllare il borgo. Questa supremazia fu confermata anche dall'imperatore Enrico VII, la cui discesa in Italia era stava voluta dallo stesso cardinale Luca Fieschi, desideroso di riaffermare il prestigio della famiglia anche sull'ambiente genovese.

I Fieschi appoggiarono con convinzione il tentativo di Enrico, incoronato re dei Romani a Milano (6 gennaio 1311) e il 28 gennaio giunto a Genova. L'imperatore abrogò il trattato che era stato a suo tempo stretto dalla città con Carlo d'Angiò e accettò la signoria su Genova. Carlo Fieschi fu presente, insieme col fratello Ottobono, alla cerimonia solenne, che vide la famiglia riprendere un ruolo attivo sulla scena cittadina. Si trattava di un appoggio strumentale, coerentemente con le vicende sfortunate dell'imperatore.

Quando Enrico cercò di ottenere il controllo di Pontremoli, inviandovi prima un suo rappresentante e poi tentando di convincere il cardinale Luca ad accettare questo mutamento, si trovò di fronte alla netta opposizione della famiglia. Il 6 luglio 1313 Enrico fu costretto a riconfermare il controllo del borgo al cardinale e ai due suoi fratelli, Ottobono e Carlo. Il 10 luglio dello stesso anno, l'imperatore investì i fratelli Fieschi del feudo di Calestano, Marzolara e Vigolone, posti a controllo dello sbocco emiliano della strada della Cisa. Grazie al cardinale Luca, i Fieschi ottennero un privilegio generale in cui si confermavano i privilegi concessi precedentemente e tutte le convenzioni e i patti stabiliti in diverse occasioni tra la famiglia e il Comune di Genova o altri Comuni. Ciò per togliere il dubbio sulla legittimità dei diplomi antecedenti, dato che Guglielmo d'Olanda, autore dei più importanti tra questi privilegi, era stato riconosciuto come re dei Romani solo dalla parte guelfa e non era stato incoronato imperatore. Si veniva affermando il feudo fliscano su un'arteria importante, che conduceva a Pontremoli.

Il dominio sul borgo non fu agevole: da una parte, fu necessario a Carlo e al cardinale Luca ricomporre le divisioni esistenti all'interno degli stessi abitanti del borgo e dall'altra, essi dovettero accanitamente difendere il loro territorio dalle pretese di altri signori della zona. Tra il 1314 e il 1319 i Fieschi, con l'appoggio di alcuni Malaspina (tra cui Moroello) dovettero difendersi dall'attacco di un altro Malaspina, Franceschino, marchese di Mulazzo, appoggiato da Simone di Ghiberto da Correggio. Ad avere la meglio fu proprio Ghiberto, che divenne vicario di Pontremoli, calmando le pretese fliscane col matrimonio di una sua figlia, Donella, con Giovanni, figlio di Carlo Fieschi.

Le vicende di Pontremoli rimasero intricate, perché il borgo passò poi a Castruccio Castracani e successivamente a Ludovico il Bavaro, che lo cedette a Rollando dei Rossi, il cui fratello, Pietro, aveva sposato Ginetta, figlia di Carlo Fieschi. I Fieschi dovettero mantenere le loro pretese, almeno di principio, perché nel suo testamento del 1336 il cardinale Luca lasciava i suoi diritti sul castello e sulla villa ai suoi eredi. Morto lo sfortunato imperatore Enrico a Buonconvento, nel 1313, i ghibellini ripresero il controllo di Genova. Proprio in questi anni Carlo Fieschi giocò un ruolo importante nel passaggio della città allo schieramento guelfo. Dopo che l'alleanza pluridecennale tra Doria e Spinola si era interrotta con l'espulsione degli Spinola, questi ultimi non esitarono ad accordarsi coi Grimaldi e coi Fieschi, che da anni conducevano come *extrinseci* una sorda lotta contro la città.

Genova ritorna guelfa

A Genova poterono così nel 1317 ritornare i guelfi, che non esitarono a liberarsi della pericolosa alleanza con gli Spinola, nuovamente posti al bando. L'8 dicembre, Carlo fece il suo ingresso trionfale in città e due giorni dopo, nella piazza di San Lorenzo, Carlo Fieschi e Gaspare Grimaldi vennero solennemente proclamati nuovi Capitani del popolo. Si trattava di un successo effimero, privo di concrete radici nell'ambiente cittadino, ostile ai Fieschi e alle forze che essi rappresentavano. Infatti, gli esuli non esitarono a iniziare energiche operazioni militari contro la città, trovando solide protezioni nella riviera di Ponente, dove i Doria, tramite Corrado, controllavano Loano. Il tentativo compiuto da Rabella Grimaldi di occupare Albenga ebbe in un primo tempo successo, ma fu poi rovesciato dalla reazione ghibellina. Anche Savona passò al campo di quest'ultimi, che videro scendere al loro fianco anche Matteo Visconti, signore di Milano. Nel 1318 a Gavi Ligure si concentrò un grosso esercito milanese affidato a Marco Visconti, che il 25 marzo pose l'assedio a Genova. Dopo due mesi di accanita resistenza, la torre di Capodifaro si arrese ai ghibellini, che poterono spingersi fino ai sobborghi della città, attaccando in forze il 27 giugno. I Capitani del popolo non trovarono di meglio che chiedere l'aiuto del re di Napoli Roberto d'Angiò, il quale inviò immediatamente in soccorso della città assediata un forte contingente di truppe. Lo stesso re si presentò con la sua flotta davanti a Genova il 21 luglio e vide il 27 dello stesso mese la città posta sotto la protezione sua e di papa Giovanni XXII per dieci anni. I Capitani rinunciarono alla loro carica. L'aiuto angioino permise al fragile regime guelfo di resistere agli attacchi nemici: il 6 febbraio 1319 Marco Visconti fu costretto a togliere l'assedio e a rinunciare a ogni progetto egemonico. Il controllo guelfo sulla città durò ancora per alcuni anni grazie allo sforzo massiccio di re Roberto, ma senza che i Fieschi avessero modo di intervenire efficacemente. Carlo preferì risiedere nei suoi feudi e lasciò ai figli (in modo particolare a Luchino) l'incarico di partecipare alle lotte per il potere a Genova. Dalla moglie Teodora ebbe numerosa discendenza: il già ricordato Luchino (il primogenito che sposò Costanza Orsini ed ebbe come figli Niccolò e Giovanni, destinato a diventare vescovo di Vercelli, oltre che le figlie Marietta e Ursina), Giovanni (che guidò la famiglia alla morte del fratello Luchino), Antonio (dedicatosi alla vita ecclesiastica e diventato canonico di Parigi) e Gabriele (morto nel 1336). Anche nelle scelte matrimoniali di Carlo il ruolo delle donne giocò una importanza politica notevole per delineare schieramenti, rinsaldare vincoli, stabilire tregue; infatti, Carlo unì nel 1329 la figlia Ginetta a Pietro dei Rossi di Parma, fratello di Rollando; Eliana andò in sposa ad Alberto Del Carretto; Soborgia si unì in matrimonio a Godefiore di Challant, governatore di Ginevra.

L'alleanza tra la famiglia e i Visconti

Ma il matrimonio più importante fu quello di un'altra figlia di Carlo, Isabella, con Luchino Visconti, signore di Milano; l'unione fu fortemente voluta da Teodora, vedova di Carlo, morta proprio in quegli anni; il contratto di nozze tra Isabella e Luchino fu stipulato il 9 febbraio 1331. Questa unione non solo decretò una tregua tra i due campi nemici, ma pose le basi per un'alleanza familiare tra i Visconti e i Fieschi, che in tal modo trovarono negli anni successivi un alleato importante nel loro tentativo di salvare i feudi liguri e aprire altre prospettive dinastiche. La tregua, firmata a Napoli nel 1331 tra guelfi e ghibellini genovesi, sancì anche la creazione della cosiddetta *Compera magna pacis*, per consolidare in una unica amministrazione i debiti contratti durante la guerra civile. Ad approfittarne furono le grandi famiglie che di tali distruzioni erano responsabili e che poterono in tal modo rivendicare, come interesse per i *loca* da loro posseduti, il gettito delle imposte pubbliche, sia quello ordinario sia quello straordinario, ottenuto attraverso il frequente ricorso al prestito forzoso. Si trattava di un circolo vizioso che scaricava i costi delle lotte per il potere sul ceto produttivo, in modo particolare sui *mercatores*, il cui risentimento si acuì notevolmente.

Carlo Fieschi morì prima del 1331. Nel 1325 Teodora, moglie di Carlo, aveva dettato il suo testamento, in cui venivano disposti lasciti per fondare monasteri e ospedali. Nel 1336 (31 gennaio) da Avignone, il cardinale Luca, figlio di Carlo, nominava suoi eredi i fratelli Antonio e Giovanni, e i suoi due nipoti Niccolò e Giovanni (figli di Luchino, già morto), cui erano lasciati anche i diritti su Pontremoli. La difesa del controllo angioino su Genova vide i Fieschi impegnati dall'esterno, pronti a far affluire soldati in caso di necessità, come avvenne nel 1321; a intervenire fu costretto lo stesso re Roberto, alla cui flotta si unirono le navi di Raimondo Fieschi (il figlio di Ugo giudice), uno dei pochi membri della famiglia che si sia dedicato all'attività marinara.

Genova passa ai ghibellini

Due anni dopo, nel 1323, una sortita contro gli *extrinseci* ghibellini venne guidata dai fratelli Ianotto e Tommaso Fieschi. Toccò poi a Luchino, figlio di Carlo, guidare una campagna militare che vide le truppe guelfe impegnate nel controllo della Riviera di Levante (1327), invasa dalle milizie comandate da Castruccio Castracani, signore di Lucca e ardente ghibellino; venne occupata Chiavari, ma non ci si poté spingere fino a Sestri Levante, saldamente controllata dai ghibellini. Luchino fu impegnato nel mantenere sotto il controllo guelfo la città, dove l'insofferenza verso le alleanze volute dal gruppo al potere divenne sempre più forte.

Nel 1330 Luchino promise a Giacomo d'Aragona 15 galere per conquistare la Sardegna, se aiutato a impadronirsi di Genova, mentre l'anno dopo, tentò l'accordo con lo stesso Alfonso IV d'Aragona. Nel 1331, davanti all'espansionismo catalano, che metteva in crisi entrambi i partiti, venne firmata tra le parti una pace, che fu solo fittizia, perché nell'aprile le ostilità ripresero violente. Nel 1335 arrivò da Napoli in città come vicario Bulgaro da Tolentino con lo scopo di ottenere dagli organismi genovesi il rinnovo della signoria angioina sulla città, scaduta l'anno precedente. I ghibellini si opposero in modo violento a questo progetto e si arroccarono in San Matteo e nella *domocolta*, cioè nel quartiere controllato dai Doria. Il 27 febbraio in aiuto agli insorti arrivarono truppe via mare, cosicché scoppiò una violenta battaglia; Giovanni Fieschi tentò una disperata resistenza, che fu, però, inutile. Egli dovette rifugiarsi a Torriglia, mentre il governo passava nelle mani dei ghibellini. I Fieschi, almeno quelli appartenenti al ramo di Torriglia, dovettero lasciare la città, da cui furono esclusi per quasi tutto il secolo. Giovanni aveva sposato Donella, figlia di Ghiberto da Correggio, per cui poté mantenere vivo l'interesse della famiglia, mai sopito, per Pontremoli. Dopo la sconfitta a Genova, Giovanni, fu fatto vicario di Piacenza. L'anno dopo, armò cinque galere al servizio di re Roberto d'Angiò. Come capitano generale di Luchino, Giovanni combatté contro Lodrisio Visconti, rimanendo ucciso nella battaglia di Parabiago (2 febbraio 1339). Suoi figli furono Carlo, Giovanni (vescovo di Albenga) e Niccolò.

Il 3 agosto 1344 Donella, vedova di Giovanni, tutrice dei figli minori, riottenne i suoi diritti sul castello di Carrega in Val Borbera, versando però 2000 libre a Guglielmo de Rutiliario, che aveva occupato il castello. Il membro più autorevole della famiglia, il cardinale Luca, era morto ad Avignone, facendo il testamento il 31 gennaio 1336; egli lasciò i beni a lui pervenutigli in eredità dal defunto Federico, suo zio, e il castello con la villa di Pontremoli ad Antonio e Giovanni, figli del fu Carlo, suo fratello, e a Niccolò e Giovanni, figli del fu Luchino.

Si verificò, pertanto, una situazione singolare: nel giro di pochi anni scomparvero tutti i membri carismatici della famiglia (Luchino prima del 1336; il cardinale Luca nel 1336; Giovanni nel 1339), senza che vi fosse un Fieschi maschio e maggiorenne in grado di guidare la dinastia.

CAPITOLO 11

La lotta per la sopravvivenza nel secolo XIV

Ancora una volta, nel vuoto decisionale provocato dalla prematura scomparsa dei capifamiglia, toccò a una donna guidare e tutelare i figli minorenni. A prendere in mano le redini del potere fu la vedova più prestigiosa, Costanza Orsini, che era stata moglie di Luchino. Nel 1335, nel castello di Soriano, vicino a Viterbo, mentre era vacante la sede apostolica per la morte di Giovanni XXII, Napoleone Orsini vendette al procuratore di Costanza, vedova di Luchino Fieschi, come tutrice di Niccolò, Giovanni, Marietta e Ursina, il castello di Mugniano, con la rocca lungo il Tevere, per 5.600 fiorini.

Costanza mantenne a lungo un ruolo di prestigio nella società cittadina. Toccò a lei coprire per parecchio tempo il vuoto di leadership familiare causato dalla morte di Luchino e Giovanni, oltre che da quella del cardinale Luca, così, ella poté aprire la strada al figlio Niccolò come capo laico dei Fieschi. Durante questo periodo di debolezza del clan, si verificò la rivoluzione popolare guidata da Simon Boccanegra. Le continue lotte avevano lacerato i clan nobili tradizionalmente al potere (le cosiddette *quattuor gentes*). Gli enormi danni che i violenti scontri avevano provocato in città, rendendo estremamente precario il regolare commercio, e le pesanti difficoltà sia congiunturali sia politiche, causate dall'espansionismo catalano avevano reso sempre più profondo il malumore tra gli stessi *mercatores*, che del popolo costituivano il nerbo dirigente.

La rivolta di Simon Boccanegra

Nel 1339, approfittando del malcontento esploso tra i marinai genovesi che, passati al soldo del re di Francia durante la guerra dei Cento anni, erano stati licenziati senza paga e che da Savona avevano iniziato il moto insurrezionale (19 settembre), anche a Genova scoppiò la rivolta, sapientemente organizzata o comunque guidata da Simone Boccanegra, che del ceto mercantile rappresentava l'esponente più acuto e politicamente più intelligente (23 settembre). Alla insurrezione aderì anche il popolo minuto, su cui gravava il peso gigantesco della macchina fiscale; non a caso, tra i primi atti commessi durante la rivolta ci fu quello di bruciare i registri delle *Compere* e l'elenco dei contribuenti. Il dogato del Boccanegra fu una vera cesura, uno spartiacque nella storia medievale genovese, perché provocò un ricambio nella classe dirigente, sostituendo alla antica nobiltà, le cui radici giungevano in molti casi sino al secolo XII, un ceto composito, ma sostanzialmente egemonizzato dai *mercatores* cittadini. Ma non dovette mancare neppure tra gli abitanti del distretto orientale.

Classi emergenti in Riviera

Nel distretto orientale, il ceto dirigente era formato da famiglie di proprietari terrieri, che univano spesso a interessi anche commerciali, l'esercizio di attività giuridiche o notarili. Del resto, l'economia distrettuale aveva conosciuto all'inizio del secolo XIV una notevole crescita dovuta sia ai fiorenti traffici con la città-metropoli sia all'impulso dato all'agricoltura, sempre più specializzata nella produzione viticola e olivicola. Dopo aver progressivamente abbandonato la coltivazione di cereali, perché più conveniente ne era l'importazione, i *burgenses* trafficavano in terre, accrescevano il loro patrimonio immobiliare, vendevano derrate agricole. Fu un trend positivo che durò a lungo e che conobbe solo alcuni brevi momenti di crisi, come la peste nera del 1348/49 e le invasioni di truppe mercenarie (particolarmente dura fu la devastazione causata dal passaggio dei soldati di Ambrogio Visconti tra l'inverno 1365 e il marzo 1366).

Da tali congiunture negative, l'attività economica del distretto uscì positivamente. A controllare la vita politica nel vicariato di Chiavari furono, appunto, i *burgenses*. Vale la pena ricordare due figure esemplari. La prima è quella del notaio Nicolò di Nicolino Rivarola, appartenente a una famiglia che tramite il notariato era arrivata alla proprietà immobiliare; egli trafficava terreni, acquistava e riscuoteva dazi, compreso quello sul grano. L'altra figura esemplare è Domenico Monteverde, proprietario di un grandissimo numero di poderi, impegnato a fondo nello sfruttare le sue proprietà attraverso locazioni, compravendite, commercio di derrate agricole. Il Monteverde fu più volte consigliere e pubblico ufficiale della podesteria. Non è casuale che tra i sostenitori del Boccanegra si siano trovati tre esponenti di una altra famiglia, i Garibaldi, originaria di Chiavari e arrivata alla ricchezza immobiliare tramite il notariato: il notaio

Giovanni, che fece parte della commissione di 20 *sapientes* incaricati di regolare gli affari della Repubblica; Domenico, esperto di diritto, perché ebbe il compito insieme ad altri tre saggi di riordinare le *Compere* del Comune; Bernabò, che fu membro dell'*Officium robarie.* All'epoca immediatamente precedente al Boccanegra dovette risalire la ristrutturazione del territorio distrettuale nella Riviera di Levante in un Vicariato, che fu successivamente sdoppiato nel vicariato *citra* e in quello *ultra* Pietra Colice, l'attuale monte di San Niccolò posto alle spalle del passo del Bracco. Al loro interno, continuarono a funzionare le podesterie, sia pure con contorni geografici elastici, ma tali da assicurare un soddisfacente funzionamento della macchina giudiziaria.

Nel 1343 i rappresentanti di La Spezia, Vesigna, Isola, Tivegna, Follo e Vallerano (località su cui nel secolo precedente aveva cercato di fondare la sua signoria Niccolò Fieschi) ottennero di essere separati dalla podesteria di Carpena e formarono la podesteria della Spezia. La Repubblica intese procedere nei confronti del distretto seguendo le linee già tracciate: reclutare soldati e fornire le guarnigioni ai castelli, utili per difendere i borghesi da eventuali attacchi pirateschi o dalle tante bande mercenarie che scorrazzavano per il territorio italiano; ricavare entrate indirette (le gabelle su prodotti quali, soprattutto, il vino, l'olio e il sale) e dirette (venne imposto agli abitanti della riviera il pagamento delle *stagie*, senza che vi fossero resistenze tra i distrettuali); lasciare, per il resto, l'autonomia amministrativa e il controllo politico ai benestanti locali. Le famiglie rivierasche ne approfittarono per innalzarsi socialmente, esercitando professioni liberali come il notariato o il dottorato in legge e rivestendo cariche importanti anche nell'amministrazione genovese.

Questa possibilità di elevazione sociale ed economica spiega anche la fedeltà della riviera, o almeno del suo gruppo dirigente, al potere centrale, anche quando si verificò il cambio di regime dal governo oligarchico a quello popolare. Negli anni del dogato del Boccanegra la riviera orientale rimase tranquilla, nonostante sui colli appenninici i Fieschi continuassero a far pressione sul territorio. Soltanto nell'estate del 1344, quando contro il Boccanegra si sollevarono tutti i nobili confluiti in val Polcevera, anche gli abitanti di Chiavari scacciarono il podestà mandato da Genova. Ma, quando alla fine dell'anno i ribelli, aizzati dai clan aristocratici, cercarono di far sollevare la riviera, inviando loro rappresentanti con un vessillo che recava unite le insegne delle quattro *gentes*, l'iniziativa cadde nel vuoto.

La politica cittadina della famiglia

Nel 1340 Teodora, moglie del conte Carlo Fieschi diede in locazione delle terre ubicate nella podesteria di Chiavari, forse perché il marito era prigioniero del doge, dato che Carlo risiedeva nel palazzo del Boccanegra non di sua spontanea volontà. Malgrado tutto, il Boccanegra, non intese procedere a una lotta antinobiliare radicale come aveva fatto il suo parente Guglielmo nel secolo precedente e lasciò almeno ai Fieschi genovesi libertà di traffico e di movimento. Infatti, nel 1340 Brancaleone e Lorenzo Fieschi furono molestati dai collettori dell'introito *denarii maris* e della *tolta grani* voluta dal governo l'anno prima a causa di una loro galera che commerciava con la Provenza e a causa di un carico di grano fatto affluire a Genova dalla Sardegna; essi si appellarono alle loro antiche consuetudini e ottennero che il loro caso venisse discusso. All'inizio dell'anno (31 gennaio), dopo aver udito il parere dell'ex-vicario Gabrino de Lovaria di Cremona, e del vicario in carica, Matteo Beccadelli di Bologna, il giudice delle *calleghe* riconobbe e confermò ai Fieschi le loro tradizionali immunità ed esenzioni da ogni gabella. L'atteggiamento del Boccanegra fu sostanzialmente tollerante verso i Fieschi genovesi.

Diverso fu, invece, il comportamento nei confronti dei Fieschi di Torriglia, che non avevano ancora rinunciato al sogno che papa Innocenzo aveva formulato: uno Stato appenninico con sbocco al mare. L'ostilità fliscana verso il dogato mercantile, qualunque fosse la persona a rivestirlo, rimase intatta anche dopo la caduta del Boccanegra. Nel frattempo, dovette anche indebolirsi l'appoggio dato ai Fieschi dalla dinastia angioina, coinvolta in dure lotte dopo la morte di re Roberto (13 gennaio 1343), e quello fornito dalla monarchia francese, invischiata nella terribile guerra contro la potenza inglese. Più utili risultarono alla famiglia i legami coi Visconti, maturati attraverso la politica matrimoniale, nonostante il carattere eterogeneo (guelfo-ghibellino) dell'alleanza.

Forti dell'appoggio milanese, per rifarsi degli smacchi patiti in città, i Fieschi si adoperarono per tentare di acquisire prestigio in altre realtà geografiche. In Piemonte, la famiglia, che pure non vantava alcun preesistente diritto nella zona, riuscì nel 1343 a portare sulla cattedra vescovile di Vercelli un suo esponente, Emanuele Fieschi, grazie al consenso dei signori di Milano. Emanuele ottenne che il suo successore fosse un altro membro della famiglia. La cattedra vercellese rimase, in un certo senso, a disposizione dei Fieschi per quasi un secolo, perché vi saliranno Giovanni, Ludovico (futuro cardinale) e Ibleto. A Genova, nel frattempo, entrò in crisi il potere personale del Boccanegra. Nel 1344, il doge, in forte difficoltà, sottoposto alla logorante guerriglia dei Grimaldi, dovette fronteggiare nell'estate l'assedio posto dai nobili fuorusciti, che avevano trovato rifugio a Busalla e in Val Polcevera, nello stato spinolino. Il Boccanegra fu costretto a riammettere in città i ribelli, che ne approfittarono per riappropriarsi di quei territori che l'opera del doge era riuscita a recuperare al Dominio.

Con tale gesto il Boccanegra rinunciò alla lotta: il 23 dicembre egli lasciò Genova per Pisa in volontario esilio. Ma tra i vincitori scoppiarono violenti scontri, che proseguirono anche con il successore del Boccanegra, Giovanni Murta, anche lui esponente dei *populares* che mantennero, pertanto, il controllo su Genova. Nel 1345 (18 giugno) fu firmata una tregua tra il nuovo doge e i fuorusciti, riammessi in città grazie alla mediazione di Luchino Visconti: ciononostante, Niccolò Fieschi (figlio di Luchino) fu tra i pochi nobili esclusi dall'accordo.

Anche se era cambiato il doge, dunque, l'ostilità del governo popolare genovese verso i Fieschi rimase costante e si concretizzò in una continua pressione sui feudi distrettuali della famiglia, che proprio in questo periodo conobbe le sconfitte più cocenti.

Ad appoggiare i Fieschi rimase Luchino Visconti, nonostante stessero emergendo anche possibili occasioni di attrito tra le due famiglie. Per il momento questo rapporto privilegiato e anomalo tra una famiglia guelfa e la più potente famiglia ghibellina dell'Italia settentrionale trovò la sua ragione d'essere nell'ostilità di entrambe al governo "mercantile" genovese, oltre che nei vincoli familiari, che, in prospettiva, avrebbero potuto permettere a un nipote dei Fieschi di diventare signore di Milano e, forse, signore anche di Genova.

A questo progetto fece da ostacolo un imprevisto: infatti, a lungo Luchino Visconti e Isabella Fieschi erano rimasti senza eredi. Luchino (che aveva già tre figli illegittimi, Bruzio, Foresto e Borsio) solo nel settembre 1343 ebbe da Isabella una figlia, Orsina, e, tre anni dopo, due gemelli, Giovanni (morto pochi mesi dopo) e Luchino (detto Luchino Novello), destinato a succedere al padre, che confidava nell'appoggio del fratello, l'arcivescovo Giovanni.

La questione milanese

Nel 1349 (21 gennaio) morì Luchino Visconti. Immediatamente, si scatenò una furibonda lotta per la successione nel dominio milanese, che vide premiati gli sforzi dei nipoti di Luchino, a danno dei suoi eredi diretti, abbandonati anche dallo zio arcivescovo. Per screditare la vedova Isabella e colpirne la discendenza fu iniziata una campagna di violenta diffamazione nei suoi confronti. Già nel 1347 i costumi licenziosi di Isabella (famoso fu il viaggio da lei compiuto per recarsi a Venezia alla festa dell'Ascensione, accompagnata da un nutrito gruppo di gentildonne coi loro amanti) avrebbero spinto il marito a decidere di liberarsi di lei. Dopo la morte di Luchino, Isabella, nel 1349, in pubblico atto, avrebbe addirittura dichiarato che Orsina e

Luchino erano stati concepiti dall'unione incestuosa con Galeazzo, figlio di Stefano Visconti e nipote di suo marito. In tal modo, gli interessi dei Fieschi finirono definitivamente col divergere da quelli dei nuovi signori di Milano.

Ma i motivi di contrasto tra i Fieschi e i Visconti stavano anche altrove, anche se erano rimasti a lungo posti in secondo piano, almeno finché fu in vita Luchino. Infatti, nella famiglia ligure si era fatta strada un'altra forte personalità: Giovanni, figlio di Luchino. Avviato alla carriera ecclesiastica, era stato ordinato sacerdote ed era divenuto cappellano papale sotto il pontificato di Clemente VI (1342/1352). Il 12 gennaio 1349 fu innalzato alla cattedra episcopale di Vercelli, dove succedette allo zio Emanuele Fieschi, scomparso tra il 2 luglio e il 28 agosto dell'anno precedente. Poiché quella diocesi era suffraganea della chiesa ambrosiana, è ragionevole ritenere che la nomina sia avvenuta col consenso dell'arcivescovo di Milano, Giovanni Visconti, e col beneplacito del fratello di questi, Luchino, signore del capoluogo lombardo, i cui rapporti con la famiglia della moglie dovevano essere, pertanto, rimasti buoni fino alla sua morte. Non appena ebbe preso possesso della sua chiesa, il Fieschi procedette a investire le famiglie nobili cittadine dei castelli, delle decime e dei patronati delle chiese presenti nella diocesi.

Questa iniziativa provocò la immediata reazione dei Visconti, che intervennero duramente, costringendo il presule a lasciare Vercelli e a rifugiarsi nel castello di Biella, città su cui i vescovi vercellesi rivendicavano la signoria. Riprendendo una linea politica, che era stata seguita dai suoi predecessori, il Fieschi si propose di riaffermare i propri diritti signorili proprio su Biella: cominciò pertanto col rimettere in vigore alcune gabelle e pretese di incamerare i beni dei cittadini morti senza aver fatto testamento, suscitando le proteste delle autorità municipali. Non riuscendo a imporsi, i responsabili del Comune finirono con l'appellarsi all'arcivescovo Giovanni Visconti, rimasto unico signore di Milano dopo la morte del fratello Luchino (24 gennaio 1349). Erano venuti meno, nel frattempo, anche i legami familiari tra i Fieschi e i Visconti, perché l'arcivescovo dimostrò subito simpatie per i suoi nipoti, figli del defunto Stefano, ai danni dell'erede di Luchino. L'arcivescovo Giovanni cercò di arrivare a un accordo di compromesso, che evitasse una aperta rottura col Fieschi e gli mandò il cremonese Cavalcabò dei Cavalcabò per avviare trattative in vista di una ragionevole intesa. L'inviato dell'arcivescovo si incontrò col Fieschi nell'agosto, ma le autorità di Biella, forse prevedendo che le cose sarebbero andate per le lunghe, preferirono non attendere gli esiti dei negoziati e assoldarono truppe. Temendo un attacco in forze, il Fieschi si ritirò nel castello di Verrua, dove proseguirono gli incontri tra le fazioni opposte. Fallito un primo tentativo di mediazione, il Comune fece pressioni su Galeazzo Visconti, uno dei nipoti dell'arcivescovo, per ottenere un suo intervento. Come lo venne a sapere, il Fieschi preferì rinchiudersi nel più sicuro dei suoi castelli, Masserano. Da lì alla fine di settembre, lanciò l'interdetto sulla ribelle Biella, perché si era rifiutata di consegnargli i beni di un cittadino morto senza aver fatto testamento. Il Comune si appellò formalmente alla Curia arcivescovile milanese. Il 7 marzo 1350 il vicario generale di Giovanni Visconti sospese l'interdetto. Il Fieschi fu pertanto obbligato a intavolare trattative col Comune, confidando anche nell'aiuto che avrebbe potuto fornirgli il fratello Niccolò, giunto nel Vercellese nel marzo. Quando le trattative fallirono, Niccolò preferì tornare indietro. Quando il 10 novembre 1350 l'arcivescovo Giovanni Visconti assolse definitivamente Biella dall'interdetto, il Fieschi si appellò al papa, ma il suo ricorso fu respinto il 5 dicembre. Nel 1351, deciso a usare la forza, il Fieschi ordinò che l'interdetto fosse mantenuto e dette inizio a operazioni militari contro Biella, ponendo le sue basi nei castelli di Masserano e di Zumaglia. Biella ancora una volta si appellò a Giovanni Visconti, in quanto autorità superiore al Fieschi. Grazie alle pressioni dell'arcivescovo, fu stipulata una tregua di 18 mesi, che il Fieschi non esitò a rompere, riprendendo la lotta. Nel settembre 1352, il vescovo fu costretto a sottoscrivere una nuova tregua, che fu prorogata sino al novembre. L'anno dopo (maggio 1353), il Fieschi si decise a rispettare le disposizioni del vicario arcivescovile e a togliere l'interdetto. Così facendo, il Fieschi mostrava di essersi piegato a riconoscere l'autorità del Visconti, che, nell'ottobre del 1353, divenne signore di Genova, dopo la sconfitta patita dalla flotta ligure ad Alghero.

Appoggio fliscano a Boccanegra

L'arcivescovo Giovanni morì il 5 ottobre 1354. A succedergli sia a Milano sia a Vercelli fu Galeazzo, i cui diritti erano contestati dai successori del defunto zio Luchino, imparentato coi Fieschi, i quali non dovettero vedere di cattivo occhio la cacciata dei Visconti da Genova e il ritorno di Simone Boccanegra al potere. Il secondo colpo di mano del Boccanegra non fu tanto il risultato di un largo consenso interno quanto piuttosto un episodio che si colloca nello scontro più vasto tra i Visconti e la coalizione di forze (in primo luogo, il marchese del Monferrato e il papa), intenzionate a bloccare l'espansionismo milanese.

I Fieschi dovettero guardare con simpatia al progetto del Boccanegra, perché i loro rapporti coi Visconti si erano deteriorati rapidamente. Il vescovo Giovanni vedeva le sue ambizioni territoriali duramente contrastate nel territorio di Vercelli dai signori di Milano. Oltre a ciò, il Boccanegra era legato a Luchino Novello, che era figlio di Luchino Visconti e di Isabella Fieschi, e che aveva sposato la figlia del doge. Luchino Novello era considerato un impostore dai Visconti, signori di Milano, che tentavano di bloccarne le rivendicazioni sull'eredità paterna. Proprio nel 1356 Isabella era fuggita da Milano ed era riparata a Genova, portando con sé il figlio, che nel 1360, diventato maggiorenne, incominciò a rivendicare i suoi diritti, sostenuto dal doge. È significativo, sull'appoggio fliscano al Boccanegra, ciò che lo stesso doge scrisse, il 17 novembre (due giorni dopo la sua ascesa al potere) al comune di Pisa; egli ricordò il suo successo e la sconfitta patita dai "gentili di Genova Oria Spinola Grimaldi", ma tacque proprio dei Fieschi, che avevano, pertanto, accettato di buon grado il colpo di mano voluto dal Boccanegra.

Durante il suo secondo dogato, i rapporti del Boccanegra coi Fieschi di Torriglia rimasero cordiali, permettendo a questi ultimi di allargare il loro feudo, anche se restava sempre bloccato ogni progetto di uno sbocco al mare. Difatti, nel 1358, Niccolò (figlio di Luchino e capo laico del ramo) acquisì dai Malaspina diverse località in valle Borbera (Valbubera, Merlasina, Frenzia, Gattareo, Guibegassi, Cantalupo).

Anche con i Fieschi genovesi all'inizio dovette esserci un mutuo accordo. Infatti, nel 1360 Tedisio Fieschi, giurisperito, e il conte palatino Raffaele (i due membri più autorevoli tra i Fieschi cittadini) procedettero in casa di Tedisio, mediante sorteggio, all'aggiudicazione della decima parte del castello di Savignone tra Raffaele e gli altri Fieschi. Nel 1362 Raffaele, come conte palatino, nominò Filippino Albo di Andora notaio imperiale; l'atto venne sottoscritto a Genova, sotto il portico della casa di Celesterio Di Negro, giurisperito, a indicare che ancora in questo lasso di tempo Raffaele godeva di piena libertà nell'ambiente cittadino. In seguito, i rapporti si guastarono, forse perché il Boccanegra cominciò a coltivare progetti per garantire alla sua famiglia un feudo, mettendo gli occhi sul castello fliscano di Savignone. Nel 1362 Anfreone Boccanegra, fratello del doge, acquistò una quota di questo feudo, comperandola dai Fieschi, insieme con Andronico Boccanegra. La cessione non dovette essere stata pacifica, perché proprio in quest'anno due consignori del castello, Raffaele e Niccolò, si trovavano rinchiusi nel carcere di Malapaga, dove Niccolò nominava un procuratore *extra gratas*.

La crisi fliscana a Genova

Nel 1363 morì il Boccanegra, avvelenato, secondo una lunga tradizione cronachistica, o, più prosaicamente, di morte naturale, come lascerebbe pensare il passaggio indolore dei poteri a un suo fido collaboratore, Gabriele Adorno, esponente autorevole di quell'aristocrazia del denaro, che era uscita rafforzata dalla fortunata *maona* di Chio e che si apprestava a controllare saldamente il governo. Durante questo lungo periodo di difficoltà, si era ridimensionato il potere finanziario gestito dai Fieschi; se si confrontano i dati relativi ai *loca* posseduti dalla famiglia in alcune *Compere* all'epoca del secondo dogato del Boccanegra, la famiglia è soverchiata sia dai Doria (che vantano il triplo di *loca*) sia da numerose altre famiglie di origine mercantile.

A mettere in crisi i Fieschi non furono solo le complesse lotte che li videro impegnati su più fronti, ma la sempre minore presa sul distretto, dove i membri della famiglia appaiono più attivi nel vendere terre che nell'investire denaro in beni immobiliari. Accanita fu la lotta che Niccolò Fieschi dovette sostenere contro Gabriele Adorno. Le terre fliscane nella Riviera di Levante furono, poi, saccheggiate dalle bande mercenarie, in gran parte formate da Inglesi e al soldo di Ambrogio Visconti, figlio bastardo di Bernabò, che non risparmiò neppure i distrettuali. Niccolò reagì e nel 1366 bruciò Camogli e altre località, unendosi a Leonardo Montaldo, altro collaboratore del Boccanegra, ma da anni in lotta col doge Adorno. Nel frattempo, anche il vescovo Giovanni Fieschi dovette essere coinvolto nella violenta lotta che vide formarsi una eterogenea coalizione di forze in funzione antiviscontea nell'Italia settentrionale.

Morto Giovanni Visconti il 5 ottobre 1354 e passata Vercelli sotto suo nipote Galeazzo, non sembra che in un primo tempo il Fieschi abbia preso parte alle vicende che portarono alla formazione di una lega antiviscontea, di cui fu anima Giovanni II Paleologo, marchese del Monferrato.

Infatti, nel 1357, il Paleologo era sceso in campo, attaccando e devastando anche il territorio vercellese, che rimase fedele al campo visconteo. Questa fedeltà durò ancora negli anni seguenti. Nel 1362, infuriando la lotta tra i Visconti e il Paleologo, il Fieschi difese Vercelli, assediata dalla compagnia di ventura dell'inglese Albaret Sterz, che era al soldo del Paleologo e che fu costretto a ritirarsi dopo due attacchi infruttuosi.

Per quanto il Fieschi fosse rimasto fedele al Visconti, egli cercò, comunque, di approfittare del conflitto per tentare di recuperare il controllo delle terre e dei castelli sui quali i due contendenti esercitavano i diritti signorili. L'azione da lui svolta finì con lo spingere sia il Visconti sia il Paleologo a intervenire contro di lui presso Urbano V.

Nel 1363 (8 febbraio) da Avignone il papa incaricò l'abate di San Giusto di Susa di comporre la vertenza, facendo in modo che venisse restituito al vescovo di Vercelli quanto gli era stato sottratto. L'abate doveva, inoltre, intimare al presule di non volersi più interporre tra il Visconti e il Paleologo. Analogo incarico fu dato anche al generale dei Francescani. I due inviati pontifici fallirono nella loro missione, quindi il papa spedì a Vercelli Androino, cardinale del titolo di San Marcello, che fece il suo ingresso nella città il 11 febbraio 1364. Due giorni dopo, il porporato si recò a Milano, dove convocò una conferenza tra le parti, alla quale intervenne anche il vicario del Fieschi; al termine del colloquio, dopo una settimana, fu raggiunto un accordo di pace tra il Visconti e il Paleologo. Ma il trattato non previde la restituzione al Fieschi dei suoi antichi diritti su Vercelli. Il Fieschi rinnovò, pertanto, i tentativi di recuperare la città, ma non sortì altro effetto se non quello di indurre Galeazzo Visconti a inoltrare al papa la richiesta formale di rimuoverlo dalla sua sede episcopale, ma Urbano oppose un netto rifiuto. Per tenere a freno il vescovo e impedire colpi di mano su Vercelli, il Visconti fece costruire nella città un castello.

Nell'intricata matassa di alleanze e di schieramenti contrapposti, che vide sconvolta l'Italia settentrionale, la politica del vescovo Giovanni, ostile a Galeazzo Visconti per poter strappargli Vercelli, non dovette essere seguita dal resto della famiglia Fieschi, che intendeva insistere negli sforzi per abbattere il governo popolare di Genova.

Nel 1366 Leonardo Montaldo, in accordo con Galeazzo Visconti e Niccolò Fieschi, tentò di rovesciare il doge Gabriele Adorno, senza, però, riuscirvi; pertanto, su ordine dell'*Officium robarie*, Niccolò, suo figlio Antonio, e Carlo, cugino di Niccolò, in quanto figlio di Giovanni, furono condannati alla confisca dei *loca* posseduti in tutte le *Compere* del Comune (2 giugno). Assalito anche da Araone Spinola (assoldato dai Visconti), l'Adorno fu costretto a riammettere in città i fuoriusciti. Si trattò di una tregua momentanea; infatti, nel gennaio del 1367, i Fieschi attaccarono e bruciarono la chiesa di Sant'Olcese in Polcevera e l'esercito genovese rispose assalendo Savignone. Lo scontro si concluse con la pace tra i Visconti e Genova.

La signoria fliscana in Piemonte

Nel 1370 il vescovo Giovanni Fieschi concesse al fratello Niccolò e ai suoi discendenti i diritti giurisdizionali che la chiesa di Vercelli vantava sui feudi di Masserano,

Crevacuore, Moncrivello e su altre località della diocesi; si realizzava, così, il disegno di dar vita a una piccola signoria fliscana in Piemonte. Era, peraltro, un dominio precario, perché mancava il consenso dell'autorità ecclesiastica superiore e perché la metà spettante al Comune vercellese passò ai Visconti. Ciononostante, risulta che Niccolò abbia risieduto nel castello, esercitandovi i suoi diritti.

Nel 1370 venne abbattuto il doge Gabriele Adorno. Il suo successore, Domenico Fregoso, rimase fedele alla politica dei dogi *popolari*, tesi a dare continuità al Dominio e a eliminare i feudi fliscani. Il Fregoso, anzi, intensificò le sue pressioni contro la riviera orientale e fece occupare dalle truppe genovesi il castello di Roccatagliata. L'anno seguente (1371) il vescovo Giovanni armò 800 cavalieri e si spinse fino a Bargagli per soccorrere il castello, nella speranza che la città insorgesse. Ma non successe, per cui il Fieschi dovette tornare indietro. Malgrado ciò, Niccolò riuscì a riottenere il controllo di Roccatagliata.

La lotta dovette coinvolgere tutti i membri della famiglia; infatti, nel 1371 alcuni uomini di Antonio Fieschi vennero liberati dal bando, che li aveva colpiti in quanto ribelli. È interessante notare la loro zona di origine: venti provenivano da San Pietro Vara e cinque da Carranza, località poste lungo la Val di Vara controllata dal castello fliscano di Varese; nove da Castronovo (Castelnuovo Magra) e tre da Dezerega, in Val Fontanabuona, dove la famiglia possedeva terre; due uomini erano, poi, di Savignone. Si trattava di individui abitanti nell'entroterra, dove la famiglia non temeva la concorrenza economica della città e poteva vantare fedeli sudditi. Fa eccezione un seguace di Antonio, definito come *callegarius* di Chiavari, borgo al cui interno le simpatie per i Fieschi dovettero rimanere assai tiepide.

Nel 1372, quando si aprirono le ostilità tra Galeazzo Visconti e la lega promossa dal nuovo papa, Gregorio XI, e appoggiata da Amedeo VI di Savoia, cui i Fieschi si erano alleati, Giovanni Fieschi cercò di approfittare del conflitto per togliere al Visconti il dominio di Vercelli e di Biella. Travolto dalla sconfitta degli Avogadri, cui si era unito, e che furono espulsi da Vercelli con la loro parte, il Fieschi si affiancò a Niccolò Spinelli, siniscalco di Provenza, capitano generale delle terre in Piemonte, e, agli inizi del 1373, prese parte personalmente alle operazioni militari che portarono truppe della lega contro Biella e costrinsero le autorità di quel Comune a trattare.

Il 21 gennaio fu sottoscritto un accordo, in forza del quale le parti facevano reciproca remissione delle offese. Il Fieschi annullò ogni processo promosso contro Biella e rinunciò, dietro versamento di un compenso in denaro, al diritto sulle eredità *ab intestato*. Fu licenziato il governatore visconteo, per cui il Fieschi ebbe di nuovo il controllo della città. Come garante dell'accordo fu chiamato il conte Verde. Sempre nel 1373, nel giugno, il vescovo si unì a Giovanni da Siena e compì incursioni nel territorio di Vercelli; nell'ottobre a lui si unirono lo Spinelli e Ottone da Brunswich.

La campagna militare da loro compiuta ebbe successo; grazie anche all'aiuto della fazione novarese dei Brusati, il Fieschi riuscì a occupare Vercelli, cogliendo di sorpresa il podestà e gli altri ufficiali viscontei, che furono costretti a rinchiudersi nella cittadella insieme ai sostenitori della fazione dei Tizzoni, uscita sconfitta nella lotta contro gli

Avogadri. In seguito, il Fieschi si unì alle truppe del conte di Savoia e a San Germano sconfisse l'esercito visconteo. Per questo successo il papa si congratulò con lui, facendogli versare una forte somma. Intanto, il Fieschi continuò ad assediare la cittadella di Vercelli. Nel novembre giunse nella città il nuovo governatore, il vescovo di Arezzo.

Le ostilità tra il Fieschi e Biella proseguirono anche nel 1374 e il 5 gennaio, il nuovo papa, Gregorio XI, esortò il vescovo ad arrivare a un nuovo accordo con quel Comune. Il Fieschi fece quanto il papa aveva detto e questo gli consentì di concentrare i suoi sforzi nell'assedio della cittadella di Vercelli, che si arrese il 1° agosto. Nel 1375 il Fieschi assoldò Giovanni Acuto e 6000 cavalieri per continuare la guerra contro il Visconti. Nel 1376 (19 luglio) venne firmato l'accordo di Val Somoggia: Vercelli fu restituita alla signoria di Galeazzo, mentre Biella fu riconosciuta al vescovo Fieschi. Stefano Colonna, delegato pontificio, fu incaricato di convincere i guelfi vercellesi ad accettare il trattato, fortemente voluto dal papa, che non intendeva ritornare sulle sue decisioni.

In cambio, il Visconti dovette impegnarsi a non perseguitare quei cittadini di Vercelli, che nel corso del conflitto gli si erano opposti.

Nel 1377 riesplosero i dissensi tra il vescovo e Biella. Nel maggio, un'improvvisa rivolta (forse sobillata dai Visconti) colse il vescovo impreparato, mentre si trovava nel castello della città. Egli venne catturato insieme con suo nipote Giovanni e rinchiuso nelle carceri comunali. Per prevenire la reazione dei familiari del vescovo, il Comune assoldò Jacopo dal Verme, allora al servizio dei Visconti, che riuscì a bloccare il contingente di cento balestrieri, che i Fieschi avevano arruolato e inviato in soccorso di Giovanni. Il conte di Savoia seppe approfittare della situazione e inviò come mediatore Ibleto di Challant, suo capitano del Piemonte, il quale convinse le autorità di Biella a consegnargli il Fieschi, impegnandosi a tenerlo come ostaggio nel castello di Montjovet. Nei primi mesi del 1378, il Fieschi tentò la fuga, ma venne bloccato. A ogni modo, il 25 aprile, egli raggiunse un accordo con Biella, sottoscritto nel castello di Verrès. Il Fieschi sarebbe stato liberato, ma doveva abbandonare Biella e Ibleto sarebbe stato nominato rettore della città per dieci anni. Erano fatti salvi i diritti dei successori del Fieschi sulla chiesa eusebiana (diritti che vennero poi trasmessi a Ludovico Fieschi). Il 15 maggio, l'accordo fu ratificato; il Fieschi, rimesso in libertà, si rifugiò nel castello di Masserano, dove, poi, fu costretto dagli uomini di tale località a trattare, rinunciando ai diritti sulle eredità *ab intestato*.

Lotte sociali a Genova

Dopo aver lasciato un suo rappresentante per amministrare la diocesi, ormai sconfitto, il Fieschi si recò a Roma. Nel 1378, appena eletto, papa Urbano VI (l'arcivescovo di Bari Bartolomeo Prignano) creò il Fieschi cardinale col titolo di San Marco (mentre a Fondi era creato l'antipapa Clemente VII). Egli fu fedele sia a Urbano VI sia al suo successore Bonifacio IX, mentre Vercelli passò all'obbedienza avignonese, per cui l'antipapa Clemente VII vi pose come presule (giugno 1379) un canonico di quella città, Giacomo De Cavallis. Sempre nel 1378, il 24 settembre, Giovanni, ormai diventato il capo politico dei Fieschi, firmò l'alleanza tra la sua famiglia e il doge di Genova, Niccolò Guarco, nemico di Bernabò Visconti. A Genova dovette risiedere negli anni seguenti; nel 1381 risulta *patronus* delle chiese gentilizie di Sant'Adriano di Trigoso e di Santa Maria in Vialata. Egli morì prima dell'8 dicembre del 1381 e fu sostituito nelle cariche familiari da Ludovico. Nel frattempo, lo scenario genovese conosceva un nuovo cambiamento, perché le famiglie emergenti dei *mercatores* finirono col dividersi in lotte laceranti, che ne incrinarono l'unità di intenti.

Vennero, così, poste le premesse per quel cambiamento di situazione e di rapporti di forze che a lungo i Fieschi avevano sognato: un potere centrale debole e diviso, incapace di coagulare le simpatie della borghesia rivierasca, stanca delle continue lotte e indebolita militarmente dalla politica di grandezza cercata dalla Repubblica. I Fieschi poterono riprendere a muoversi in città, dove il ramo di Savignone collaborò col governo popolare, anche se in modo sfortunato; infatti, Ludovico Fieschi venne messo a capo di una flotta formata da 10 galere, che nel maggio del 1378 salpò in aiuto di re Luigi d'Ungheria contro Venezia; tuttavia, giunto a capo d'Anzio, si scontrò con 14 navi nemiche, comandate da Vittor Pisani, che ebbero la meglio, facendo 800 prigionieri.

Nel 1379 Giovanni Fieschi, fratello di Carlo e vescovo di Albenga, ratificò il trattato stretto tra alcuni membri della sua famiglia e la repubblica di Genova. Nel 1381 Niccolò nominava un procuratore per comperare terre in Albaro; l'anno seguente comperava una casa in contrada di Sant'Ambrogio. A nome del figlio Antonio, poi, acquistava la villa di Lerma da Violante, figlia del fu Branca Doria, per 8500 libre di genovini.

Già in questi anni Niccolò (con il consenso dell'altro capo della famiglia, Carlo del fu Giovanni) stava trattando, più o meno sottobanco, con potenti stranieri per indurli a occupare Genova. In un primo tempo, i Fieschi guardarono alla dinastia dei Savoia. Nel 1381 (12 ottobre) a Ivrea si arrivò a un accordo tra Ibleto di Challant, rappresentante del conte Amedeo VI di Savoia, e i Fieschi, decisi a utilizzare il conte per ottenere il controllo su Genova. La famiglia si impegnò ad appoggiare Amedeo, permettendo al conte di far arruolamenti nel suo territorio. Di queste intenzioni fliscane la Repubblica fu tenuta all'oscuro: infatti, durante le trattative, che erano state intavolate tra il doge genovese, Antonio Guarco, e il conte (che aveva avuto un ruolo fondamentale nella pace tra Genova e Venezia), Giovanni, figlio di Niccolò, ottenne di potersi incontrare con Amedeo, apparentemente per sostenere alcune pretese territoriali e pecuniarie, che Niccolò, suo padre, vantava nei confronti del conte.

Il progetto era, in realtà, un altro: il 22 marzo 1382 Niccolò scelse come procuratore il carmelitano Domenico dei Domenici, per continuare le trattative con Amedeo, allo scopo di arrivare a un'alleanza politica e militare. Il doge, all'oscuro del progetto fliscano, appoggiò i colloqui, mentre si definivano le linee di intesa tra i Fieschi e il conte. Anche Carlo Fieschi (figlio del fu Giovanni) scrisse ad Amedeo per assicurargli il suo appoggio. Amedeo accettò la proposta e, per affrettare gli eventi, Niccolò Fieschi decise di incontrarsi personalmente con lui, mentre questi era impegnato nella spedizione napoletana per soccorrere la regina Giovanna. Ma la morte improvvisa di Amedeo nel 1383 rese vano il progetto dei Fieschi. Ma i popolari erano ormai incapaci di esprimere una politica unitaria, ed erano profondamente divisi al loro interno. Nel 1384 al potere in città tornò Antoniotto Adorno, esponente di quella fazione che intendeva proseguire la politica di espansione e di lotta antifeudale già voluta dal Boccanegra.

La Repubblica non era più in grado di esercitare un controllo militare efficace sul territorio, cosicché i Fieschi, avversari dell'Adorno, riuscirono a occupare, sia pure temporaneamente, tutte le piazzeforti della Riviera di Levante (tra cui Lerici, Portovenere, Arcola, Moneglia e Corvara), cioè il sistema costiero creato per arginare il feudo appenninico della famiglia. È, questa, una data fondamentale, perché dopo più di un secolo i Fieschi riuscivano finalmente a scendere di nuovo al mare.

Prima del 1386 morì Niccolò. Egli ebbe il merito di dirigere la famiglia negli anni più turbinosi e difficili, quando il governo dei dogi popolari creò almeno nella riviera orientale i presupposti per uno Stato solido e a carattere regionale.

Figli di Niccolò furono Antonio, Giovanni e Ludovico, che, dopo essere stato scelto alla diocesi di Vercelli, fu creato da papa Urbano VI cardinale col titolo di Sant'Adriano (17 dicembre 1384).

Dopo la scomparsa di Niccolò, a guidare la famiglia furono questa volta due personaggi: Carlo (figlio di Giovanni) e suo nipote Antonio (figlio di Niccolò). Essi dimostrarono unità di intenti, anche perché si trovarono posti in grossa difficoltà dalla politica aggressiva dell'Adorno. Il 26 ottobre

1386 Carlo, Antonio e suo fratello, il cardinale Ludovico, furono costretti a vendere al doge i diritti sulla loro quota di Varese Ligure e di altre località poste in Val di Vara. Venne, infatti, accettato integralmente l'accordo che era stato stipulato col doge da Carlo (anche a nome di un altro Fieschi, Manuele, figlio del fu Antonio, che doveva essere il fratello di Luchino e Giovanni) il 1° settembre. Non è chiaro se il castello sia passato effettivamente a Genova o se, dietro questi atti di apparente sottomissione, si celasse solo un ripiego per tenere calmi i Fieschi, rimpinguandone le casse, senza una reale cessione di poteri. Infatti, è proprio in questo lasso di tempo che la famiglia iniziò la costruzione del *borgo rotondo* di Varese Ligure, per controllare saldamente un nodo strategico importante sulle strade che portano alla pianura padana lungo il Vara o attraverso il passo di Centocroci. Intanto, fallito il tentativo di allearsi coi Savoia, i Fieschi decisero di intensificare gli sforzi per convincere il re di Francia a impadronirsi di Genova.

Si coronava, poi, il progetto di costruire un piccolo feudo in Piemonte: il 29 maggio 1394 papa Bonifacio IX concesse ad Antonio Fieschi e ai suoi discendenti il feudo di Masserano e Crevacuore nella diocesi di Vercelli, separandolo dalla diocesi eusebiana e ponendolo alla diretta dipendenza della Santa Sede. Nondimeno, la complessa situazione giuridica del feudo, su cui anche il comune di Vercelli vantava diritti, provocò negli anni seguenti tra Antonio e i suoi sudditi continui attriti, che furono eliminati solo dai suoi successori.

CAPITOLO 12

Secolo XV, la conquista del mare

Alla fine del secolo quattordicesimo lo scontro che aveva visto contrapposti il governo popolare di Genova e la famiglia Fieschi stava ormai volgendosi a vantaggio della seconda. In città la nuova oligarchia del denaro (Fregoso, Adorno, Guarco, Montaldo), che si frantumò in consorterie e fu appoggiata da potenze straniere, si stava lacerando in un conflitto caotico e parossistico, che toccherà nei decenni iniziali del secolo XV forme incredibili di anarchia e di violenza. Nello stesso tempo, stavano franando in modo inesorabile le colonie orientali, mentre il Mediterraneo occidentale assisteva al trionfo dell'espansionismo aragonese.

Sotto il profilo economico, con la fine del Trecento diventa costante la parabola discendente della città. Essa mantiene ancora la sua forza di attrazione sul distretto, dove le condizioni di vita dei contadini divennero più dure a causa della diffusa insicurezza provocata dalle continue scorrerie di truppe mercenarie e dalle epidemie. Esemplare è il caso della famiglia Colombo, che lasciò Terrarossa di Moconesi, località controllata dai Fieschi, per cercare miglior fortuna a Quinto proprio in questo lasso di tempo. Ma non è tanto il miraggio di un facile avanzamento sociale a spingere ancora queste ultime ondate migratorie verso la metropoli quanto un peggioramento complessivo delle condizioni di vita anche nelle aree distrettuali più prossime alla costa, che avevano conosciuto nei secoli precedenti un certo benessere. Nell'entroterra appenninico la lotta per la sopravvivenza era dura, ma, paradossalmente, l'inserimento nella organizzazione feudale offriva margini di sicurezza altrimenti impossibili. Questa situazione caotica permise ai Fieschi di riorganizzarsi e di riprendere l'iniziativa.

I Fieschi di Savignone erano ormai genovesi a tutti gli effetti; attivi mercanti, prestavano a usura, trafficavano via mare, riscuotevano la gabella di Savignone, che rimase l'unico borgo in mano a questo ramo familiare; essi si videro riconosciuto un ruolo di un certo rilievo anche nel nuovo ente sorto agli inizi del secolo, il Banco di San Giorgio, di cui divennero Protettori nella seconda metà del secolo, con due esponenti della famiglia, i fratelli Giacomo e Matteo.

Politicamente, il ramo di Savignone collaborò con i Fieschi di Torriglia, seguendoli nelle loro alleanze o intervenendo nei colpi di mano tentati sulla città.

Molto diverso fu il ruolo svolto dal ramo di Torriglia, la cui situazione finanziaria era rimasta solida, grazie in primo luogo alle rendite nei *loca* del Comune di Genova e a quelle che sempre più intensamente provenivano dal Monte di Firenze. Attraverso il feudo, poi, si svolgeva intenso il traffico di sale (si è a conoscenza di una gabella riscossa a Varese Ligure) verso l'entroterra padano, su cui i Fieschi esercitavano il controllo, ma che doveva permettere anche margini di guadagno per i sudditi. Il Banco di San Giorgio rinunciò a intervenire su questa materia, concedendo una impunità fiscale assai gravosa per le casse genovesi, ma fruttuosa per i sudditi fliscani, grazie ai mille rivoli del contrabbando con le podesterie costiere. Per un certo periodo, inoltre, tutte le strade appenniniche finirono con l'essere controllate dalla famiglia (la via della Cisa tramite Pontremoli e gli altri numerosi piccoli castelli; il passo di Centocroci con Varese e Borgotaro), che poté pretendere pedaggi sulle merci in transito lungo queste fondamentali arterie tra la costa ligure e il retroterra padano. Altra fonte di reddito diventò l'attività piratesca, che i Fieschi favorirono non appena riuscirono a raggiungere il mare. Di fronte, poi, a un peggioramento complessivo del tenore di vita in città e lungo la costa (testimoniata dalla frequenza di ondate epidemiche), le condizioni del distretto, soprattutto all'interno o lontano dalle strade percorse dai mercenari, non dovettero modificarsi, anche perché i Fieschi si preoccuparono di mantenere aperto il flusso dei cereali, necessario anche per alimentare le loro truppe. Per un certo periodo il traffico di grano fece addirittura la fortuna dei piccoli porti rivieraschi (Rapallo e Sestri Levante in modo particolare), che erano caduti sotto il controllo dei Fieschi.

Non è da sottovalutare neppure l'occasione offerta ai montanari di scendere nella città armati (e gli attacchi su Genova saranno una costante nel secolo) con possibilità di saccheggi e ruberie. Insomma, si creò tra sudditi e Fieschi una contiguità contingente di interessi, che permisero alla famiglia di controllare senza grosse difficoltà il feudo. A questa ritrovata solidità finanziaria si accompagnò anche la brillante carriera di due membri della famiglia: Ludovico (appartenente al ramo di Torriglia), diventato cardinale nel 1384 e Giacomo.

I Fieschi al vertice della gerarchia ecclesiastica genovese

Nel 1382 divenne arcivescovo della città proprio Giacomo, figlio di Simone e di Ginevra Gentili, appartenente al ramo di Savignone. Si coronava in tal modo un sogno lungamente coltivato dalla famiglia, ma sempre ostacolato tenacemente dagli altri clan cittadini: collocare al vertice della gerarchia ecclesiastica un proprio membro.

Giacomo (che fu vescovo di Ventimiglia) si trovò schierato col papa romano, Urbano VI, dalla cui fedeltà, agli inizi, non si dovette staccare neppure l'altro potente prelato della famiglia, Ludovico, premiato per questo col cappello cardinalizio. Giacomo venne nominato dal papa collettore delle decime per le province della Liguria e della Lombardia. Nell'aprile del 1385, mentre Urbano era assediato a Nocera dal re di Napoli Carlo III di Angiò Durazzo (che appoggiava l'antipapa Clemente VII), Giacomo e Ludovico ebbero l'incarico dal papa di adoperarsi presso il doge genovese Antoniotto Adorno, affinché organizzasse una spedizione in soccorso di Urbano. Nominato commissario pontificio, Giacomo accorse a Nocera per ascoltare le proposte del papa e ritornò poi in città, riuscendo ad arrivare a un accordo con il doge, Antoniotto Adorno. Egli si impegnò, il primo luglio 1385, ad armare una flotta di 10 galere, per liberare il papa; in cambio di tale aiuto, a cospicua somma di 60.000 fiorini d'oro, ipotecando alla Repubblica la terra di Corneto. Il colpo di mano, affidato al comando di Clemente Fazio che guidava la flotta di soccorso, raggiunse l'obiettivo: il 7 luglio il papa poté uscire da Nocera e, dopo una breve sosta a Benevento, si imbarcò sulle navi genovesi, che lo trasportarono nella città ligure, dove sbarcò il 28 settembre, accolto con i più grandi onori. La collaborazione tra il papa e Giacomo rimase strettissima: il Fieschi fu riconfermato nella carica di commissario pontificio e di collettore delle decime per le province liguri e lombarde. Il 20 novembre assistette alla solenne cerimonia in cui a Urbano presentarono giuramento i quattro cardinali che, creati nell'ultimo concistoro tenuto a Nocera, non erano stati ancora pubblicati; il 5 dicembre assistette all'atto in cui Clemente Fazio fu creato ammiraglio pontificio.

Ma i rapporti tra il papa e la Repubblica genovese si deteriorarono, tanto da indurre Urbano a lasciare la città alla volta di Lucca (febbraio 1387), accompagnato da Giacomo.

La famiglia e l'alleanza francese

Il Fieschi fece ritorno nella sua città alla fine del 1388, mentre nello stesso anno Ludovico fu nominato vicario generale *in temporalibus* per il Patrimonio di San Pietro. Sono questi gli anni in cui la famiglia fece insistenti pressioni, per convincere la Francia a intervenire al fine di impadronirsi di Genova.

Infatti, anche se i contatti coi Savoia continuarono (nel 1392 Bona di Borbone, madre e tutrice di Amedeo VIII di Savoia, diede incarico a Ibleto di Challant di ricevere il giuramento di fedeltà da Carlo Fieschi e da altri personaggi genovesi), i Fieschi insieme con altri clan avevano ormai individuato nella monarchia francese l'alleato potente con cui intervenire nella situazione genovese. Nel febbraio del 1392 fu firmato un atto fondamentale, che accordava al re di Francia non la *souveraineté*, ma la *suzeraineté* su Genova in caso di successo dell'accordo. A sottoscrivere il patto fu un coacervo di forze cittadine, comprese quelle popolari, cui si unì anche Raimondino Fieschi. La repressione voluta dal doge, Antoniotto Adorno, fu violenta. Infatti, nello stesso anno, il vescovo di Savona, Antonio, e suo fratello Benedetto, sospettati di avere cospirato contro il doge, furono costretti ad abbandonare Savona, mentre Benedetto venne catturato e trovò rifugio nelle terre dei Fieschi. Nell'aprile, fu organizzato un colpo di mano su Genova, che fallì e costò il carcere al vescovo. Antonio Fieschi reagì, ammassando trecento uomini nel suo feudo di Torriglia, occupò il monte Fasce sovrastante Genova e cercò di far insorgere la città. Il tentativo non ebbe successo: Raffaele Adorno guidò la controffensiva. Durante i disordini scoppiati in città, morì un figlio di Carlo Fieschi.

L'esercito genovese occupò Savignone e pose l'assedio a Torriglia, ma venne respinto dalle truppe di Antonio, di Carlo e di altri membri della famiglia, che obbligarono l'Adorno alla trattativa. Carlo (impegnato anche nei colloqui coi Savoia) promise di non lottare più contro l'Adorno (6 giugno). I Fieschi continuarono ad appoggiare gli sforzi compiuti da altri avversari del doge, come Antonio Montaldo. Un primo tentativo di costui fallì e costrinse il Montaldo a rifugiarsi in Torriglia; un secondo colpo di mano ebbe miglior fortuna, provocando la caduta del doge. Infatti, quando, il 16 giugno 1392, l'Adorno fuggì, Antonio Montaldo, salito al potere, si affrettò a venire a patti con Carlo, il quale, comunque, continuò a insistere presso il re di Francia, perché intervenisse per controllare Genova. L'anno dopo, Carlo e Antonio Fieschi insieme coi

Grimaldi sottoscrissero un impegno a favore del re francese, questa volta come futuro *souverain* di Genova. Il re, alla fine, accettò, con lo scopo di usare il porto ligure come base di appoggio per il suo progetto di conquista del regno napoletano a favore di Luigi II d'Angiò.

Ma la spedizione militare, affidata al duca di Orleans, tardò a essere attuata, lasciando la città in preda a gravi disordini, tanto che il 15 luglio 1393 Antonio Montaldo si vide costretto a lasciare la carica. L'anno seguente, fu lo stesso Antoniotto Adorno, nel frattempo costretto all'esilio, a tentare l'accordo col duca d'Orleans, ma poi preferì assalire Genova da solo, costringendo nell'agosto alla fuga il doge Niccolò da Zoagli, contro il quale si erano schierati il cardinale Ludovico e Carlo Fieschi. Anche il nuovo doge, Antonio Guarco, durò in carica pochi giorni. Contro di lui si mosse Luca Fieschi (figlio di Carlo), che con 600 uomini si avvicinò alla città e si asserragliò sulla collina di Carignano; nei primi giorni di settembre il Guarco fu costretto alla fuga. Di questa situazione parossistica approfittò nuovamente Antoniotto Adorno, che, sempre nel settembre, riuscì a impadronirsi della città. Qui i Fieschi potevano contare sulla protezione dell'arcivescovo, Giacomo Fieschi, che vide, però, il suo palazzo in San Silvestro distrutto dai sostenitori dell'Adorno. Anche le case dei Fieschi furono date alle fiamme.

Il ritorno al potere dell'Adorno indusse la Francia ad accelerare i tempi per impadronirsi della città, mentre i Fieschi occuparono alcune importanti fortezze nella Riviera di Levante, tra cui Portovenere e Lerici. Sotto il comando di Enguerrand VII, signore di Coucy, iniziava la spedizione francese per la conquista di Genova. Il 7 novembre, al Coucy prestò giuramento Carlo Fieschi, che versò al comandante francese mille fiorini d'oro. Insieme al nipote Antonio, Carlo cedette formalmente alla Francia i castelli rivieraschi (Portofino, Moneglia, Portovenere, Lerici), che erano stati occupati dalla famiglia. Il 30 novembre, ad Asti, Carlo e Antonio furono presenti all'atto in cui Savona si diede al Coucy. Anche il ramo di Savignone accettò l'alleanza, tanto che un suo rappresentante, Paride Fieschi, la ratificò tra il novembre e il dicembre. Nel 1395, mentre in città era sempre più traballante il dominio dell'Adorno, contro i piani fliscani favorevoli alla Francia si formò una coalizione di forze, che vide protagonisti Antonio Guarco, signore di Ronco Scrivia, Antonio Montaldo e il duca di Milano, che non aveva del tutto rinunciato al suo progetto di impadronirsi di Genova; il 20 febbraio essi tentarono un colpo di mano sulla città, che fu però sventato.

Proseguì, pertanto, il lento piano di conquista francese. Il 26 febbraio giunse nella Riviera di Levante Antonio di Olzate, per pagare il soldo ai mercenari ingaggiati dalla Francia. Allo stesso tempo una campagna di riconquista, guidata da Giorgio Adorno, fratello del doge, ebbe un successo effimero, anche se i castelli rivieraschi, che erano stati occupati dai Fieschi, ritornarono nelle mani del governo genovese.

Nel frattempo, molto abilmente, l'Adorno riuscì a convincere il re di Francia a sconfessare l'operato del duca di Orleans, che abbandonò l'impresa. Antoniotto Adorno non vide allentarsi la pressione esterna, per cui decise di tentare la carta della trattativa diretta con la Francia, per mercanteggiare personalmente la cessione di Genova. Contemporaneamente, cercò di allontanare i Fieschi dall'alleanza francese e, per questo, il 23 giugno 1396, incaricò Quilico Taddeo di convincere papa Bonifacio IX a offrirsi come arbitro tra lui e la famiglia. Ma il tentativo fallì, per cui l'Adorno si rassegnò a cedere. Il 6 ottobre, il cardinale Ludovico Fieschi e gli altri capi guelfi incontrarono il doge sconfitto, per trattare le resa della città. Un'assemblea cittadina il 23 ottobre ratificò solennemente la dedizione alla Francia, mentre per il momento l'Adorno veniva dichiarato governatore reale. La famiglia, saldamente guidata dal cardinale Ludovico, trattò dapprima (11 febbraio 1397) con lo stesso Adorno e poi, quando costui si dimise, col nuovo governatore di Genova, Waleran de Luxembourg, ottenendo un cospicuo finanziamento dalla corona francese, pronta a coprire le spese sostenute dai Fieschi per mantenere sotto controllo i castelli rivieraschi.

All'interno del clan fliscano, intanto, si manifestarono divergenze politiche: se l'arcivescovo Giacomo Fieschi si adoperò perché la città rimanesse fedele al papa romano, il ramo feudale della famiglia, legato alla Francia, si avvicinò all'antipapa Clemente VII. In città, peraltro, i disordini continuarono anche per la debolezza dei governatori francesi, che permisero ai Fieschi di mantenere il loro controllo sulla riviera.

L'arcivescovo Giacomo Fieschi morì il 24 novembre 1400. Nel suo testamento, steso il 15 gennaio dello stesso anno, chiese di essere sepolto nella cattedrale di San Lorenzo. Lasciò varie elemosine a enti ecclesiastici e assistenziali, nominando eredi i nipoti Simone e Teodoro, figli del fu Daniele; i canonici della cattedrale, legati ai Fieschi, si affrettarono a nominare l'arcidiacono Domenico Fieschi a vicario capitolare. Il 25 novembre, la maggioranza del capitolo si pronunciò a favore dello stesso Domenico. Ma Bonifacio IX temendo gli effetti che tale nomina avrebbe potuto provocare sulla fedeltà della diocesi, non accettò il risultato e scelse, il 1° dicembre, come arcivescovo Pileo De Marini, fino ad allora estraneo all'ambiente cittadino. Ne nacque una violenta ostilità tra il nuovo presule e i Fieschi, che videro messi in discussione da lui anche i privilegi del capitolo della cattedrale, in cui continuarono a essere corposamente rappresentati.

Nel 1401 (23 marzo), arrivò a Genova Jean Le Maingre, signore di Boucicaut, nuovo governatore francese e uomo forte, spedito in città col compito di calmare la situazione. Nel frattempo, continuò il processo di allineamento dei Fieschi allo schieramento francese, tanto che nel 1404 il cardinale Ludovico aderì formalmente al papa avignonese Innocenzo VII, così la famiglia poté impegnarsi per allargare il suo controllo sull'area appenninica. Nel 1405 Antonio Fieschi acquistò dal vescovo di Verona, Jacopo dei Rossi, e da suo fratello Pietro la metà di Pontremoli; l'altra metà era già nelle mani di Luca Fieschi, figlio di Carlo. Carlo morì poco dopo il 1413, quando ricevette da Giorgio Adorno la notizia che quest'ultimo era stato eletto doge. Egli sposò in prime nozze Giovannina, figlia di Alberto Malaspina, la quale, in realtà, fu moglie di un altro Carlo, morto nel 1353; certamente, egli sposò Donella, figlia di Giberto da Correggio, da cui ebbe anche una figlia, Sobrana, andata sposa a Adornino di Antoniotto Adorno.

Antonio, che aveva sposato Ginevra, morì nel 1412, lasciando come eredi Ibleto (divenuto vescovo di Vercelli), Niccolò, Giovanni, Ludovico (cui toccò occuparsi dei castelli piemontesi, alleandosi coi Savoia) e Giovanni Luigi. Il feudo, che i figli di Antonio e di Carlo ereditarono, acquistò, in tal modo, una dimensione di tutto rispetto: oltre ai castelli tradizionali di Torriglia, Montoggio e Roccatagliata, comprendeva altri borghi strategicamente importanti come Borgo Valditaro e Varese Ligure; in Lunigiana, poi, oltre a Pontremoli, anche i castelli di Calestano e Vigolone erano in possesso dei Fieschi. Questo piccolo staterello, posto in un luogo di cerniera tra opposti espansionismi (quello visconteo, quello fiorentino) poté poggiare sulla protezione francese, tanto più che Genova era saldamente controllata dal Boucicaut, di cui Luca Fieschi (figlio di Carlo) fu fedele collaboratore.

Nel 1404 Luca fece parte della spedizione che il Boucicaut organizzò contro Cipro, che si era ribellata al cattivo governo di Antonio Guarco. La flotta genovese liberò il Guarco, assediato a Famagosta, e sventò i progetti di re Giano. I Fieschi si avvicinarono in questi anni alla Repubblica fiorentina, preferendola all'alleanza ai Visconti – Luca ebbe, infatti, un ruolo fondamentale nella conquista fiorentina di Pisa. Venduta la città da Gabriele Maria Visconti a Firenze (22 agosto 1405), nel settembre la città insorse, ma fu tradita dal suo Capitano del popolo, Giovanni Gambacorta. Nel giugno 1406 Luca fu nominato capitano generale dei Fiorentini, al comando di 75 lance e 35 balestrieri: toccò a lui, per primo, entrare in Pisa, dopo la sua resa (9 ottobre). Nel feudo fliscano rimase insicuro il controllo su Pontremoli; nel 1408 Pietro dei Rossi tentò di riprendere il borgo, assoldando un forte contingente di truppe (400 cavalieri e 700 fanti). Luca riuscì, però, ad assediare Grondola e a far prigioniero il Rossi. Nel frattempo, a Genova la politica ferrea attuata dal Boucicaut e i suoi progetti espansionistici dispendiosi e assurdi crearono un clima di violenta insoddisfazione, che sfociò in rivolta, quando il governatore partì con l'ambizioso progetto di conquistare Milano.

Il rafforzamento dell'entroterra

Ottenuto l'appoggio di Teodoro II, marchese del Monferrato, la città si diede a questo nuovo signore, che iniziò una energica campagna nella Riviera di Levante, per togliere ai guelfi e ai Fieschi i loro castelli.

Alla fine del 1409 Oberto Spinola e Raffaele Montaldo guidarono le operazioni militari che fecero ritornare sotto il controllo genovese Portofino, Lerici e Portovenere. A Portofino ci fu l'estrema resistenza fliscana: Luca e il cardinale Ludovico si asserragliarono nella chiesa del borgo, con la speranza che il Boucicaut potesse aiutarli, ma furono costretti a capitolare il 28 dicembre 1409. Anche Recco, che era passata sotto il controllo della famiglia, dovette arrendersi. I *loca* nelle *Compere* del Comune furono confiscati ai Fieschi, per finanziare le operazioni militari, che continuarono, dato che Luca non si era dato per vinto. Occupato il castello di Tugio (posto tra Recco e Lavagna) nel novembre 1410 egli assoldò 60 cavalieri e approfittando dell'assenza del Paleologo, scese verso Genova, senza ottenere i consensi sperati tra gli abitanti della Val Bisagno. Raggiunto il monastero di Santo Spirito, alla periferia cittadina, fu obbligato a fermarsi per la pronta reazione di Corrado Del Carretto, luogotenente del marchese; le truppe di Luca furono sconfitte e il Fieschi venne costretto a ritirarsi.

La famiglia dovette rinunciare, per il momento, agli sbocchi marittimi faticosamente conquistati, ma non desistette dalla lotta, proseguendola con azioni di disturbo. Luca aiutò i ribelli di Gavi Ligure, fece incursioni in Val Polcevera, fomentò la rivolta dei castelli di Corvara, Carpena e Beverino. I Fieschi si allearono coi Fregoso, che, forti dell'appoggio fiorentino in funzione antiviscontea, intendevano rioccupare la città. Quando cadde il governo di Teodoro (22 marzo 1413), il nuovo doge, Giorgio Adorno, informò immediatamente Luca della buona notizia. In tal modo, il feudo fliscano conobbe una relativa sicurezza, che permise a Luca di collaborare assiduamente col cardinale Ludovico, uno dei protagonisti delle convulse vicende che portarono alla convocazione del concilio di Costanza. Al concilio Luca dovette accompagnare il prelato, disinvoltamente passato indenne attraverso le travagliate vicende dello Scisma; fedele sia a Bonifacio XIII che al papa *pisano*, Alessandro V, fu da quest'ultimo incaricato di varie missioni.

Infatti, il papa lo aveva confermato il 2 ottobre 1409 nell'amministrazione della chiesa di Carpentras, che gli era stata affidata dall'antipapa Benedetto XIII nel 1406. Negli anni seguenti soggiornò a Forlì e a Bologna, dove la Curia lo volle come vicario generale e dovette per questo restare lontano dagli affari della famiglia.

Nel 1417 Luca morì e il feudo passò, almeno a partire dal 1419, a suo figlio Antonio, nato dal matrimonio con Linò Fieschi. Da questo matrimonio nacquero anche

Maria, che sposò a Firenze Marsilio, figlio di Francesco VII di Carrara, e Donella, andata sposa a Jacopo d'Appiano, signore di Piombino. Si trovarono così a fronteggiarsi due rami della famiglia, che erano accomunati dalla signoria su Pontremoli: il ramo di Antonio, da una parte, e i figli di un altro Antonio (figlio di Niccolò), dall'altra. Anche a nome dello zio Luca, uno di questi, Giovanni Luigi, a Pontremoli pose la sua residenza e vi costituì una piccola corte, circondandosi di vassalli e notai. La delicata situazione giuridica del feudo creò i presupposti per alcuni contrasti all'interno dei Fieschi, benché la leadership politica fosse sempre esercitata dal cardinale Ludovico, almeno sino alla sua morte, avvenuta il 3 aprile 1423.

Un primo segnale di dissenso tra Niccolò e Giovanni Luigi, da una parte, e il cugino Antonio, dall'altra, si ebbe alla morte di Luca, padre di quest'ultimo. Infatti, essendo giuridicamente indiviso il patrimonio familiare, Giovanni Luigi chiese al cugino Antonio un contributo per le spese che egli aveva dovuto affrontare per difendere Borgotaro. Dopo qualche contrasto venne deciso di affidare la soluzione della vertenza a una commissione arbitrale costituita da tre parenti (Raimondino, Innocenzo e Teodoro). L'accordo fu firmato il 5 febbraio 1418: le rocche di interesse militare dovevano essere divise tra i cugini.

A Giovanni Luigi toccarono il castello di Piagnaro e le fortezze di Tizzano e Bedusio, presso Pontremoli e ad Antonio il castello nuovo di Pontremoli e le rocche di Borgotaro, Grondola (sulla strada per Pontremoli) e Zeri. L'accordo stabiliva anche che la scelta del podestà e dei rettori dovesse restare comune, insieme dovevano essere pronunciate anche le condanne. Le rendite e i proventi del feudo sarebbero stati spartiti in parti uguali. Antonio non rimase soddisfatto del compromesso: tramite i buoni uffici di Araone Spinola, arcivescovo di Brindisi, ottenne che si procedesse alla permuta delle parti in cui il feudo era stato diviso (23 luglio 1420). Questa prima crisi familiare fu risolta.

Agli inizi del Quattrocento si consolidò, quindi, un solido feudo appenninico, in grado di controllare tutti i valichi che dalla pianura lombardo-emiliana portavano al mare. L'acquisizione di castelli e la costruzione di rocche (quali Borgotaro e Varese Ligure) integrò il dominio su un territorio che tendeva a essere omogeneo e mirava in modo sempre più pressante a consolidare gli sbocchi al mare, il cui possesso rimase, nondimeno, sempre incerto e subordinato alla presenza di un potere debole a Genova. Il feudo raggiunse una consistenza, anche demografica, notevole, dato che i Fieschi, se uniti, erano in grado di armare dalle loro terre circa 4.000 uomini. Ma la famiglia fu costretta a muoversi con enorme prudenza, per non rischiare di restare schiacciata nella lotta tra le potenze confinanti col feudo: i Visconti e la repubblica di Firenze.

Infatti, nel 1418, quando Bartolomeo Malaspina, marchese di Verrucola e Fivizzano, venne ucciso a tradimento da alcuni sicari, armati dai fratelli Leonardo e Galeotto Malaspina, la Repubblica fiorentina, alleata con la vittima, ne approfittò per mandare un suo esercito in Lunigiana, chiedendo aiuto a Giovanni Luigi Fieschi. Il 1° novembre 1418, egli incaricò Antonio Fieschi di stringere un accordo con Firenze, che tuttavia sospettava di Giovanni Luigi, perché si temeva stesse trattando segretamente con Filippo

Maria Visconti. Il 10 maggio 1419 fu firmata a Milano la pace tra il duca e il doge Tommaso Fregoso, che vide il cardinale Ludovico, capo politico della famiglia, consenziente. Giovanni Luigi, in un primo tempo, accettò l'accordo, ma preferì poi allearsi col Visconti. Il 6 aprile 1421 Giovanni Luigi, suo fratello Niccolò e Carlo si unirono con il duca milanese, appoggiandone la spedizione militare che marciò su Genova, per abbattere il governo del Fregoso. Inutili furono i tentativi compiuti dalla Repubblica fiorentina, attivando in tal senso il cardinale Ludovico, perché i Fieschi desistessero dall'appoggio al Visconti. Anche Antonio finì con lo schierarsi con Filippo Maria, perché era vitale per i Fieschi che non si consolidasse in città una signoria capace di attuare una politica espansionistica ai danni del loro feudo. Dopo che il Visconti divenne signore di Genova (dicembre 1421), i rapporti con lui non rimasero a lungo pacifici. Difatti, i Fieschi maturarono la scelta di passare nel campo opposto.

Il 19 giugno 1424, nel territorio di Filattiera, in Lunigiana, Giovanni Luigi stipulò con la Repubblica fiorentina una accomandigia, in forza della quale egli si poneva sotto la sua protezione e otteneva il comando di 30 lance e di 200 fanti. L'accordo prevedeva l'impegno reciproco di aiuto in caso di attacco militare contro l'una o l'altra parte contraente. Coerentemente con tale decisione, egli partecipò, l'anno seguente, alle operazioni condotte da Tommaso Fregoso con l'appoggio fiorentino e aragonese, per abbattere il dominio visconteo su Genova.

Fu proprio grazie all'azione svolta da Giovanni Luigi che, fallito il tentativo di far insorgere la città ligure, di fronte alla quale si era presentata il 10 aprile 1425 la flotta aragonese alleata con la famiglia, i ribelli poterono impadronirsi di Portofino, Moneglia e Sestri Levante. A reprimere il moto, Filippo Maria Visconti spedì una squadra navale, comandata da Antonio Doria, e un corpo d'esercito di 5.000 fanti e 3.000 cavalieri, condotto da Niccolò Terzo, ma davanti all'arrivo di truppe fliscane, inviate da Pontremoli, la spedizione terrestre milanese dovette arrestarsi. In città, era rimasto fino ad allora fedele al campo visconteo Antonio Fieschi, il cugino di Giovanni Luigi, e amico del governatore Giacomo degli Isolani, da cui era stato nominato capitano delle truppe di terra. Antonio combatté in un primo tempo con successo contro il Fregoso e, quindi, contro i suoi parenti, ma poi, nello stesso mese di aprile, abbandonò di nascosto la città, raggiunse i ribelli e ratificò la sua alleanza con il Fregoso, sposandone una nipote, Ginevra, figlia di Orlando Fregoso.

La battaglia di Felino: Giovanni Luigi incarcerato

La lotta continuò e il 4 maggio 1425, a Sarzana, Giovanni Luigi rinnovò l'accomandigia con Firenze, che prese sotto la sua protezione anche Niccolò, fratello del Fieschi, cui la Repubblica fiorentina e Tommaso Fregoso avevano già versato 500 fiorini per il suo contributo nella difesa della Riviera di Levante. Firenze promise altresì di aiutare anche l'altro fratello di Giovanni Luigi, Ibleto, vescovo di Vercelli. Il 20 giugno anche Antonio firmò una accomandigia con Firenze. Nel luglio, Niccolò cadde prigioniero del Visconti, ma ciò non impedì all'esercito armato da Giovanni Luigi, dal cugino Antonio e da Battista Fregoso di operare con successo nella Riviera di Levante, dove solo la cittadella di Chiavari resisteva. I Fieschi tentarono di corrompere il castellano, mentre nel territorio infuriava la peste; informato tempestivamente della cosa, il Visconti diede ordine perché si bloccasse la manovra. Nel 1426 si aprì un altro fronte di lotta per i Fieschi: i Rossi, alleati del Visconti, tentarono di togliere Pontremoli alla famiglia e assaltarono la rocca di Calestano. Lo scontro, che avvenne a Felino, vide sconfitto Giovanni Luigi, che fu catturato e portato a Milano, dove venne rinchiuso su ordine del Visconti nel castello di porta Giovia. In difesa del Fieschi si mosse Firenze che ne chiese energicamente la liberazione come condizione pregiudiziale a ogni avvio di negoziato di pace. Filippo Maria accettò la proposta, a patto che Giovanni Luigi venisse sostituito come ostaggio dai suoi figli.

Sebbene tale proposta provocasse la comprensibile ostilità della moglie, Giovanni Luigi accettò: agli inizi di dicembre del 1426 fu liberato, mentre vennero incarcerati tre figli, due maschi (uno era Giovanni Filippo) e una femmina. Il 30 dicembre fu firmata la pace tra Firenze e Milano; il trattato previde la restituzione da parte del Visconti delle fortezze strappate al Fieschi, ma non fece cenno ai giovani ostaggi, che peraltro già nel gennaio 1427 vennero liberati. La pace fu di breve durata, perché il Fieschi riprese presto le armi contro il Visconti. Il 15 maggio Firenze rinnovò al Fieschi il contratto di condotta e concesse poi a lui e al fratello Niccolò la cittadinanza.

La pace tra Firenze e il Visconti, firmata a Ferrara il 19 aprile 1428, affidò al cardinale di Santa Croce il compito di provvedere a risolvere le questioni rimaste in sospeso con la famiglia. A essa il porporato riconobbe non solo il possesso dei feudi tenuti prima del conflitto, ma anche il controllo di Portofino, Sestri Levante e Moneglia: si sanciva in tal modo la costituzione di un significativo Stato fliscano, insediato all'interno del dominio genovese. Nel trattato di pace era prevista anche la restituzione a Niccolò (fratello di Giovanni Luigi) dei castelli a lui tolti. Il Visconti accettò la proposta e nel 1428 nominò Giovanni Luigi suo vicario nella Riviera di Levante.

Massima espansione dello Stato Fieschi

Si coronava in tal modo il sogno plurisecolare di dar vita a un feudo capace di unire gli Appennini al mare: uno "Stato Fieschi", secondo la felice definizione dell'ambasciatore spagnolo a Genova agli inizi del Cinquecento, Gomez de Figueroa. Si trattò del momento di massima espansione del feudo fliscano, che già l'anno successivo dovette conoscere un brusco ridimensionamento. Infatti, alla fine del 1429, Firenze, cui la pace di Ferrara aveva lasciato mano libera in Toscana, entrò in conflitto con Paolo Guinigi, signore di Lucca, il quale, posto in difficoltà, chiese aiuto al Visconti.

Il duca, non potendo intervenire in prima persona nello scacchiere toscano, preferì agire in modo indiretto. Per impedire attacchi proditori, fece occupare dalle sue truppe Borgotaro, sulla strada di Centocroci, togliendolo ai Fieschi. Poi, indusse il governo di Genova, di cui era signore, ad allearsi col Guinigi e a inviargli consistenti rinforzi per bloccare l'offensiva fiorentina.

La perdita di Borgotaro provocò la violenta reazione della famiglia, che si riavvicinò a Firenze; ciò consentì al

Visconti e al governo genovese di organizzare una sistematica riconquista del territorio rivierasco. Nel settembre del 1430 un corpo d'esercito visconteo, uscito da Genova sotto il comando di Niccolò Piccinino, investì con violenza il feudo fliscano, provocandone la rapida caduta: Torriglia, Savignone, Portofino, l'intera Valditaro, Varese Ligure furono in breve occupate.

Un altro contingente, condotto dal genovese Francesco Spinola, conquistò Sestri Levante e Moneglia. Gian Luigi Fieschi resistette a Pontremoli a un primo attacco del Piccinino, ma nulla poté fare davanti a un altro tentativo del comandante visconteo, rafforzato dall'arrivo di truppe fresche. Abbandonata Pontremoli al nemico, il Fieschi con la madre e con Antonio cercò rifugio a Pisa e lì rimase in esilio per diversi anni. Sulla scena entrò in questo lasso di tempo anche Giovanni Antonio Fieschi, il figlio di Niccolò (che lo aveva avuto dal suo matrimonio con Maria di Lionello Lomellini). Nel 1430, quando Barnaba Adorno, avendo come obiettivo il crollo del dominio visconteo su Genova, organizzò un colpo di mano sulla città con le truppe fornitegli dal marchese del Monferrato e con l'appoggio di una flotta veneto-fiorentina, Giovanni Antonio promise aiuto al ribelle, ma non scese in campo, per cui l'Adorno fu sconfitto e fatto prigioniero dal Piccinino.

A non darsi per vinto fu Antonio; abbandonata Pisa e raggiunta Venezia, convinse questa Repubblica ad armare una flotta per tentare un attacco contro Genova; lo scontro avvenne il 23 settembre, ma in città il regime non cambiò. Nel 1431, mentre si trovavano in Toscana, Antonio e Giacomo Adorno morirono in un agguato, i cui mandanti rimasero sconosciuti. Antonio non aveva eredi maschi e così i suoi cugini poterono, momentaneamente, controllare tutto il feudo familiare. Infatti, i diritti che Antonio vantava su Montoggio e Carrega passarono ai figli del fu Florestano Fieschi, mentre i restanti feudi toccarono alla figlia Antonia Maria; ella sposò Giacomone Fieschi, morto il quale, si unì a Giovanni Filippo Fieschi, portandogli in dote i suoi cospicui possessi. Nel 1432 Niccolò, fratello di Giovanni Luigi, riconquistò Torriglia, ma fu poi sconfitto, catturato e portato in prigione a Genova. Pesantissimo fu lo smacco subito dalla famiglia, che venne addirittura costretta a vendere Roccatagliata, per far fronte al disperato bisogno di denaro. Come se non bastasse, il 27 settembre 1435 i feudi fliscani furono assegnati dal Visconti a Giacomo Giustiniani. Il provvedimento non ebbe effetto, perché il 28 dicembre la città (che non aveva perdonato il voltafaccia del duca milanese dopo la battaglia di Ponza, quando Filippo Maria si era alleato con lo sconfitto Alfonso d'Aragona) si rivoltò al Visconti, abbattendolo.

Giorgio Fieschi arcivescovo di Genova

Nel 1436 tornò al potere Tommaso Fregoso, che si affrettò a far restituire a Giovanni Luigi tutti i suoi domini, eccettuato Pontremoli, e lo nominò capitano generale della Riviera di Levante, per far fronte alla reazione viscontea. L'ottimo rapporto tra il nuovo doge e la famiglia si rivelò anche nelle pressioni che il Fregoso esercitò, affinché, essendo morto l'arcivescovo di Genova Pietro de Giorgi, il papa scegliesse un membro dei Fieschi a tale carica. Operazione riuscita: il 3 ottobre 1436, Eugenio IV nominò arcivescovo Giorgio Fieschi, che era allora vescovo di Mariana, in Corsica. Figlio di Ettore, appartenente al ramo di Savignone, Giorgio aveva studiato a Bologna, prima di essere nominato nel 1434 vescovo di Mariana; breve fu la sua permanenza sulla cattedra arcivescovile genovese, perché nel 1439 fu nominato cardinale. Si trasferì a Roma, rivestendo incarichi importanti presso la Curia; ritornato ormai vecchio nella sua città, Giorgio Fieschi morì l'11 ottobre 1461 presso il monastero di Santo Stefano.

Contro/con gli Sforza per Pontremoli

L'obiettivo fliscano divenne riprendere Pontremoli, su cui, però, mirava anche Francesco Sforza, allora al soldo dei Fiorentini, e incaricato di collaborare coi Fieschi. Giovanni Luigi partecipò all'assedio di Lucca nella speranza che lo Sforza lo aiutasse nell'impresa di Pontremoli.

Quando il capitano di ventura riuscì a prendere l'importante borgo si guardò bene dal restituirlo ai Fieschi, che dovettero rinunciarvi definitivamente. Nonostante questa sconfitta, il peso economico e politico della famiglia, dopo gli smacchi subiti negli anni del dominio visconteo su Genova, ritornò a essere considerevole.

Da un documento del 6 dicembre 1437 è possibile ricostruire l'elenco dei beni immobiliari che Giovanni Luigi possedeva in Genova: il palazzo di Carignano, uno dei più sontuosi della città; il palazzo di piazza San Lorenzo e quello in San Donato; altri edifici sparsi un po' ovunque nei quartieri cittadini. Nei dintorni di Genova, poi, egli vantava una villa ad Albaro. La famiglia contava anche su molte proprietà immobiliari a Parma. Giovanni Luigi riuscì a far ritorno in città sotto il dogato del Fregoso ed ebbe da lui l'incarico di bloccare il tentativo che il fratello del doge, Battista, meditava sulla Riviera orientale, attaccando Varese Ligure.

Se Giovanni Luigi rimase fedele al Fregoso e allo schieramento fiorentino, un altro ramo della famiglia, quello guidato da Giovanni Antonio (figlio di Niccolò, il fratello di Giovanni Luigi), stava prendendo posizione contro il doge, creando una grave frattura all'interno della famiglia. Giovanni Antonio, infatti, mirava esplicitamente a contrapporsi a Giovanni Filippo, erede di Giovanni Luigi, per sottrargli il controllo del feudo familiare. Mentre infuriava la lotta tra il doge Fregoso e le truppe viscontee, Giovanni Antonio occupò minacciosamente Chiavari, ma poi preferì arrivare a una tregua col doge Fregoso.

Quando costui nel 1441 decise di affidare, contro la consuetudine, a un non nobile (e precisamente a suo fratello Giovanni Fregoso) la carica di ammiraglio nella flotta destinata ad andare contro Alfonso d'Aragona, Giovanni Antonio si ribellò apertamente al doge e si riavvicinò al duca di Milano. Posta la sua base operativa a Torriglia, egli iniziò una campagna di logoramento, minacciando le coste orientali della Liguria e impedendo alla flotta genovese di partire per le acque di Napoli. Attaccato a oriente dai Fieschi e a occidente da Adorno e Del Carretto, il dogato del Fregoso fu ulteriormente indebolito dalla pace di Cavriana (10 dicembre 1441) tra Milano, Venezia e Firenze. Nel 1442, assediato da navi aragonesi e da truppe viscontee, il Fregoso riuscì a resistere a un primo tentativo di colpo di mano compiuto da Giovanni Antonio, il quale non si diede per vinto e, partendo via terra, entrò in città il 18 dicembre, obbligando il doge alla resa. Dopo un breve periodo di reggenza sotto gli otto Capitani di libertà, Giovanni Antonio favorì l'ascesa al dogato di Raffaele Adorno (eletto a sorpresa il 28 gennaio 1443), il quale si trovò di fronte al minaccioso espansionismo del Fieschi.

Infatti, Giovanni Antonio aveva ripreso le armi nella Riviera e, occupate Recco, Portofino e altre località, obbligò il doge a venire a patti con lui il 7 marzo 1443. Il doge nominò il Fieschi ammiraglio perpetuo della Repubblica e suo luogotenente per tutta la Riviera di Levante. Tale carica gli dava il diritto di nominare tutti gli ufficiali chiamati a governare le cittadelle rivierasche e quindi poneva nelle mani del Fieschi l'effettivo controllo della zona. Si trattava di una scelta non indolore per la famiglia, in cui altri membri aspiravano a tale titolo, in modo particolare Giovanni Filippo, che pure aveva contribuito al successo del nuovo doge.

I rapporti tra Giovanni Antonio e l'Adorno rimasero, comunque, tesi; di ciò approfittò il Fieschi per stringere rapporti col Visconti, il quale non solo lo investì dei feudi di Calestano e Vigolone, che erano stati sottratti in precedenza ad altri membri della famiglia, ma gli restituì anche i feudi di Grondona, Varzi e Garbagnie, nella diocesi di Tortona. Nei convulsi avvenimenti successivi, Giovanni Luigi Fieschi, ormai anziano, restò arbitro della situazione genovese e contribuì all'abbattimento di Raffaele Adorno e alla sostituzione con Barnaba Adorno (4 gennaio 1447). Entrato in conflitto col nuovo doge, fu da lui arrestato, senza che ciò gli impedisse di favorire il colpo di mano che portò al potere Giano Fregoso (gennaio 1447). Giovanni Luigi restò alleato di Giano e si impegnò ad appoggiarlo nella campagna contro Galeotto Del Carretto, marchese del Finale. Diverse furono le scelte operate da Giovanni Antonio anche per la morte del suo protettore, Filippo Maria Visconti (13 agosto 1447). Egli preferì intavolare trattative con la corona francese, per spingerla a occupare Genova.

Di tale progetto fu informato il doge, che avvertì Giovanni Luigi, dati gli stretti rapporti esistenti tra le famiglie (Giovanni Antonio aveva sposato Giorgetta, cugina germana del doge). Il vecchio Giovanni Luigi seppe sfruttare l'errore commesso dal nipote e preferì non intervenire, cosicché lasciò che Giovanni Antonio fosse arrestato e messo a morte per alto tradimento (30 settembre). I feudi del condannato passarono a Giovanni Filippo, benché fosse vivo l'erede legittimo di Giovanni Antonio, Nicolosino, di cui invano Giovanni Luigi e l'altro zio, Ludovico, chiesero l'affidamento; Nicolosino con la sorellina Maria rimase accanto alla madre, Giorgetta di Abramo Fregoso. Solo nel 1452 poté fuggire dal suo ritiro forzato di Ovada, ma morì subito dopo senza lasciare eredi. In tal modo, il feudo fliscano riottenne una sua nuova compattezza. A Giovanni Filippo fu anche riconosciuta dal Fregoso la carica di capitano generale della Repubblica. Giovanni Luigi morì nel gennaio 1451 a Torriglia, lasciando dalla moglie Luisetta di Rollando Fregoso numerosa prole: Giovanni Filippo, Gottardo, Antonio, Rolando, Ibleto, Franchetta (che sposò Pietro II Fregoso e poi Ludovico Gonzaga) e Violante.

CAPITOLO 13

Lo Stato Fieschi nel secolo XV

Alla metà del secolo XV la decapitazione del cugino Giovanni Antonio e la morte del padre portarono il feudo fliscano nelle mani di Giovanni Filippo, che per alcuni anni rimase il capo indiscusso della famiglia. Passata la signoria milanese sotto Francesco Sforza (25 marzo 1450), il Fieschi dichiarò fedeltà al duca tramite Biagio Assereto, che era stato riconfermato a podestà di Milano.

A Genova il nuovo doge, Pietro II Fregoso (che sposò Franchetta, sorella di Giovanni Filippo), salito al potere l'8 settembre 1450, si affrettò a riconoscere a Giovanni Filippo il titolo e le funzioni di capitano generale nella Riviera di Levante (19 settembre), ma tra i due non tardarono a nascere profondi contrasti, abilmente alimentati dallo Sforza. Infatti, già sullo scorcio dell'anno, il Fieschi (che godeva dell'appoggio milanese) cominciò a condurre una serie di attacchi contro Genova, partendo da Portofino e da Portovenere. Ma fu costretto a interrompere ogni attività bellica, quando lo Sforza dovette stringere con Genova un'alleanza in funzione antiveneziana (4 novembre 1451). Dopo questo accordo lo Sforza incaricò l'Assereto di recarsi dal Fieschi per persuaderlo a riconciliarsi col doge Fregoso. Il 1° dicembre l'Assereto gli comunicò che "*arosto a lesso et in galatina*" egli avrebbe potuto utilizzare il Fieschi in qualunque occasione. In effetti, nel trattato stretto il 30 dicembre 1451 tra la Repubblica fiorentina e lo Sforza, il Fieschi viene ricordato tra gli alleati di quest'ultimo. L'anno seguente, anche il ramo di Savignone sottoscrisse l'accordo (25 maggio 1452), allineandosi alle scelte compiute dal resto della famiglia. Ma il dissidio tra Giovanni Filippo e il doge, alimentato dalle controversie per il controllo di Chiavari, riesplose in lotta aperta dopo pochi mesi.

Giovanni Filippo cercò di sfruttare l'oggettiva debolezza del potere centrale non solo per strappare nuove terre e per svincolare il distretto orientale da ogni dipendenza con la Repubblica genovese, ma anche, più ambiziosamente, per impadronirsi della stessa città. Per realizzare questo progetto, il Fieschi consumò tutte le sue energie. Più in generale ci fu un mutamento di rotta nella strategia familiare: nel secolo XIV la forza e la compattezza dei governi popolari avevano costretto i Fieschi a un atteggiamento difensivo, teso a impedire il più possibile che si formassero poteri forti in città, tali da attuare una politica di espansione nel distretto. Nel secolo XV questo pericolo, superato il dominio visconteo su Genova, non esisteva più. Per la famiglia l'obiettivo diventò il consolidamento, anche formale, del controllo sulla Riviera, ma prese altresì corpo il disegno di allargare la zona di influenza alla stessa città, utilizzando la collaborazione di potenze straniere. Era un progetto ambizioso, superiore alle forze della famiglia, tanto che costerà a Giovanni Filippo una drammatica sconfitta, consumerà invano le energie di suo fratello Ibleto e sarà più realisticamente raggiunto dall'altro fratello, Giovanni Luigi, che preferirà esercitare una signoria di fatto su Genova, lasciandone l'effettivo controllo all'alleato francese.

Giovanni Filippo in lotta con il doge Fregoso

Lo Sforza dovette schierarsi con il doge Fregoso e tolse a Giovanni Filippo alcune terre, nonostante le perplessità dell'Assereto.

Nel maggio, quando il doge fece giustiziare il capitano generale Niccolò Fregoso, sospettato di tradimento, Giovanni Filippo accolse presso di sé i figli dell'ucciso e tentò un colpo di mano su Genova: giunse combattendo con i suoi uomini fino alle porte della città, ma lì fu bloccato dall'accanita resistenza degli avversari e costretto a ritornare nel suo feudo di Montoggio, rinunciando all'impresa. Nel giugno, il Fieschi catturò Galeotto Fregoso, un cugino del doge, che era stato inviato alla Spezia come capitano, ma lo liberò poco dopo. Giovanni Filippo proseguì nelle sue incursioni contro i territori del dominio genovese, per cui il doge si vide costretto a fortificare Molassana. Nell'ottobre fu indotto dallo Sforza e da Niccolò Soderini, legato fiorentino, a stipulare col doge Fregoso un accordo, che egli ruppe ben presto, riprendendo gli attacchi contro la città. Il 18 aprile 1453 il doge informò lo Sforza che Giovanni Filippo non aveva rispettato i patti, di cui Milano e Firenze si erano resi garanti. Ma combattimenti continuarono, conoscendo una tregua di soli dieci giorni, quando re Renato passò per il porto ligure (16 luglio). Nell'agosto l'Assereto venne ancora una volta incaricato dallo Sforza di convincere il Fieschi a desistere dalla sua attività militare contro Genova, ma l'iniziativa fallì. Giovanni Filippo fu fatto addirittura prigioniero dal Colleoni, al servizio del duca di Milano; rimesso in libertà, nel settembre occupò Levanto e poi tutta la costa orientale. Solo dopo vari interventi di mediazione, il Fieschi e il Fregoso accettarono di sospendere le ostilità e di rimettersi alla sentenza arbitrale affidata allo Sforza. Il 1° gennaio 1454 il duca pubblicò le sue decisioni che, su intesa delle parti, furono poi sottoposte alla revisione e alla ratifica del cardinale di Santa Croce, legato apostolico e allora residente a Genova. In cambio della fine del conflitto, al Fieschi fu riconfermato il titolo di capitano e luogotenente ducale nella Riviera di Levante; gli venne riconosciuto il controllo diretto della podesteria di Levanto, oltre che la facoltà di nominare gli ufficiali di Recco, Rapallo, Portofino, Monterosso, Corvara, Framura, Moneglia, Lavagna e di altre località dell'interno. Vennero riconfermate alla famiglia anche le franchigie di cui godeva *ab antiquo*. Il doge si impegnò, infine, a nominarlo ammiraglio nel caso in cui fosse stata allestita una flotta.

Dietro il riconoscimento di un titolo (quello di luogotenente ducale), che salvava solo nella forma la dipendenza da Genova, il Fieschi si vide, in pratica, consegnare il controllo del distretto orientale, compresi i tanto agognati sbocchi costieri, fatta eccezione per le cittadelle di Chiavari e della Spezia. In questa area il controllo genovese fu solo nominale; la famiglia proteggeva indisturbata un fiorente traffico di sale e di grano e non disdegnava ospitalità anche a piccole flotte piratesche. Come era già successo con Giovanni Luigi, si riformò, pertanto, uno "Stato Fieschi", destinato, peraltro, ancora una volta a frantumarsi per gli ormai evidenti conflitti di interesse, che la famiglia stava conoscendo al suo interno. Nel frattempo, soddisfatto nelle sue aspettative, Giovanni Filippo si adoperò per mettere pace tra il doge e il cugino di quest'ultimo, Ludovico Fregoso, a lui ribelle. Il tentativo riuscì solo parzialmente.

Nel 1455, perdurando lo stato di guerra contro il re di Napoli, il Fieschi fu nominato ammiraglio della flotta genovese, armata per compiere una incursione contro Napoli. Con le sue navi si portò sul teatro delle operazioni ma, poiché era legato da vincoli di amicizia col sovrano aragonese, scelse di rimanere nelle acque di Procida, consentendo in tal modo ad Alfonso il Magnanimo di poter organizzare la difesa del regno. In quello stesso anno, il Fieschi abbandonò la linea di recente adottata nei confronti del doge Pietro Fregoso, per riprendere la lotta contro di lui, cercando di organizzare un colpo di mano per rovesciarlo, con l'appoggio di Francesco Sforza e di altri nemici del Fregoso. Nel dicembre, i congiurati attaccarono Genova e se ne impadronirono, costringendo il doge a rinchiudersi nella fortezza del Castelletto.

Nonostante questo successo iniziale, l'impresa fallì, perché scoppiarono violenti dissidi tra i vincitori e perché non arrivarono le truppe promesse dallo Sforza. Il doge poté contrattaccare e riprendere il controllo della situazione. Giovanni Filippo non si arrese e continuò nelle sue attività di disturbo anche nel 1457 con l'appoggio della flotta aragonese, che permise ai territori del Fieschi di essere riforniti di grano, mentre il blocco navale stava mettendo in ginocchio l'approvvigionamento cerealicolo della città. Il Fregoso, ormai alle corde, finì col trattare la cessione di Genova con la Francia, rappresentata da Giovanni d'Angiò, duca di Calabria, nemico di Alfonso d'Aragona. L' Angiò entrò a Genova come governatore l'11maggio 1458. Immediata fu la risposta del re di Napoli, che assediò Genova con la flotta guidata dal Villamarino. La morte di Alfonso (27 giugno) provocò disorientamento tra gli assedianti; ne approfittò Pietro Fregoso che, sotto pretesto che non era stato ancora soddisfatto dall'Angiò della somma pattuita per la cessione di Genova, si alleò col nuovo re di Napoli, Ferdinando, e convinse il Fieschi a unirsi alla lega.

Nel 1459 Giovanni Filippo decise di passare all'azione, mosse da Novi Ligure e occupò Albaro, preparandosi ad attaccare Genova. L'Angiò decise di prendere tempo, rimanendo in attesa di rinforzi da Asti. Il Fieschi preferì dare inizio all'attacco, prima che al nemico giungessero truppe fresche; iniziato lo scontro, egli fu colpito da un proiettile di colubrina e rimase ucciso. La scomparsa del Fieschi non ebbe solo effetti negativi sul piano militare, perché pregiudicò in modo irreparabile le manovre dei rivoltosi, ma aprì anche una grave crisi all'interno della famiglia. Infatti, Giovanni Filippo non aveva avuto figli dal matrimonio con Antonia Maria Fieschi, per cui a contendersi l'eredità furono i suoi stessi fratelli, oltre a Giacomo, figlio di Antonio, loro nipote e da tempo in lite con la famiglia. La vedova del Fieschi si sposò poi con Manfredi Landi, al quale passarono Borgotaro e altri castelli, che diminuirono temporaneamente il feudo fliscano. In un primo momento, a contendersi l'eredità furono i due fratelli più anziani, Orlando e Ibleto, mentre il più giovane Gottardo (poi chiamato Giovanni Luigi), si limitò ad appoggiare le azioni di Ibleto. Un altro Fieschi, Giacomo (o Giacomone), figlio di Antonio e nipote dell'ucciso, ne approfittò per occupare Montoggio, dandosi allo Sforza.

Ibleto, l'abile stratega

Occorre soffermarci su Ibleto, certamente uno dei personaggi più singolari della famiglia. Nato nel 1435, fu destinato dal padre dapprima agli studi, dato che risulta abbia frequentato l'università di Siena. Qui entrò in contatto con gli ambienti umanistici, ai quali rimase legato per tutta la vita. Abbracciò poi la carriera ecclesiastica, diventando già nel 1461 notaio apostolico e poi protonotaio; a sancire la sua posizione di religioso più autorevole nell'ambito del ramo di Torriglia, venne la sua nomina a *patronus* delle chiese gentilizie di Santa Maria in Vialata a Genova e di Sant'Adriano di Trigoso. Ma Ibleto fu soprattutto spregiudicato uomo d'azione e non esitò a correre accanto al fratello Giovanni Filippo nell'assalto decisivo a Genova. Rimasto ucciso quest'ultimo, mentre l'altro suo fratello Orlando fu catturato dai soldati francesi e decapitato, Ibleto recuperò buona parte del feudo e riprese la lotta contro Genova. Negli anni turbinosi che intercorsero tra la fine della signoria francese (1461) e l'inizio della dominazione sforzesca (1464), Ibleto collaborò con un'altra figura singolare di prelato-avventuriero, l'arcivescovo Paolo Fregoso, che nel gennaio 1463 si impadronì di Genova. I due uomini esercitarono un controllo ferreo sulla città, in un momento di profondissima crisi economica e politica, mentre la Repubblica vedeva crollare rovinosamente i suoi domini orientali davanti all'avanzata turca. Il duca di Milano Francesco Sforza decise di abbattere il dominio del

Fregoso e riuscì a coagulare intorno a sé una composita alleanza fatta di nemici personali del doge e del Fieschi. Ibleto comprese che la posizione del suo alleato era compromessa e lo abbandonò, costringendolo alla fuga. Toccò allo stesso Fieschi entrare nella città, dove erano rimaste le truppe fedeli al doge deposto, che in seguito si diede alla pirateria; Ibleto si asserragliò nel palazzo-fortezza di Carignano e lì attese l'arrivo dei rinforzi milanesi, guidati da Gaspare di Vimercate.

Il 14 aprile la città fu attaccata. I sostenitori dell'arcivescovo si rifugiarono in Castelletto, ma dopo quaranta giorni di assedio furono costretti ad arrendersi. La città passò sotto il controllo dello Sforza (1464), appoggiato dal Fieschi. Quando il duca di Milano morì (1466), i rapporti tra il suo successore, Galeazzo Maria, e la famiglia Fieschi divennero ben presto tesi. Ibleto fu privato di tutti i suoi castelli e venne condotto a Milano, dove fu tenuto in uno stato di semi prigionia. Riuscì a fuggire, riparando in Francia alla ricerca di aiuti. In seguito, passò a Roma, dove si trovavano altri membri della famiglia (tra cui Giovanni Luigi), che erano protetti da Sisto IV. Il papa, alleato con Milano, si oppose a un progetto di colpo di mano su Genova, che pure Ibleto reclamava con forza, ma non poté impedire che alcuni cardinali aiutassero il Fieschi nell'impresa. Nel 1477 scoppiò nella città e nella riviera orientale una sommossa antisforzesca (nel dicembre del 1476 era stato ucciso Galeazzo Maria, sostituito da Gian Galeazzo, sotto la tutela di Bona di Savoia e di Cicco Simonetta), guidata da alcuni giovani membri dei Fieschi, appartenenti al ramo di Savignone. Il timore che dell'incertezza politica approfittasse la rabbia dei ceti meno abbienti (che si era già manifestata col saccheggio del palazzo ducale), fece sì che unanimemente si invitasse il Fieschi a raggiungere Genova, per assicurare una guida autorevole alla rivolta antisforzesca. Il 20 marzo Ibleto assunse la carica di capitano generale, sostituendo Carlo e Matteo Fieschi, che avevano fino ad allora diretto le operazioni militari. La situazione rimase incerta.

Le milizie sforzesche, asserragliatesi in Castelletto, tennero la città sotto la minaccia di bombardamenti. Ibleto tentò di approfittare del suo potere, per acquisire al controllo della famiglia alcuni centri rivieraschi, in particolare La Spezia; per questo, non esitò a destinare truppe alla conquista di Beverino, riuscendo a entrare nella città spezzina il 28 marzo. Altri castelli rivieraschi caddero nelle sue mani. Ma la reazione sforzesca fu efficace. A capo delle truppe milanesi venne posto Roberto di Sanseverino, mentre si giunse a un accordo con Prospero Adorno (che era tenuto prigioniero a Milano), perché collaborasse alla riconquista della città. Nonostante i tentativi di sbloccare la situazione, Ibleto fu costretto alla resa: l'11 aprile Prospero Adorno entrò a Genova, proclamandosi governatore per il duca di Milano. Il Fieschi riuscì a fuggire, raccolse 5.000 uomini nel suo feudo e riprese le azioni di disturbo nelle zone appenniniche saldamente sotto il suo controllo. Nello scontro decisivo, Ibleto fu sconfitto e venne costretto a cedere al Sanseverino Montoggio. Catturato, fu condotto a Milano e sottoposto a rigida sorveglianza, benché gli fosse concesso un appannaggio annuo. Giovanni Luigi riuscì, invece, a fortificarsi nel castello di Torriglia e ad armare Roccatagliata, tenendo sotto minaccia delle sue incursioni la Riviera di

Levante. Alla fine di maggio, Ibleto prese parte alla congiura ordita dal Sanseverino per uccidere Bona di Savoia e Cicco Simonetta (Ibleto sperava, in verità, di ottenere il dogato a Genova). Scoperta la trama per la delazione di Donato Del Conte, egli tentò la fuga insieme al Sanseverino. La miglior sorte toccò a quest'ultimo, che si mise in salvo ad Asti, mentre il Fieschi fu intercettato, riportato a Milano e chiuso nel castello di Porta Giovia, dove fu costretto ad ammettere le sue responsabilità nella congiura. Inutilmente il fratello Giovanni Luigi tentò di ottenerne la liberazione. Il governo milanese dapprima cercò la strada dell'accordo: Gian Giacomo Trivulzi venne incaricato di offrire al Fieschi il perdono e la liberazione del fratello entro un anno se egli avesse ceduto i castelli occupati, che sarebbero stati sostituiti da una rendita annua. Nell'incontro, tenuto a Nervi il 22 giugno, Giovanni Luigi insistette per la liberazione immediata del fratello e non esitò a tentare la carta delle armi; fu, però, sconfitto dalle truppe comandate dal Trivulzio e costretto, nel giugno, a rifugiarsi nel Finale, dove poi sposò Caterina, sorella del marchese Del Carretto. In seguito, tra la reggenza milanese e Giovanni Luigi si aprirono trattative per riportare all'ubbidienza i due fratelli Fieschi.

Nel gennaio 1478 fu proposta a Giovanni Luigi una provvigione di 800 ducati, se avesse accettato di risiedere a Ferrara oppure in una località adeguata del ducato milanese e gli venne promesso anche un trattamento meno rigido per Ibleto. Il Fieschi accettò le clausole il 22 aprile e nel giugno gli si concesse di fermarsi in esilio a Carpi. Nel maggio erano state date istruzioni agli oratori milanesi a Roma, perché appoggiassero la candidatura di Ibleto a cardinale, come parziale ricompensa per il suo consenso all'accordo. Ma la situazione precipitò: Prospero Adorno (zio materno di Caterina), forte dell'appoggio aragonese e di quello dello stesso Giovanni Luigi, si ribellò a Milano e si proclamò doge. Il governo sforzesco, in grave difficoltà, dopo aver ottenuto formalmente aiuto da parte di Giovanni Luigi, decise di giocare una carta rischiosa: nel settembre fu promessa a Ibleto la libertà, oltre che il titolo di governatore ducale a Genova, il controllo della fortezza di Luccoli e una località importante pari a Borgotaro (o questo stesso luogo), se avesse collaborato alla riconquista di Genova. A Giovanni Luigi si promise, inoltre, la restituzione di Roccatagliata, Torriglia e Carrega (5 luglio) e la cessione di Ovada (o di altra località di pari importanza).

Non appena venne sottoscritta l'intesa, Giovanni Luigi, con un rapido ripensamento, non rispettò i patti e preferì unirsi all'Adorno, al cui servizio si trovava il Sanseverino, che era rimasto in buoni rapporti con Ibleto. Come premio per tale scelta, re Ferdinando di Napoli diede a Giovanni Luigi la contea di San Valentino in Abruzzo. Egli accorse nella riviera ed entrò in Genova, assediata dalle milizie sforzesche, chiedendo la collaborazione del Sanseverino (29 luglio).

Nell'agosto l'esercito milanese fu duramente sconfitto; Montoggio venne ripreso da Giovanni Luigi che, proponendo uno scambio di prigionieri, cercò di ottenere la liberazione di Ibleto. Il 7 settembre l'accordo fu accettato: Ibleto ancora una volta non esitò a passare dalla parte dell'Adorno. Dopo aver ottenuto un'ingente somma di denaro, egli tentò di occupare Borgotaro e Pontremoli, difese dalle truppe milanesi. Giovanni Luigi operò su un altro fonte, ma con lo stesso intento di ricostruire il feudo fliscano. Attaccò Varese Ligure, che era stata occupata negli anni precedenti da Manfredi Landi, e riuscì a impadronirsene.

A Genova arrivò un altro capofazione, Battista Fregoso, il che complicò ulteriormente il quadro. Il 28 ottobre una solenne assemblea, cui partecipò anche Ibleto, stabilì la spartizione del potere tra il Fregoso e l'Adorno. In cambio della sua alleanza, Giovanni Luigi ottenne la carica di ammiraglio della Repubblica. Fu un accordo fragile: mentre le truppe sforzesche mantenevano il controllo del Castelletto, scoppiarono violenti scontri tra le due fazioni nemiche. Quando la bilancia sembrò volgere a favore dell'Adorno, Ibleto non esitò ad allearsi col Fregoso in cambio di una forte somma. Il 26 novembre l'Adorno, sconfitto, si diede alla fuga. Ibleto ottenne l'appoggio del Sanseverino nel tentativo di conquistare la Lunigiana, mentre a Giovanni Luigi fu confermata la carica di ammiraglio.

In un primo tempo, Ibleto e il Sanseverino cercarono di occupare Borgotaro, che, però, fu difesa da truppe fiorentine, su richiesta milanese. Anche un colpo di mano su Pontremoli fallì. A parziale soddisfazione, fu occupato Viguzzolo, nel Tortonese. Ibleto e il Sanseverino si allearono con Sforza Maria, duca di Bari, e con suo fratello Ludovico il Moro. Tale accordo fu segnalato alla Reggenza milanese da Filippo Saccomano, ambasciatore a Firenze (3 gennaio). Vennero compiuti, poi, altri tentativi in Lunigiana. Qui il Sanseverino era stato chiamato da Ludovico Fregoso, che intendeva riprendere il controllo del castello di Sarzana, da lui venduto a Firenze. Sotto le mura della città Ibleto venne sconfitto e decise pertanto di rompere i suoi rapporti col Fregoso. Rimaste le sue truppe senza vettovagliamenti, tentò nel marzo di attaccare il castello di Bolano, in Lunigiana, ma fu messo in fuga da una sortita delle milizie sforzesche, che occupavano la rocca, e riuscì a salvarsi a stento. Nel maggio appoggiò il Sanseverino nel fallito tentativo di abbattere il doge Battista Fregoso; a Calliso, nel territorio milanese, venne affrontato dalle truppe sforzesche, di stanza a Parma. Cercò, in un secondo tempo, insieme al Sanseverino, di attaccare Borgotaro, invano da lui ambita. Nel frattempo, secondo le cronache contemporanee, Ibleto avrebbe appoggiato il piano di Ludovico il Moro che, dopo la morte del fratello Sforza Maria (agosto 1479), finse di accordarsi con Bona di Savoia, per poi tradirla. Circolò, anzi, la voce che tra i due esistesse un patto segreto, per spartirsi i possessi: al Fieschi sarebbero toccate le località prese con la forza, al Moro quelle controllate "per accordi".

Le vicende successive sono molto confuse. Il Fieschi dovette tornare in buoni rapporti col doge Battista II Fregoso, da cui ottenne la custodia della porta di Luccoli e del Castellaccio (1480) – peraltro, alla fine di ottobre, venne espulso da Genova.

Ritornata Sarzana in mano ai Fregoso, che la avevano ceduta al Banco di San Giorgio, Ibleto riuscì nell'ottobre a catturare Marco de Pii, capitano delle truppe fiorentine, spedite a recuperare la fortezza, e lo mandò a Ferdinando re di Napoli. Nel novembre ottenne dal ducato milanese 1.000 soldati per fortificare Luccoli, che egli era riuscito a riprendere. In aiuto del doge Battista Fregoso arrivò il cognato Marsilio Torelli che, dopo violenti scontri in città, riuscì a sconfiggere i sostenitori del Fieschi, molti dei quali furono condannati al remo.

Nel gennaio 1481 si arrivò a un accordo, che obbligò Ibleto all'esilio in cambio di una provvisione annua. Alleatosi con Prospero Adorno, riuscì a rientrare in Genova, ma ancora una volta il Torelli riprese il controllo della situazione; le truppe del doge occuparono Chiavari, che era diventata la roccaforte del Fieschi, e lo obbligarono ad abbandonare la città. Ma Ibleto riuscì a sorprendere gli assalitori e a metterli in fuga. Egli proseguì, perciò, nelle sue azioni di disturbo contro i Fregoso e contro i Rossi, che gli contendevano il controllo di alcuni centri appenninici. Ibleto continuò anche a proteggere le piccole flotte di pirati, che trovavano ospitalità nei porticcioli rivieraschi da lui occupati; in tal modo riuscì a bloccare i preparativi per l'armamento della flotta crociata contro i Turchi, che avevano occupato Otranto. Ma un pirata (che, si mormorò, era stato pagato dagli stessi turchi) catturò una caravella portoghese (per altre fonti, alcune navi pontificie cariche di grano), destinata a unirsi alle navi crociate, il cui comando era stato affidato a Paolo Fregoso, da tempo nemico del Fieschi. Quest'ultimo rifiutò di restituire il bottino, che il pirata aveva provveduto a dividere con lui, e fu per questo scomunicato, con sentenza resa esecutiva il 4 luglio (in seguito fu assolto). Nel settembre 1482 Ibleto aiutò Bertrando de Rossi, in lite col fratello Guido; entrò nel territorio nemico e, grazie al tradimento dei castellani, occupò Bosco e Roccaferrara, ma non riuscì a prendere Corniglio.

Dopo la pace tra Guido e il ducato milanese, smise le ostilità e si recò a Milano. Il 25 novembre 1483 Paolo Fregoso ritornò al potere e si riconciliò con Ibleto; l'anno dopo, il doge scrisse a Innocenzo VIII perché il papa si adoperasse a garantire la fedeltà di Ibleto, che si trasferì a Roma e fu accanto al papa nella malattia che colse Innocenzo nella primavera del 1485. Erroneamente egli avrebbe avvertito dell'avvenuta morte del pontefice gli Orsini, per cui questi tentarono un colpo di mano, per impadronirsi di Roma. Innocenzo si ristabilì e represse l'iniziativa dei ribelli. Ciò non impedì, comunque, a Ibleto di mantenere buoni rapporti col pontefice.

Nel marzo il doge Fregoso esortò gli oratori genovesi, da lui spediti a Roma, affinché ottenessero l'appoggio di Ibleto nella questione di Pietrasanta, impegnandosi a raccomandare al papa il cappello cardinalizio per il Fieschi. Nel maggio egli avrebbe avuto il governo di Todi; nel settembre era ancora a Roma. Nell'accordo stipulato tra Innocenzo VIII e Genova (24 novembre), il doge si impegnò a non molestare Ibleto e Giovanni Luigi, che poterono continuare le loro attività piratesche nella Riviera.

Nel 1487, perdurando la guerra tra Genova e Firenze per il possesso di Sarzana, il Banco di San Giorgio armò 3000 fanti, che affidò a Giovanni Luigi, accanto al quale combatteva anche Ibleto. I due riuscirono a occupare Sarzanello e a bombardare la rocca. Un improvviso attacco contro il campo genovese ebbe successo: i fratelli furono fatti prigionieri dalle truppe fiorentine, ma vennero rilasciati. Ma l'ostilità tra Ibleto e Paolo Fregoso riesplose. L'anno seguente (1488), unitosi ai ribelli tra cui i fratelli Agostino e Giovanni Adorno, Ibleto organizzò le sue truppe di montanari per attaccare Genova; il Fregoso tentò la strada dell'accordo con lui, che finse di accettare, ma ne approfittò per occupare la porta degli Erchi e la chiesa di Santo Stefano. Tra il 7 e l'8 agosto le milizie dei montanari entrarono in città, sotto il comando di Giovanni Luigi, e contribuirono ad abbattere Paolo Fregoso. Ibleto fu chiamato a far parte dei Capitani, detti poi *riformatori*.

Scoppiarono violenti contrasti tra le eterogenee file dei vincitori, che comprendevano anche l'ex doge Battista Fregoso; ad aver la peggio fu proprio costui, che venne cacciato. Dopo un tentativo sfortunato di papa Innocenzo VIII per condizionare gli avvenimenti, si decise di porre la città sotto il dominio sforzesco, nominando Agostino Adorno governatore ducale con l'assenso di Ibleto. Secondo il cronista Bartolomeo Senarega, egli si recò a Roma per avere il tanto agognato cappello cardinalizio, con il favore di Ludovico il Moro. Non solo tale speranza svanì, ma Innocenzo trattenne a Roma Ibleto, per impedire altri suoi colpi di mano. Fu per questo richiamato a Milano, dove il Moro lo ospitò nel suo castello di Vigevano; ritornato a Roma, continuò a chiedere la nomina cardinalizia, che gli fu negata anche nella promozione del 1489. Giovanni Luigi, pertanto, rimase a operare da solo nella Riviera e si impegnò per mantenere Genova sotto il controllo sforzesco. Nel 1491 scoppiarono disordini tra i Gatteschi (come erano chiamati i sostenitori dei Fieschi) e gli Adorno; l'opera di mediazione voluta da Ludovico il Moro impedì che la situazione degenerasse. Il 10 gennaio 1493 Giovanni Luigi comperò da Gaspare Spinola i diritti sul castello di Cremolino, in valle Borbera. È probabile che in questi anni, approfittando della lontananza di Ibleto, il fratello abbia cercato di consolidare il suo controllo sul feudo. Esplose così la frattura tra Ibleto e Giovanni Luigi, che con maggiore lucidità politica seppe compiere le scelte giuste nell'aggrovigliata matassa italiana.

Quando scese in Italia Carlo VIII, Ibleto si schierò accanto al cardinale Paolo Fregoso in difesa del re di Napoli, mentre Giovanni Luigi si alleò con la Francia e, benché ammalato, non esitò a farsi condurre alla Spezia, per prevenire l'attacco della flotta aragonese, su cui era imbarcato il fratello. Infatti, Ibleto era riuscito a fuggire da Carpi, dove il Moro lo aveva relegato, ed era salito sulla flotta aragonese che nel settembre attaccò Rapallo. La violenta battaglia che ne seguì terminò con la pesante sconfitta delle truppe napoletane, proprio grazie al tempestivo intervento di Giovanni Luigi, a capo di 600 uomini; Ibleto fu costretto a fuggire sui monti soprastanti insieme coi tre figli, ma, ormai privato di ogni appoggio nel feudo che era saldamente controllato dal fratello, fu più volte derubato dai montanari e riuscì a salvarsi a stento. Da persona avvezza a ogni situazione fece coraggio al figlio Orlandino, dicendogli: "Figliolo, dobbiamo camminare nudi come Adamo".

Ma non rinunciò alla lotta: l'anno seguente, dopo l'entrata vittoriosa di Carlo a Napoli, con clamoroso voltafaccia non esitò a chiedere la sua protezione e accompagnò il re nel tormentato viaggio di ritorno. Anche in questa occasione i due fratelli si ritrovarono su sponde opposte, perché Giovanni Luigi, con altra mossa spregiudicata e vincente, partecipò alla lega che si era formata per bloccare la conquista francese. Giunto a Pontremoli, Carlo VIII incaricò Ibleto, insieme con altri, di tentare un colpo di mano su Genova; le navi francesi, mandate ad appoggiare queste truppe, vennero catturate al largo di Rapallo, ponendo termine al tentativo. La sconfitta fu definitiva per Ibleto; egli trovò in un primo tempo rifugio ad Asti. Morì a Vercelli nel 1497, forse avvelenato. Secondo un'altra testimonianza, invece, morì nell'abbazia di Chiaravalle presso Milano il 25 agosto, dopo una caduta da cavallo. Il 16 settembre vennero celebrate a Genova i suoi solenni funerali, ai quali partecipò anche il fratello. Suoi figli naturali furono Orlando, Lorenzo, Luca, Antonio Maria ed Ettorino.

Giovanni Luigi padrone del feudo

A restare assoluto padrone del feudo fu, dunque, Giovanni Luigi; il 21 dicembre 1495 Massimiliano d'Austria gli aveva concesso l'investitura dei castelli di Torriglia, Montoggio, Grondona, Borgotaro, Santo Stefano d'Aveto e su una ottava parte di Savignone. In tal modo, Giovanni Luigi, padrone in pratica della Riviera di Levante, diventò il vero arbitro della situazione genovese, che contribuì a mantenere sotto il controllo sforzesco. Quando l'imperatore Massimiliano arrivò a Genova, il 27 settembre 1496, ad accoglierlo solennemente fu proprio il Fieschi, definito dal Sanudo "*principale homo de Zenoa*"; in questo soggiorno, Massimiliano lo nominò vicario imperiale in Italia con diploma del 7 ottobre 1496. Nel 1497 gli venne affidato il comando di una piccola flotta. Ufficialmente, il compito della spedizione era quello di bloccare le azioni piratesche che partivano da Tolone; in realtà, Giovanni Luigi doveva impedire alla flotta francese di unirsi all'esercito che Carlo aveva inviato in Italia per occupare Genova. Tuttavia, salpata la flotta il 4 giugno, durante il corso delle operazione il Fieschi cadde ammalato e fu costretto a rientrare in città. Nel marzo dell'anno seguente il Moro fu a Genova, ancora una volta accolto come principale esponente della città da Giovanni Luigi, che vide un suo figlio creato cavaliere. Ma l'illusione del Moro di poter contare sulla fedeltà genovese e fliscana durò poco; quando si affacciò all'orizzonte il nuovo re francese, Luigi XII, il gruppo dirigente cittadino non esitò ad avviare colloqui con lui, diventati più intensi a mano a mano che la potenza del Moro si offuscava. Scoppiate le ostilità tra la Francia e lo Sforza, il governo genovese, controllato da Giovanni Luigi, in un primo tempo tergiversò; lo stesso Fieschi, invitato dal Moro a mettersi al suo servizio, si scusò, adducendo motivi di salute (agosto 1499); solo dopo energiche pressioni, egli si impegnò ad attuare un intervento in Lombardia, se avesse avuto aiuti militari e la somma arretrata sulla sua provvigione mensile. Le sconfitte subite dal Moro resero sempre più debole la fedeltà del Fieschi benché egli fosse stato nominato governatore ducale insieme con Agostino e Giovanni Adorno.

Maturò così il passaggio di Giovanni Luigi alla Francia. Egli, innanzitutto, lasciò che il Moro si arrendesse ai nemici. Vennero, poi, messi fuori gioco gli Adorno, costretti ad abbandonare Genova, dopo che una grande assemblea si era espressa per la dedizione a Luigi XII. Il Fieschi, in tal modo, poté collaborare attivamente col rappresentante del re, perché questi prendesse possesso della città. Luigi, ormai vincitore, premiò Giovanni Luigi riconoscendogli la signoria su tutta la Riviera di Levante, dal Bisagno alla Spezia. Non ebbe successo il tentativo del Fieschi di occupare Pontremoli, che preferì consegnarsi alla Francia.

L'anno dopo, l'effimera riscossa di Ludovico il Moro preoccupò il governo genovese, che diede incarico a Giovanni Luigi di assoldare fanti, in caso di eventuale attacco nemico. Il 10 marzo, il Moro cadde prigioniero e due giorni dopo, il Fieschi occupò Pontremoli, ma dovette abbandonarla per il pronto intervento di Gian Giacomo Trivulzio. Dopo questo incidente la sua fedeltà alla Francia rimase costante, garantendo alla potenza straniera il controllo di Genova. Quando nel 1502 scese in Italia il re, ad accoglierlo ad Asti furono Filippo di Clèves, governatore della città ligure, e il Fieschi (8 luglio).

Il 26 agosto il re entrò solennemente a Genova, dove fu alloggiato nello splendido palazzo di Carignano. In questa occasione fu ospite del Fieschi anche Cesare Borgia, il Valentino. Ma la scelta di campo operata da Giovanni Luigi lo isolò ulteriormente dal tessuto economico e sociale più vivo della città; la ricca borghesia (i "popolari"), tradizionalmente ostile ai Fieschi, vide la dominazione francese come un pesante ostacolo alla libertà di commercio, in modo particolare con la Spagna. Altro motivo di insoddisfazione era l'appoggio francese a Savona, pericolosa alternativa allo scalo genovese. I primi sintomi del malumore esplosero proprio in occasione del solenne ingresso del re, sotto il pretesto di contrasti sul cerimoniale. Il Fieschi divenne il principale bersaglio dell'insoddisfazione per il dominio francese; il suo palazzo in Carignano, in posizione dominante rispetto alla città, fu assunto a simbolo dell'isolamento altezzoso in cui la famiglia si venne a trovare. L'ostilità fu alimentata dall'opposizione che Giovanni Luigi manifestò, nel 1504, alla richiesta avanzata da Pisa di consegnarsi a Genova; la città, assediata dalle truppe fiorentine, aveva proposto tale passaggio, confidando nell'appoggio del ceto mercantile genovese. Ma, il Fieschi, timoroso delle conseguenze politiche che questa scelta avrebbe scatenato, si adoperò perché il re negasse il suo consenso.

Inevitabilmente, quando esplose la rivolta contro il dominio francese, nel 1506, il Fieschi ne fu l'immediato bersaglio. La sommossa, voluta dalla borghesia ricca, ma attuata dal popolo minuto, scoppiò il 18 luglio. Il Fieschi cercò di soffocarla sul nascere, scendendo verso la città con i suoi uomini da Carignano, ma venne costretto a desistere. Il popolo si abbandonò al saccheggio dei palazzi dei nobili, che trovarono ospitalità presso il Fieschi. Il giorno seguente, la folla attaccò Carignano e obbligò Giovanni Luigi a lasciare la città. Ritornato nel suo palazzo, fu costretto ad abbandonare definitivamente Genova il giorno 20. Rifugiatosi a Montoggio e passato poi a Gavi, insieme con altri nobili esuli, egli decise di chiedere aiuto alla Francia, che per il momento non aveva ritenuto di dover intervenire. Quando ad Asti giunse il governatore Filippo di Clèves, che allo scoppio della rivolta non era in città, il Fieschi si recò da lui e, forte del suo appoggio, poté ritornare a Genova (30 agosto), munendosi nel suo palazzo.

Il 4 settembre l'odio popolare, soprattutto tra le *cappette* (come erano chiamati gli operai salariati), per il Fieschi esplose di nuovo: il Clèves fu costretto a scortarlo fuori città fino al Bisagno, per garantirgli l'incolumità. Benché ammalato di gotta, egli riparò a Recco e poi a Rapallo. Il governo ribelle decise di iniziare una campagna militare contro la Riviera di Levante, dove il Fieschi si difese con accanimento. Nel frattempo, l'aspetto sempre più radicale preso dalla sommossa indusse la ricca borghesia ad abbandonare le *cappette* al loro destino Il 25 ottobre il Clèves lasciò Genova, ormai dichiarata città ribelle, e fu accompagnato in Francia dal Fieschi – il 18 dicembre egli incontrò il re a Blois, nel febbraio 1507, ritornato in Italia, insistette perché il re intervenisse di persona. Il crescente malumore del sovrano, che si vide negata dal governo genovese la consegna dei castelli strappati al Fieschi, si tradusse il 28 marzo nell'inizio delle ostilità.

Nell'aprile, messi alle armi 4000 uomini, il Fieschi attaccò la Riviera. Il suo tentativo fu in un primo tempo bloccato dai soldati inviati dal nuovo doge, Paolo da Novi; sulla Ruta di Camogli le milizie fliscane conobbero una cocente sconfitta. Peraltro, diventato massiccio l'intervento francese, il Fieschi diede un contributo decisivo per fiaccare la accanita resistenza, che i rivoltosi opposero alle truppe assedianti. Il 29 aprile il re in persona entrò in Genova, arresasi senza condizioni. In piazza Banchi ad accogliere il vincitore fu lo stesso Fieschi, che mantenne la sua supremazia anche negli anni seguenti.

Giovanni Luigi aveva sposato Bartolomea Della Rovere e, in seconde nozze, Caterina del Carretto. Fece testamento il 20 aprile 1502 a Genova, modificandolo poi a Montoggio il 20 giugno 1508. Chiese di essere sepolto nella cattedrale di San Lorenzo e lasciò alla moglie il compito di distribuire in elemosine gli interessi maturati sui *loca* di San Giorgio che egli aveva allo scopo comperato per mille ducati d'oro. Erede principale fu nominato il primogenito Gerolamo, cui toccarono Borgo Valditaro, Varese Ligure, Santo Stefano d'Aveto (che era stato comperato dagli eredi di Francesco Malaspina, cui Gerolamo fu incaricato di versare la somma residua), Torriglia, Roccatagliata, Montoggio e altri castelli minori; a Gerolamo toccò anche il palazzo di Carignano e l'altro palazzo che la famiglia possedeva a Recco. Agli altri due figli, Scipione e Sinibaldo, spettò la quota sul marchesato di Varzi, che Giovanni Luigi aveva acquistato da Pietro di Rouen, maresciallo di Francia, oltre che Calestano, Vigolone, Grondona, Garbagna e Loano, nella riviera di Ponente, acquistato da Corrado Doria, ma ancora da pagare. Al quarto figlio, Ottobono, che aveva abbracciato la carriera ecclesiastica, vennero lasciate ricche rendite. La contea di San Valentino, qualora la famiglia fosse riuscita a recuperarla, venne assegnata ai tre figli laici in parti uguali; a Gerolamo toccarono anche i diritti che il padre vantava su Pontremoli e Madrignano. Giovanni Luigi morì nel 1510.

La congiura dei Fieschi

È una data cruciale per la storia fliscana, il 1547: la congiura dei Fieschi. A Genova, la repubblica, da Andrea Doria voluta libera e indipendente, riposava. Il re di Francia Francesco I ha molti obblighi verso il suo antico servitore ma, sobillato dai cortigiani, ostili all'Ammiraglio, lo contrastò. Eppure, potrebbe essergli utile, perdurando egli in guerra contro Carlo V. Invece il contrasto cresce e il Doria occupa il porto di Savona su cui Francesco I faceva progetti per estendere di là il suo dominio in Liguria; Teodoro Trivulzio uomo di Francesco, lo rioccupa. Grandeggia accanto all'Ammiraglio la giovine figura del cugino amatissimo, Giannettino figlio di Tommaso Doria, destinandolo a succedergli nel “generalato del mare”, e intanto catalizzatore del fior fiore giovanile della città. Ciò non poteva non destare la gelosia di un altro giovine, Gio Luigi Fieschi, “di grand’animo e di pensieri turbolenti” che allora “stava farneticando come potesse migliorare di riputazione e di grado”, pur “ricco non di meno d’aderenze e di seguito che di vassalli e di stato”. “Fin da giovinetto diede manifesti segni di un’immaturità feroce. S’aggiungeva una pessima educazione”.

Pur avendo a maestro Paolo Pansa, “uomo dottissimo e di costumi onorati, coloro però che più domesticamente trattavano con lui erano scellerati; né mancava, la madre, di aggiungere, come si dice, legna all’incendio nascente: perché, ambiziosa, consigliata a sua volta, pungeva sovente l’animo del feroce figliolo con amarissimi detti, quasi che egli, invilito nella privata fortuna, degenerasse dai suoi maggiori, che in patria e fuori ebbero luogo più ragguardevole”. Inoltre, si dette, Gio Luigi, “a leggere diligentemente la vita di Nerone, la Congiura di Catilina e *Il Principe* di Nicolò Machiavelli: letture che gli instillarono nell’animo la crudeltà, la perfidia e l’amore del privato interesse sopra ogni ragione umana e divina”. Coloro che desideravano la rovina di Genova puntavano su queste qualità del Conte per spingerlo all’azione.

Qualcosa, però, trapelò: qualcuno ne informò Andrea Doria, che non vi dette importanza. Gio Luigi si reca a Piacenza, residenza del figlio di papa Paolo III, il duca Pier Luigi Farnese, a comprare da lui quattro galee – il papa l’avrebbe aiutato finanziariamente a mantenere quel naviglio. (Ma c’è chi dice che tal vendita fu simulata, non volendo il papa partecipare a impresa evidentemente sinistra: delle quattro galee Gio Luigi pensava di valersi contro la repubblica).

A ciò l'esorta, ora, il Cardinale Agostino Trivulzio parteggiante per la Francia, con discorsi quali gli storici mettono in bocca a coloro che incitano qualcuno a congiurare. Il Cardinale assicurava Gio Luigi dell'appoggio del re di Francia e dei premi che avrebbe avuto a congiura riuscita: erano allettanti. Tornato a Genova, Gio Luigi prese a studiare più diligentemente il comportamento di Giannettino, sul quale si volgevano ormai gli occhi che fino allora s'affissavano su Andrea, perché "ha più adoratori il sole nascente che il sole al tramonto".

Non piacque a Giannettino che Gio Luigi avesse acquistato le quattro galee dal duca di Piacenza. Intanto il Cardinale Trivulzio – sempre più indeciso a spingere Gio Luigi alle gesta vagheggiate – gli manda il cavaliere savonese Nicolò Foderato, suo parente, a fargli promettere di collaborare con la Francia per ridurre la repubblica sotto Francesco I. Gio Luigi promette; poi, confidandosi con i suoi confidenti, ne è rimproverato; richiama allora Nicolò e si disdice. Volle meglio architettare il suo piano e si consulta con tre a lui legatissimi: Vincenzo Calcagno da Varese sua guardia del corpo; Raffaele Sacco giureconsulto savonese e giudice nella Contea di Lavagna; e Giovanni Battista Verrina cittadino genovese, spirito maligno di Gio Luigi, a parte dei suoi segreti. Verrina era d'animo grande, nemico implacabile della nobiltà e indebitato fino agli occhi.

Pensava, il Verrina: se la congiura riesce, arricchisco e divento grande; se fallisce, grande diventerò almeno nell'infamia...

Gio Luigi s'abbocca, dunque, con Calcagno, che, da uomo saggio, prospetta a Gio Luigi i gravissimi rischi dell'impresa che vuol tentare e ne lo dissuade. Il Sacco, timido ma insieme prudente, sciorina davanti all'interlocutore la difficoltà dell'impresa, l'incertezza dei vantaggi che, anche riuscendo la congiura, potrebbero seguirne. Infine, per dissuaderlo dall'impresa toccò le corde del sentimento, parlandogli dei suoi congiunti...

Ne fu scosso, Gio Luigi; ma il Verrina si levò a confutare quanto il Calcagno era venuto dicendo: "Al punto a cui voi siete, bisogna andar oltre o perire. Giannettino aspira al dominio di Genova: la vostra grandezza gli dà ombra. La vittoria è riservata a chi primo sa troncare il nemico la via. O assalite o aspettate l'assalto; o insidiate o cadrete nelle insidie del nemico: o uccidete o sarete ucciso. Parranno, le mie parole, troppo aspre: ma la necessità, che nelle cose disperate è la lama della certezza, nelle ampie è scudo dell'innocenza. È colpa del destino se alla conversazione della vostra vita non lascia altro rimedio che la morte altrui. Cesare finché con le armi alle mani combatté per l'impero di Roma, ebbe nemici e Pompeo e la maggior parte dei nobili; ma quando ebbe distrutto, a Farsaglia, l'esercito nemico, fu dai romani tanto amato che la sua morte fu detta sciagura. Così accadrà a voi, vedrete la famiglia Fieschi collocata sì alto come non arrivò mai nessuna famiglia di Genova". Poi gli dimostra la facilità dell'impresa.

Convinto da quanto il Verrina gli disse, si decise: ucciderà i due Doria, Andrea e Giannettino, Adamo Centurione suocero di questi e i più eminenti dei nobili. Comprate le quattro galee, si ritirò nei suoi Castelli per addestrare alle armi le milizie di questi; poi si recò a Piacenza per mettere a parte del suo disegno il duca. All'avvio dell'autunno tornò in Genova e s'ingegnò d'attrarre a sé i nobili e popolani; conquistata la loro fiducia, cominciò a satireggiare il governo della repubblica, a ventilare l'idea di un mutamento di questo in meglio, a largheggiare con la plebe. Distribuì grano ai tessitori di seta che, per il decadere di quest'arte, erano caduti in miseria. Poi prese a frequentare con più assiduità la casa dei Doria, professando devozione all'Ammiraglio, simulando dimestichezza con Giannettino. E intanto s'accordò col duca di Piacenza, che gli avrebbe prestato duemila fra i suoi migliori fanti – duemila ne aveva di propri –; fece venire da Genova due delle galee simulando di volerle mandare a costeggiare nelle marine dei barbari.

Il Verrina indusse molte centinaia di popolari a promettergli che lo seguirebbero in un'impresa che poi avrebbe notificata loro.

Poi si venne all'elaborazione del piano d'azione. Primo progetto: far celebrare una Messa in Sant'Andrea invitandovi Andrea, Giannettino e i nobili più eminenti. Fu scartato, non tanto perché si prevedeva che Andrea, oramai vecchio, non sarebbe intervenuto, ma perché parve troppo orribile avviare la congiura con un tal sacrilegio.

Stava per celebrarsi il matrimonio di una sorella di Giannettino con il cognato di Gio Luigi, Giulio Cibo marchese di Massa. Si progettò, dunque, che Gio Luigi invitasse a una cena, con la sposa, molte signore, e Andrea e Giannettino, e quei nobili che si pensavano d'intralcio ai fini perseguiti dai congiurati. Durante la cena, sicari prescelti avrebbero ucciso i convitati.

E dai Castelli di Gio Luigi "entrò in Genova alla spicciolata la più fiorita gente che avesse; e si sollecitò il duca di Piacenza a mandare il promesso soccorso. N'ebbe sentore don Ferrando Gonzaga governatore dello Stato di Milano in nome di Carlo V e ne informò Andrea Doria, che non dette peso, nemmeno stavolta, all'avviso. Strana coincidenza! Mentre l'ambasciatore cesareo in Genova don Gomez Suarez stava dicendo questo all'Ammiraglio, arriva Gio Luigi: ha un aspetto così gioviale, e parla con loro di varie cose con tal disinvoltura che Andrea sussurra all'orecchio dell'ambasciatore: "Ditemi se in così nobile aspetto, in una mente così calma possono accordarsi scelleratagginі così crudeli…". Né cambiò parere, l'Ammiraglio, nemmeno quando – avuta dal Gonzaga, conferma, dalla Corte di Francia, dei sospetti accennati – il governatore di Milano gli disse che le galee papali in Civitavecchia e quelle francesi nel porto di Marsiglia "stavano in punto per assistere alla fortuna del Fieschi".

Paolo Pansa, invece, era ormai "in gran sospetto" sul conto del Conte e, con quella confidenza e autorità morale che aveva nei confronti di Gio Luigi, lo prese un giorno in una camera più appartata, accennandogli quanto vedeva, da tempo, e indovinava, l'esortò ad aprirsi con lui; a guardarsi, comunque, dai mali passi; a ritrarsene semmai si fosse già incamminato per un'obliqua via, e concluse: "A voi è necessario camminare con riguardo, perché anche alla fama siete obbligato, voi discendente da così illustre famiglia". Gio Luigi aveva il pensiero altrove e, celando il proprio fastidio, l'assicurò che solo azioni degne avrebbero compiuto, non inique né imprudenti.

Il convito era stato fissato al 4 di quel gennaio 1547. Andrea non sarebbe venuto, perché malato di chiragra; Giannettino doveva partire da Genova per un affare urgente. Si anticipò, allora, alla notte del due la gesta. Gio Luigi va dicendo che deve mandare una delle sue quattro galee contro i corsari. Fa venire parte dei suoi vassalli e parte della gente mandatagli da Piacenza per armare la galea e, siccome sarebbero parsi troppi per una sola galea, parte ne fa incatenare come rei destinati ai remi; altri ne fa entrare alla spicciolata per diverse porte, armandoli. Poi, per non insospettire Giannettino, gli chiede di intercedere dallo zio per la sua spedizione contro i pirati. E il primo gennaio chiamò in casa sua un po' di soldati adescati prima, poi andò a casa dell'Ammiraglio mostrandosi anche più del solito deferente e affettuoso. Rinnovò la preghiera a Giannettino di non impedire la partenza della galea dal porto, esortandolo a non far conto di qualche strepito di bombarda che sentisse.

Sul far della notte introduce in casa tutti quegli uomini armati; mette guardie alla porta con l'ordine di lasciare entrare chiunque, ma di non lasciar uscire nessuno. La casa di Gio Luigi era in Carignano – dominante sulla città –: isolata, si prestava egregiamente al complotto. Ma Gigante Corso, capitano del presidio, s'avvede che mancano alcuni soldati. Ne informa i Senatori residenti a Palazzo e il Doria. Giannettino tranquillizzò tutti, dicendo che i soldati mancanti all'appello erano andati, forse, a corseggiare il levante – come gli aveva detto Gio Luigi. Questi uscì, dopo aver dato gli ordini necessari, a far visita ai nobili che usano, d'inverno, fare i vigili in città. Verso le quattro del mattino giunse a casa Tommaso Assereto. Ci trovò, per iniziativa del Verrina, ventitré gentiluomini dell'ordine popolare, tutti giovani; s'intrattenne con molta cortesia con loro, poi li invitò a cena in Carignano e, arrivati a palazzo, li invita in una camera appartata – ordinando al Pansa d'intrattenere Eleonora, sorella di Giulio Cibo marchese di Massa, sua moglie, in un'altra parte della casa, che tra non molto verrebbe a trovarla. Il Verrina stava spiando se a Palazzo ducale, a Palazzo Doria e altrove per la città, ci fosse nulla d'insolito.

I ventitré giovani rimasero attoniti vedendo, in casa, tante armi e armati, quando Gio Luigi, tramutato in volto, appoggiato a un tavolo ignudo, percotendolo con la mano parlò. Con l'eloquenza, e le frasi, all'incirca, da Catilina usate nell'arringare i congiurati d'allora, Gio Luigi parlò non brevissimamente ai Ventitré. Concluse: "In ogni caso se alcuno di voi pensasse d'opporsi ai miei piani, si guardi intorno quest'orribile scena d'armi e d'armati e sappia che ogni punta di spada è volta contro il suo petto. Compagni, è necessario o guerreggiare o morire".

Che fare? Si mostrarono pronti a seguire le voglie di Gio Luigi, eccetto due: Giovanni Battista Cattaneo e Giovanni Battista figlio d'Urbano, che riuscirono a serbare l'animo e le mani pure di sangue fraterno. Offerto, poi, loro del cibo, Gio Luigi, entrato nella camera della moglie, manifestò brevemente cosa stesse ordendo. Alle affannate e accorate preghiere della moglie di desistere da quanto aveva progettato, rispose Gio Luigi: "Impossibile ormai non procedere. Tra poche ore saprete o la mia morte o le vostre fortunate sorti. Restate in pace".

Intanto arriva Verrina e informa: la città è tranquilla, la galea allestita e piena di uomini armati stava per bloccare l'imbocco della darsena, quasi assediando quelle del Doria. Gio Luigi arma la gente che aveva con sé e a dieci ore di notte esce, preceduto da centocinquanta uomini arditi e abilissimi alle armi, circondato dai nobili e avendo cura che nessuno uscisse dalle fila. Manda suo fratello Cornelio con un manipolo di soldati a occupare la Porta degli Archi – e fu fatto: sopraffatti i soldati in guardia –, invia allora Vincenzo Calcagno con gli altri due suoi fratelli, Gerolamo e Ottone, a impadronirsi di Porta San Tommaso, vicinissima al Palazzo Doria. La galea dà il segnale con un tiro d'artiglieria: egli, con i suoi, per Via Arco Sant'Andrea scende a San Donato, passa piazza Salvaghi, raggiunge Ponte dei Cattani. Il Verrina sale su la galea, Tommaso Assereto tenta d'occupare la porta della darsena; dà il nome e, ben noto come ministro di Giannettino, è accolto, ma scoperta la moltitudine degli armati ch'eran con lui, con grande impeto è rigettato.

Allora Scipione Borgognino, suddito del Conte e capitano, sale con alcuni soldati su leudi predisposti, e per via di mare si introduce nella darsena, agevolando ai congiurati l'entrarvi dalla parte della gabella del vino. (Anche Gio Luigi v'era arrivato per via di terra). Con ritardo d'oltre mezz'ora, per un imprevisto, Scipione Borgognino suonò il segnale convenuto, e Gio Luigi con i suoi saltò su le galere del Doria. Subito ci si avvide di quella violenza di soldati entro il porto e si udì un confuso e spaventoso strepito di catene e di voci: erano i forzati che anelavano a libertà. Per impedirne la fuga Gio Luigi corse alla Capitana che, per lo scomposto movimento della gente, ondeggiava. Posta, a guisa di ponte, una tavola sull'orlo del lido, e posandone l'altro capo sulla scaletta vicina alla poppa, vi salì. Ma, scostandone appena appena la galea, cadde egli e la tavola nelle onde e, trovandosi armato di tutto punto, non ebbe forza di aiutarsi nuotando. A causa della confusione e dell'oscurità, nessuno si accorse di lui. Egli morì, miseramente e banalmente. Armato di tutto punto, ma privo di vita.

I congiurati intanto catturarono quelle galee e le presidiarono; Gerolamo e Ottobuono, al segnale predetto, assaltarono la Porta San Tommaso con sessanta soldati per passare di là nel Palazzo Doria. Qui, opposta inutilmente resistenza dal presidio, da ambo le parti si combatté ferocemente. Tanto clamore arriva al letto d'Andrea Doria che vi giaceva molestato dalla podagra, e la moglie di Giannettino, svegliatasi, corse in suo aiuto. Pensando, Andrea, che si trattasse di una rissa o d'altro accidente accorso alla gente delle galee, s'incamminò – accompagnato da un servitore e da un paggio che gli faceva lume reggendo una torcia – armato della sola spada verso dove veniva il trambusto. Intuito il pericolo, esortò Giannettino a prepararsi con sufficienti uomini armati – mentre la moglie lo scongiurava a non uscire, per quella notte, di casa. Arrivato Giannettino alla porta, gridò. Conobbero la sua voce: gli aprirono, ma appena egli ebbe posto il capo dentro la porticciola, con molte archibugiate e con ogni altra arma a portata di mano, l'ammazzarono – nel momento stesso, si disse, che Gio Luigi affogava in darsena.

Cosa degna di meraviglia: abbattuto Giannettino, i congiurati non corsero a uccidere Andrea. Effetto dello smarrimento che gli eccessi talvolta suscitano anche nei ribaldi? O intervento di Gerolamo Fieschi, che non temeva Andrea ormai vecchio cadente, o preoccupato di salvare dalla ferocia e cupidigia dei congiurati le immense ricchezze artistiche del Palazzo?

Andrea chiese che cosa stesse succedendo. Gli fu riferito che la città era caduta in potere a Gio Luigi Fieschi, la repubblica correva estremo pericolo, le galee erano piene d'armati, il popolo gridava sediziosamente "libertà" e "Fieschi", dovunque gente corrente con le armi in pugno e urlante, saccheggiando le case dei ricchi, dovunque sangue e uccisioni. Vinto dalla pietà per la Patria cadente, Andrea risolve di darsi in preda a quelle furie. E la moglie a supplicarlo di serbarsi, invece, al risorgimento della repubblica. Tanto gli fu detto, che, lasciatosi mettere a dorso di una mula, si lasciò condurre a Masone, castello degli Spinola, a quindici miglia da Genova. Solo a Sestri Ponente seppe della morte di Giannettino.

I congiurati, intanto, chiedevano di Gio Luigi, e un sinistro sospetto s'insinuava loro negli animi. Lasciata buona guardia alle Porte, affidata a Ottobono la cura delle galee, duecento dei più coraggiosi si strinsero a Gerolamo e, con lui errando per la città, incitavano il popolo a prendere le armi; ma senza risultato. Solo correva, ognuno, come pazzo senza saper dove, chiedendosi l'un l'altro che mai fosse quel trambusto; le donne a gridare dalle finestre ai loro uomini che rientrassero in casa; i nobili volevano andare a Palazzo, ma temevano d'abbandonare le loro case. L'ambasciatore cesareo temeva d'esporre nella sua persona la dignità del Principe, ma Paolo Lasagna, uomo di grandissima autorità, lo sostenne, e con lui si recò a Palazzo ducale, ove trovò diversi illustri che si consultavano con Nicolò Franco che, nell'assenza del Doge, era capo del Senato. Partirono

Bonifacio Lomellini, Cristoforo Pallavicino, Antonio Calvo con l'alfiere della guardia e con 50 soldati a difesa di Porta San Tommaso; per via furono attaccati dai congiurati e costretti a ritirarsi in casa di Adamo Centurione. Qui altri si uniscono e insieme vanno verso la Porta per informarsi di ciò che stava accadendo. Furono costretti a retrocedere, riunitosi a loro il Lomellini, caduto in mano degli insorti.

Ancora non si sapeva che cosa fosse accaduto a Gio Luigi. L'ignorava anche il Verrina, consapevole che, senza Gio Luigi, l'opera così egregiamente avviata, non si sarebbe potuta condurre a termine; e decise di andare su la galea che era in darsena, per conservare per Gio Luigi il nerbo delle forze, o, all'occorrenza, fuggire a Marsiglia. Ma così restava a disagio Gerolamo, insufficiente a governare i congiurati, nell'assenza del capo e del consigliere. Giovane, egli conduceva le cose con più impeto che prudenza, cosicché i congiurati cominciavano a guardarsi intorno, tentati di fuggire. Poi le cose mutarono. Saputa la morte di Gio Luigi, Gerolamo che s'adoperava per la conquista sua del suo principato, pensò ora d'adoperarsi per conquistarselo. Il Senato, intanto, che non ci vedeva chiaro in quel groviglio, manda Gerolamo Fiesco (che non è il precedente) e Benedetto Canevale in cerca di Gio Luigi. Si fa avanti, per questa missione, un altro Gerolamo, il Cardinale Doria, parente di Gio Luigi, ma è dissuaso dal farlo. Poi si recano in San Siro Agostino Lomellini, Ettore Fieschi, Ansaldo Giustiniano, Ambrogio Spinola e Gio Balliano, ad attendere il capo dei congiurati che – pareva – stava arrivando con la sua compagnia: arrivata, fu accolta con le armi da Tommaso Assereto e da alcuni altri. Frenato il tumulto,

Ansaldo Giustiniani chiede a Gerolamo (subentrato, come s'è detto, a Gio Luigi al comando dei congiurati) di Gio Luigi, per fargli la commissione del Senato. Aspramente, l'interpellato, risponde che lui è capo e che gli si consegni Palazzo ducale. Dunque – se ne dedusse subito – Gio Luigi è morto.

Gli incaricati dell'abboccamento corrono a Palazzo, radunano il popolo e la guardia, ordinando che con le armi o si cacci il resto dei congiurati o lo si opprima entro la città. Era vicina l'aurora e la plebe, per non essere conosciuta, messasi come si era al seguito dei congiurati, si squagliò. Gerolamo arriva a San Lorenzo: sgomento per l'assottigliarsi dei suoi e per l'accrescersi dei nemici, presa Via di Porta degli Archi, s'andava allontanando. Anche il Senato è incerto sul da farsi. Vi entra Paolo Pansa e dà saggi consigli. Fu incaricato di andare lui da Gerolamo a dirgli che uscisse di città e sciogliesse i suoi, e la repubblica avrebbe messo tutto a tacere.

Così fu. Gerolamo, congedati i congiurati, se n'andò a Montoggio. Il Verrina, Ottobuono, il Calcagno e il Sacco salparono con la galeo di Gio Luigi per Marsiglia trascinando con sé, incatenati, Sebastiano Lercari, Manfredo Centurione e Vincenzo Vaccaro, rilasciandoli alle bocche del Varo. Lasciata libera la porta marittima, circa trecento schiavi turchi, armata la "Temperanza" del Doria, fuggirono verso le coste africane, inseguiti invano da due galee di Bernardino Mendoza; fuggirono anche i galeotti forzati, dopo aver fatto man bassa su quanto poterono arraffare. Ritrovato il cadavere di Gio Luigi, per ordine d'Andrea Doria, portato in alto mare, fu gettato alle onde.

Riaccompagnato il città Andrea Doria, Benedetto Gentile fu eletto doge. Ristabilito l'ordine, cominciarono i commenti sul condono dal Senato accordato ai congiurati e tante diverse soluzioni vennero bilanciate e proposte, poi così si decise: si proceda contro i congiurati, e furono confiscati i Castelli di Gio Luigi e con il consenso di Carlo V furono divisi in due parti: la magnifica e ampia casa dei Fieschi detta l'Inviolata fu rasa al suolo; i tre fratelli Fieschi e il Verrina condannati come ribelli; gli altri, banditi per cinquant'anni.

Di fatto la congiura si risolve nell'episodio vistoso e romantico, ma in se medesimo, del convegno segreto nel Palazzo di Vialata la notte tra il 2 e il 3 gennaio del 1547, l'esposizione di un piano ai convenuti ignari, l'opposizione di alcuni e l'accettazione svogliata o forzata degli altri, la caduta e la morte sciaguratissima di Gian Luigi nelle acque della Darsena e l'uccisione di Giannettino a Porta San Tommaso, e così il fallimento dell'impresa nonostante l'accanimento del Verrina, l'assedio di Girolamo Fieschi nel castello di Montoggio e la sua resa l'11 giugno dopo tenace resistenza, la decapitazione di lui e del Verrina e l'esilio dei fratelli, e infine la spartizione dei feudi fliscani tra la Repubblica, il Doria, l'Impero e anche il Farnese.

CAPITOLO 14

La fine della famiglia

Passata sotto il controllo della Francia, Genova vide continuare le lotte tra i nobili e i popolari, due fazioni non omogenee neppure al loro interno. Per i Fieschi non era indifferente chi governasse la città; secondo un celebre aneddoto contemporaneo, Cosimo dei Medici, per conoscere le condizioni della Repubblica genovese, chiedeva come stessero i Fieschi, ben sapendo che un loro rafforzamento aveva come inevitabile contropartita un indebolimento del potere cittadino. Da qui, il vitale interesse che la famiglia attribuiva ad avere di fronte un governo centrale debole, lacerato da lotte intestine, incapace, dunque, di eliminare il feudo fliscano.

Le esperienze più recenti (il fallimento dei disegni egemonici di Giovanni Filippo, il pericolo rappresentato da un governo centrale troppo debole e incapace di arginare la rabbia della plebe), consigliarono anche alla famiglia di tentare altre strade per trovare un accordo stabile coi gruppi dirigenti cittadini. Del resto, quando ciò non si era verificato, la famiglia aveva attraversato gravi crisi, mettendo a nudo una fragilità di fondo nella signoria fliscana. Esisteva, poi, il gravissimo problema della scelta dello schieramento, cui confidare la propria sopravvivenza, in un momento in cui lo scontro tra Francia e potenza asburgica nell'Italia settentrionale conosceva una violenza e una incertezza di risultati preoccupanti. Nell'ottica familiare tradizionale, occorreva individuare come alleato vincente, anche tenendo conto degli interessi ecclesiastici, chi fosse in grado di assicurare il controllo del territorio, in un momento in cui le "*subite fughe e le miraculose perdite*" di principi e regnanti, secondo le celebri parole machiavelliane, stavano ridisegnando la situazione politica italiana.

In un primo tempo, la famiglia, guidata da Gerolamo, rimase fedele alla Francia, che continuava a controllare Genova. Gerolamo fu per questo, nel 1512, incaricato di assoldare truppe per difendere il regime davanti agli attacchi spagnoli. Tuttavia, dopo la battaglia di Ravenna, Genova fu occupata da Giano Fregoso, che dovette far fronte al tentativo francese di riprendere il controllo della città.

Il 23 maggio 1513, capitò un episodio drammatico. Mentre i tre fratelli Fieschi si trovavano nel palazzo ducale, scoppiò una lite tra Gerolamo e Giacomo Lomellino, che vennero a duello; lo scontro fu interrotto dall'intervento del doge, che permise ai Fieschi di allontanarsi dal palazzo. Giunti davanti a piazza San Lorenzo, i tre fratelli vennero improvvisamente assaliti da Ludovico e Fregosino Fregoso, fratelli del doge. Gerolamo, colpito gravemente, morì nell'agguato. Sinibaldo e Scipione riuscirono a porsi in salvo, tentando di far insorgere la città. Il giorno dopo, Antoniotto e Gerolamo Adorno, loro alleati, appoggiati dalle truppe di montanari, prontamente accorsi dalle terre fliscane, entrarono in Genova e provocarono la fuga del doge. Un fratello del doge, Zaccaria, fu catturato e consegnato ai Fieschi, che vendicarono su di lui la morte di Gerolamo. A guidare la famiglia fu Sinibaldo. Il dominio degli Adorno (con Antoniotto) durò poco, perché il 10 giugno Ottaviano Fregoso, appoggiato dalla Spagna, abbatté il regime e costrinse i Fieschi ad abbandonare Genova; essi si allearono con il duca di Milano e tentarono da Montoggio di cacciare il Fregoso, difeso da Andrea Doria.

I Fieschi e l'alleanza spagnola

L'anno seguente (1514), Gerolamo Adorno e Scipione Fieschi arruolarono 500 soldati e attaccarono la città, sperando di provocare una rivolta. Ma Genova non si mosse. Scipione fu fatto prigioniero e rimase nel Castelletto per parecchi mesi. Davanti alla controffensiva francese, che vide Francesco I vincere a Marignano ed entrare da trionfatore a Milano, il doge Fregoso preferì cedere la città alla Francia, diventando governatore a nome suo. Il dominio francese resistette per alcuni anni, nonostante i malumori che cospicui strati della popolazione nutrivano verso i dominatori. I Fieschi finirono così col legarsi all'altra grande potenza, la Spagna, sempre allo scopo di impedire che si consolidasse in Genova un regime troppo pericoloso.

Nell'ambiente cittadino cominciò a prendere corpo l'idea di superare le ormai estenuanti lotte tra Fregoso e Adorno, dietro le quali famiglie si nascondevano i sostanziosi interessi di chi preferiva trafficare con l'una piuttosto che con l'altra potenza. Si trattava di un progetto audace, che doveva fare i conti anche con l'ostilità evidente della potenza straniera dominante. Nel 1522 Carlo V decise un attacco massiccio contro Genova sull'onda dei successi in Lombardia. Nel maggio l'armata imperiale, in cui militavano anche i Fieschi, arrivò sotto le mura di Genova e, dopo estenuanti trattative, occupò la città, ponendola a feroce sacco.

Il nuovo doge, Antoniotto Adorno, riuscì per alcuni anni a mantenere il dominio nonostante le altalenanti vicende della lotta franco-imperiale. Si intensificarono, nel contempo, i colloqui tra i clan cittadini, allo scopo di individuare una strada che permettesse alla città di recuperare una sua autonomia. L'unione dei cittadini continuò a essere discussa, anche quando le armate francesi e le truppe della Lega Santa, nel 1526, divennero minacciose, ponendo l'assedio alla città.

La situazione divenne drammatica l'anno seguente col passaggio dell'ammiraglio Andrea Doria al servizio francese. Sinibaldo Fieschi, sorpreso dal blocco della città, ottenne un salvacondotto e, il 18 agosto, riuscì a rifugiarsi a Montoggio, mentre i Francesi ritornarono a Genova. Governatore fu nominato Teodoro Trivulzio, che permise alle famiglie cittadine di proseguire gli incontri per dare vita alla *Unione*. La strada di un accordo coi ceti dirigenti genovesi fu fortemente perseguita da Sinibaldo, cui era toccato in eredità uno dei maggiori Stati feudali d'Italia. Suo era anche il progetto di svincolare la famiglia dalla stretta dipendenza dalla Francia, minacciata pericolosamente dalla potenza spagnola e asburgica. Tale intenzione coincideva con gli obiettivi avvertiti dai più sensibili e accorti esponenti genovesi, attenti ai cambiamenti non solo politici, ma anche economici, che l'area mediterranea stava conoscendo. Maturò, in tal modo, una singolare e clamorosa convergenza di interessi tra due famiglie, i Doria e i Fieschi, che pure avevano a lungo militato in schieramenti opposti. Perché il progetto andasse in porto, occorreva mettere fine in città a iniziative personali, che esponessero il governo genovese a convulsioni caotiche ed esacerbassero le divisioni politiche all'interno della società cittadina, consegnandola a una potenza straniera, come era avvenuto con il drammatico sacco imperiale di Genova nel 1522. Nel 1527 Cesare Fregoso e Andrea Doria, allora al servizio della Francia, cacciarono gli Adorno, apparentemente per restituire a questa potenza straniera il controllo di Genova. Il Doria si impadronì presto del potere, allontanando il Fregoso con l'appoggio di Sinibaldo Fieschi, siglando in tal modo una collaborazione destinata a funzionare con efficacia nei delicati passaggi che portarono la città dallo schieramento francese a quello imperiale. Questo brusco cambio di alleanza fu suggerito al Doria dall'influenza sempre più sensibile che su di lui stava acquistando Adamo Centurione, il più lucido esponente di quei banchieri genovesi che alimentavano copiosamente le casse imperiali.

Per il Fieschi si trattava di svincolarsi dal controllo francese, nel tentativo di rendere meno sensibile la sua signoria agli sconquassi militari che l'Italia stava conoscendo. Nel giugno e nel luglio del 1528 tra la corte imperiale e il Doria ci furono frenetiche trattative per attirare l'ammiraglio, che, alla fine, si accordò con Carlo. Il 12 settembre 1528, con la benedizione imperiale e spagnola, il Doria occupò la città, semi deserta a causa dell'infuriare della peste. Con gesto significativo, Sinibaldo Fieschi non esitò a trasferirsi nel suo palazzo suburbano, per sottolineare anche fisicamente il suo consenso alla nuova collocazione di Genova.

Un mese dopo, venne varato il testo della *Unione*, un progetto di ristrutturazione costituzionale e sociale che, nei propositi della diarchia Doria-Fieschi, avrebbe dovuto garantire una maggiore stabilità interna. I 28 alberghi che vennero costituiti per raggruppare la nobiltà, in cui vennero cooptate le famiglie più cospicue appartenenti ai popolari, non ebbero il successo sperato, in quanto questo artificioso gruppo di potere, la Nobiltà, ben presto si spaccò in *vecchi* e *nuovi*, dando alimento ancora una volta alle rivalità interne. Sinibaldo, comunque, poté essere soddisfatto dei suoi progetti; costituzionalmente, nel trattato dell'*Unione* gli venne riconosciuto un prestigio in città inferiore solo a quello del Doria. In Senato egli ebbe il diritto di sedere vicino al Doria, sia pure in una posizione immediatamente inferiore ed ebbe il mandato perpetuo di partecipare alla magistratura dei Supremi.

DECLINO E FINE DI UNA FAMIGLIA

Iniziò, così, una gara di prestigio che spinse il Fieschi a gesti tanto clamorosi quanto dispendiosi, come la sua missione in Spagna, per collaborare a un ulteriore avvicinamento all'Impero, o l'ospitalità concessa nel suo palazzo di Carignano a papa Clemente VII, mentre in città si trovava anche Carlo V, ospite nella villa doriana di Fassolo. Assai salato risultò l'acquisto di Pontremoli, pagato ben dodicimila scudi d'oro al duca di Milano, Francesco Sforza, denaro prestato a Sinibaldo dal Doria.

Quando Sinibaldo morì nel 1532, egli poteva lasciare in eredità ai figli una signoria territorialmente salda e ben ancorata nello schieramento vincente, ma anche schiacciata dai debiti. Toccò così alla vedova, Maria Della Rovere, nipote di Giulio II, il difficile compito di risanare le disastrate finanze familiari. Ritiratasi a Montoggio, seppe oculatamente provvedere al decoro della casata, allevando i quattro figli, Giovanni Luigi, Gerolamo, Ottobono e Scipione.

L'alleanza Doria-Fieschi avrebbe dovuto avere una sanzione definitiva col matrimonio di Ginetta, figlia di Adamo Centurione, e Giovanni Luigi Fieschi, ma il progetto si modificò, perché Ginetta sposò Giannettino, erede di Andrea Doria. Al di là della veridicità di questo brusco cambiamento di programma, l'episodio è significativo: Andrea Doria stava sempre più legandosi alle grandi famiglie di banchieri che controllavano finanziariamente la corte imperiale. Anche in città, il peso delle famiglie feudali fu bruscamente ridimensionato. Giovanni Luigi, raggiunta la maggiore età e svincolatosi dal controllo della madre, tentò disperatamente di recuperare il prestigio perduto in città, riproponendo iniziative che avevano già rivelato i loro limiti nei secoli precedenti. Egli sperò di poter approfittare del conflitto, ancora una volta esploso, tra i *vecchi* e i *nuovi* nel 1545. Infatti, era stato eletto a sorpresa doge biennale Giovanni Battista De Fornari, appartenente ai nobili *nuovi*, mentre, secondo una regola non scritta, sarebbe toccato ai *vecchi* esprimere la suprema carica della Repubblica. L'insoddisfazione della parte sconfitta, manifestatasi chiaramente, fu superata solo dall'intervento personale del Doria. Giovanni Luigi Fieschi cercò di sfruttare questo malcontento, riproponendo il disegno familiare di controllare direttamente Genova, anche con l'appoggio francese, progetto che era inevitabilmente destinato a fallire, tanto più che il Fieschi lo immaginò in modo rozzo ed elementare, attraverso la pura e semplice eliminazione fisica dei suoi avversari, in primo luogo Andrea e Giannettino Doria e Adamo Centurione.

La congiura, che, nella notte tra il 2 e il 3 gennaio del 1547, durante il vuoto di potere che l'uscita di carica del doge De Fornari aveva provocato, portò al colpo di mano sulla città, fallì in un modo rocambolesco. La reazione del Doria, che si era messo in salvo in un castello di Adamo Centurione, fu immediata e violenta: le sue truppe iniziarono una campagna militare contro lo Stato Fieschi, che crollò senza opporre la minima resistenza. Poco dopo, la congiura di Giulio Cybo, cui risultò implicato anche Scipione Fieschi, permise di eliminare anche questo esponente della famiglia, che trovò rifugio in Francia. Ad approfittare della sconfitta fliscana furono tutte le potenze confinanti, che si divisero le spoglie del feudo: i castelli di Montoggio, Varese Ligure, Roccatagliata e Neirone furono assorbiti dalla Repubblica genovese; il duca di Parma occupò Borgotaro e Calestano; il governatore di Milano prese Pontremoli, Torriglia, Carrega, Grondona, Santo Stefano d'Aveto. Anche Andrea Doria ebbe una parte nella spartizione, perché ottenne i feudi imperiali che erano stati concessi ai Fieschi. Dello Stato Fieschi, pazientemente costruito in tre secoli di scontri e di difficili equilibrismi politici, non rimase più nulla. I sudditi accettarono di buon grado il passaggio ad altre giurisdizioni. Paradossalmente, la memoria dell'ultimo signore fliscano, Giovanni Luigi, non rimase viva nelle capanne dei borghi appenninici, dove la famiglia si era radicata *ab antiquo*, ma tra i più poveri abitanti della città-metropoli, che avevano intravisto in lui un liberatore, perché aveva tentato di abbattere il terribile sfruttamento a cui erano sottoposti dalla nuova aristocrazia del denaro. Fu il singolare destino di una famiglia che non era riuscita a crearsi nel corso dei secoli un solido consenso proprio tra la borghesia produttiva e commerciale. Essa finì col venire amata solo da chi era stato brutalmente emarginato dal flusso di denaro: la plebe cittadina.

INDICE

Finito di stampare nel mese di febbraio 2025
da Universal Book srl – Rende (CS)